JN446851

경제자유구역

-성과와 전략-

채원호 · 조강주

도서출판 대영문화사

머리말

2017년 가을 시진핑(習近平) 체제의 집권 2기가 시작됐다. 주지하듯이 시진핑 체제의 공식 슬로건은 '중국의 꿈(中國夢)'이다. 중국의 꿈(中國夢, 중궈멍)은 크게 두 개의 목표를 가지고 있어, '두 개의 백 년(兩個一百年)'으로도 불린다. 두 개의 백 년이란 중국 공산당 창당 100주년이 되는 2021년과 중화인민공화국 건국 100주년이 되는 2049년을 말하는데, 이때까지 '중화 민족의 위대한 부흥'을 이루겠다는 것이다. 이는 덩샤오핑(鄧小平)의 3단계 발전 전략(三步走, 싼부저우)과 연계돼 있다. 2021년까지 전면적인 '샤오캉(小康: 기초 복지가 보장된 사회)사회'를 건설하고, 2049년까지 '다퉁(大同: 모두가 잘사는 이상적인 사회)사회'를 건설하겠다는 것이다.

1976년 문화대혁명이 막을 내린 후 중국의 개혁·개방을 이끈 덩샤오핑은 개혁의 총설계자였다. 덩샤오핑의 3단계 발전 전략은 이후 중국 공산당의 실천 목표가 됐으며, 1978년 12월 중국 공산당 제11기 중앙위원회 제3차 전체회의를 통해 개혁·개방 정책이 채택됐다. 이 회의에서 덩샤오핑은 대규모 대중적 계급투쟁의 종결을 선언하고 본격적인 경제개발 정책을 추진했다. 중국은 1979년부터 개혁과 개방 정책을 시행하면서 대외경제 개방의 실험지로 4개의 경제특구－선전(深圳), 주하이(珠海), 산터우(汕頭), 샤먼(厦門) 등－를 지정하고, 외국인 투자기업에 세제 등 우대 혜택을 부여했다. 중국의 경제특구는 당시 자본주의의 창구였던 홍콩 인근 선전에 위치하도록 해서 세계 각국으로 통하는 창구로 삼았다. 특구에 정책적으로 각종 혜택을 부여함으로써 동 지역에 외국 자본과 세계의 선진 기술 및 과학적 관리 방법의 도입을 꾀한 것이다.

1978년 전 세계의 1.8%에 불과했던 중국 경제 총량은 2015년 13.5%로 그 비중이 크게 증가했다. 이러한 고속 성장에 경제특구가 많은 기여를 한 것은 주지의 사실이며, 세계 각국에 경제특구 모델이 확산되는 계기가 되기도 했다. 한국에서도 국내 일부 지역에 경제특구를 지정·운영함으로써 기업의 투자를 촉진하고 경제를 활성화한다는 구상이 김대중 정부가 들어서면서 본격화했다.

그 결과 경제자유구역은 2017년 10월 현재 전국에 8개 지역이 지정돼 운영 중에 있다. 당초 경제자유구역은 한국형 경제특구 모델로서 많은 기대와 관심을 끌기도 했지만, 기대했던 만큼의 성과를 냈는지는 미지수다. 전국에 설치돼 있는 경제자유구역의 성과가 적다고 할 수 없지만 미래 성장 동력으로서 우리 경제를 이끌어 가는 견인차 역할을 할 수 있을지 의문이다.

이 책은 경제자유구역이 당초 의도했던 성과를 거두고 있는지에 대한 문제의식에서 출발해, 경제자유구역의 발전 전략을 모색하는 데 연구의 목적을 두고 있다. 책을 출판하게 된 것은 저자가 지도하는 두 대학원생이 석사과정과 박사과정에서 경제자유구역의 지배구조와 성과 요인을 주제로 논문을 쓴 것이 계기였다. 2012년의 석사학위 논문과 2013년의 박사학위 논문이 2015년 각각 학술지에 게재됐고, 같은 해에 관련 주제로 2개의 논문이 더 발표돼 총 4편의 학술 논문이 게재됐다. 지난 수년간 이들과 함께 연구하면서 토론하고 현지를 방문해 많은 인터뷰를 나눈 기억이 새롭다. 특히 이 책이 나오기까지 지난 수년간 함께 토론하고 연구하면서 공저자로 이름을 올린 조강주 박사가 연구자로서 성장하는 과정을 지켜보는 것은 큰 즐거움이자 보람이었다. 박사학위 논문 작성자인 정태옥 박사는 당시 인천시 기획관리실장으로 재직 중이었던 터라 인천경제자유구역에 대해 문제 의식을 함께하며 박사학위 논문 작성에 매진할 수 있었다. 지금은 대구시 행정부시장을 거쳐 국회의원으로 활약하고 있다.

이 책은 제1편에서 경제자유구역의 개념과 유형에 대해 고찰했으며, 제2편에서는 한국에서 경제자유구역을 추진하게 된 배경과 현황에 대해 살펴봤다. 제3편에서는 중국을 비롯한 세계 각국의 경제자유구역 사례를 분석해 시사점을 도출했다. 제4편에서는 한국 경제자유구역의 지배구조에 대해, 제5편에서는 한국 경제자유구역의 성과 요인에 대해 실증 분석을 시도했다. 제6편에서는 한국 경제자유구역의 전망과 과제에 대해 논의해 봤다.

이 책은 많은 선배, 동료 연구자들에 의해 축적된 연구 성과에 빚을 지고 있다. 연구자 외에도 전국경제자유구역청 직원들과의 인터뷰를 통해 지역별로 상이한 경제자유구역의 현실 문제에 대해 다양한 의견을 들을 수 있었다. 또한 저자의 오랜 친구인 이종철 전 인천경제자유구역청장과는 많은 대화를 나눌 기회가 있었는데, 이를 통해 경제자유구역 운영과 관련한 애로 사항이나 현상(現狀)을 파악할 수 있었다. 이들에게 감사드린다. 경제자유구역 종사자나 지방자치 연구자 등 이 책의 주제와 관련된 분야에서 이 책이 활용된다면 저자로서는 큰 보람일 것이다. 어려운 출판 환경 속에서도 흔쾌히 책을 출판해 준 대영문화사 임춘환 사장님께도 깊이 감사드린다.

2017년 11월

채원호 · 조강주

차 례

머리말 / 3

제 1 편 경제자유구역에 대한 기본 이해

제 1 장 경제자유구역이란 무엇인가? 15
제 2 장 다양한 유형의 경제자유구역 21

제 2 편 한국 경제자유구역의 추진 배경 및 현황

제 1 장 경제자유구역은 왜 필요했나? 29
제1절 추진 배경 30
제2절 연혁 및 경과 32
제3절 지정 현황 및 구역별 발전 전략 37
1. 지정 현황 / 37
2. 구역별 발전 전략 / 42

제 2 장 법 · 제도를 통해 본 경제자유구역 43
제1절 경제자유구역의 지정 및 운영에 관한 특별법 44

제2절 외국인투자촉진법 ······ 47
제3절 인센티브 제도 ······ 49

제 3 장 국내 유사 제도와의 비교를 통해 본 경제자유구역 ······ 56
제1절 외국인 투자지역 ······ 57
1. 개요 / 57
2. 주요 인센티브 / 58
3. 주요 현황 / 61
제2절 자유무역지역 ······ 65
제3절 종합 및 비교 ······ 66

제 4 장 경제자유구역의 현주소 ······ 69
제1절 외자 유치 실적 ······ 70
제2절 구역별 개발 실적 ······ 74
1. 인천경제자유구역 / 74
2. 부산 · 진해경제자유구역 / 77
3. 광양만권경제자유구역 / 79
4. 황해경제자유구역 / 81
5. 대구 · 경북경제자유구역 / 83
6. 새만금 · 군산경제자유구역 / 85
7. 동해안권경제자유구역 / 86
8. 충북경제자유구역 / 87
제3절 경제자유구역 실적의 진단 ······ 89

제 3 편 세계의 경제자유구역

제 1 장 중 국 ······ 93
제1절 현황 및 특징 ······ 94
1. 개요 / 94
2. 자유무역시험구 / 99

제2절 거버넌스(지배구조) 102
제3절 주요 시사점 106

제 2 장 싱가포르 107
제1절 현황 및 특징 107
제2절 거버넌스(지배구조) 112
제3절 주요 시사점 114

제 3 장 아일랜드와 폴란드 115
제1절 아일랜드 115
1. 현황 및 특징 / 115
2. 거버넌스(지배구조) / 117
3. 주요 시사점 / 119
제2절 폴란드 120
1. 현황 및 특징 / 120
2. 주요 시사점 / 122

제 4 장 인 도 124
제1절 현황 및 특징 124
제2절 주요 시사점 128

제 5 장 북 한 130
제1절 라진 · 선봉 자유경제무역지대 131
1. 현황 및 특징 / 131
2. 관련 제도 및 거버넌스 / 135
제2절 개성공단 136
1. 현황 및 특징 / 136
2. 관련 제도 및 거버넌스 / 141
제3절 경제개발구 143
1. 현황 및 특징 / 143

2. 관련 제도 및 거버넌스 / 146

제 6 장 각국 경제특구의 시사점 149

제 4 편 한국 경제자유구역의 지배구조 무엇이 문제인가?

제 1 장 경제자유구역 거버넌스(지배구조) 157
제1절 경제자유구역 지배구조 개요 158
제2절 지배구조 개선에 관한 논의 161

제 2 장 경제자유구역 지배구조 관련 이론 165
제1절 거래비용이론 165
제2절 주인-대리인이론 171
제3절 이해관계자 모형 178
제4절 차등적 분권이론 182
1. 집권과 분권 / 182
2. 차등적 분권의 의의 및 사례 / 183
3. 차등적 분권과 경제자유구역의 지배구조 / 187

제 3 장 경제자유구역 지배구조의 문제점 192
제1절 분권 및 규제 완화 미흡 193
제2절 이해관계자의 복잡성 197
제3절 중앙정부 거버넌스의 낮은 위상 198
제4절 경제자유구역청(장)의 낮은 권한 및 위상 199

제 4 장 경제자유구역 지배구조와 성과와의 관계 203
제1절 실증분석을 위한 연구모형 203
제2절 실증분석 및 결과 207
1. 전체 조사 대상자(본청+경제자유구역청) / 207

2. 본청 공무원 / 209
3. 경제자유구역청 공무원 / 211
4. 실증분석의 종합 및 논의 / 213

제3절 요인 간 경로분석 216
1. 연구모형 / 216
2. 분석 결과 / 218

제 5 편 한국 경제자유구역의 성과 요인

제 1 장 경제자유구역 성과 관련 이론 225
제1절 산업입지이론 226
1. 고전적 입지이론 / 227
2. 최대수요이론 / 229
3. 신고전적 통합이론 / 230
4. 행태적 입지이론 / 231
제2절 리더십이론 234
제3절 PR이론 237

제 2 장 경제자유구역의 성과 요인 240
제1절 입지 · 인프라 241
제2절 지자체장 · 청장의 리더십 242
제3절 규제 완화 및 분권 244
제4절 PR 및 행정 지원 서비스 245
제5절 주거환경 및 정주 편의성 247
제6절 기타 249

제 3 장 경제자유구역의 성과 요인의 검증 251
제1절 연구모형 251
제2절 분석 결과 256
1. 전체 조사 대상자(공무원+투자기업) / 256

2. 공무원 집단(본청+경제자유구역청) / 261
3. 투자기업 집단 / 265

제6편 한국 경제자유구역의 전망과 과제

제1장 경제자유구역별 성과 향상을 위한 방안들 ······ 271
제1절 연구설계 및 모형 ······ 272
제2절 실증분석 및 결과 ······ 274
1. 상위 수준 / 274
2. 하위 수준 / 275
제3절 시사점 ······ 284

제2장 경제자유구역의 전망과 과제 ······ 286

참고 문헌 / 293
찾아보기 / 302

제 1 편

경제자유구역에 대한 기본 이해

제 1 장 경제자유구역이란 무엇인가?
제 2 장 다양한 유형의 경제자유구역

제 1 장

경제자유구역이란 무엇인가?

개 관

경제자유구역은 한국형 경제특구의 한 형태로서, 해외 투자자본과 기술을 적극적으로 유치하기 위해 각종 인프라, 세제 및 행정적 인센티브 등을 제공하는 특별구역이다. 2002년 정부가 "동북아 비즈니즈 중심국가 건설"이라는 목표를 가지고 외국인 투자 유치 활성화를 위해 추진한 사업이며, 2017년 현재 8개 지역이 지정돼 있다. 경제자유구역은 글로벌 거점화 전략의 일환으로 다국적 기업을 유치해 물류 · 금융 · IT · BT 등 선진적인 산업구조로의 전환을 도모하기 위해 추진됐다. 경제자유구역은 외국인 투자 및 거주에 유리한 기업환경과 정주 여건을 조성해 해외 자본을 유치해야 하기 때문에, 글로벌 기준에 부합하는 경제 · 사회 제도와 각종 인센티브를 제공하고 있다.

제1장에서는 한국의 경제자유구역을 이해하기 위해 경제특구의 개념과 유형을 살펴보고자 한다. 경제특구의 유형은 연구 목적에 따라 다양하게 분류할 수 있다. 해외 각국의 경제특구를 다양한 분류 기준에 따라 살펴보고, 경제적 목적을 둔 경제특구 이외에 여기에서는 비경제적 목적의 특별구역(special zone)도 함께 살펴보고자 한다.

경제자유구역이란 규제 완화를 통해 기업 활동의 자유를 보장하고 외국인 투자를 적극적으로 유치하기 위해 조성하는 일종의 경제특구다(김보현 · 이동근 2011: 241－276). 한국을 비롯해 '경제특구(Special Economic Zone)'[1] 제도를 시행하는 국가들은 일정한 공간적 범위에서 행해지는 경제 활동에 대해 예외적인 조치를 허용해 주는 특별지역을 운영하고 있다. 다만 경제특구의 명칭, 목적과 기능에 대해서는 국가별 여건에 따라 조금씩 차이가 있다.

경제특구 등 유사 용어 및 제도들은 세계 각국이 자국의 정치 · 경제적 여건에 따라 사용하기 때문에 다양한 용례가 있으며, 용어의 본래 개념과 달리 임의로 사용하는 경우도 적지 않다. 그럼에도 경제특구 등 유사 개념과 제도들의 특징들을 살펴보면, 적지 않은 경우 외국인 투자 유치를 최우선 목표로 하고 있음을 알 수 있다. 따라서 경제자유구역에 대한 개념은 경제특구 등 유사 용어들과의 관계를 파악함으로써 이해할 수 있는데, 경제자유구역(Free Economic Zone: FEZ)은 규제 완화를 통해 기업 활동의 자유를 보장하고 외국인 투자를 적극적으로 유치하기 위해 조성된 경제특구의 일종[2]으로 이해할 수 있다.

경제특구를 설치하는 목적은 크게 다음과 같이 다섯 가지 측면으로 나눠 볼 수 있다. 첫째, 특정 사안에 대해 전국적으로 규제를 완화하기 어려운 상황에서 규제 완화의 시험장으로서의 역할을 하도록 하기 위한 목적이다. 둘째, 한 나라의 새로운 산업이나 미래 신성장 동력 산업을 단기간에 집중 육성하고자 할 경우에 활용한다. 셋째, 외국인 투자 유치를 가속화하기 위한 수단으로서 활용한

1) 중국, 인도, 폴란드 등 많은 나라에서 경제자유구역(Free Economy Zone)이라는 용어보다 특별경제구역(Special Economy Zone)이라는 용어를 더 많이 사용하고 있다.

2) 권오혁(2006)은 국내 연구들을 종합해 기존의 경제특구 개념에 경제개방특구, 자유무역지대, 외자유치촉진지역, 투자진흥지역 등 네 가지 요소들이 포함돼 있음을 지적하고, 협의의 경제특구와 광의의 경제특구를 구분하는 것이 의의가 있다고 주장한다. 그에 따르면, '협의의 경제특구'는 오늘날 중국식 경제특구로서 '외자유치촉진지역'으로 개념을 규정할 수 있으며, "외국 기업의 유치를 전략적으로 도모할 목적으로 일정한 지리적 구역을 지정해 이곳에 입지하는 외국기업 및 자본에 대해 다양한 규제 완화와 함께 입지에 따른 인센티브를 제공하는 산업공간"이라고 정의한다.

'광의의 경제특구'는 기업 유치 전략과 성장거점 전략을 결합시킨 형태로 "국가 및 지역 경제의 발전을 위해 특정 지역에 높은 수준의 인프라를 구축하고 규제를 완화하는 한편, 이곳에 입지하는 기업에 대해 관세 및 조세 감면 · 입지 보조금 지원 · 지가 보조 등을 시행하는 정책"으로 볼 수 있다(삼성경제연구소, 2002; 현대경제연구소, 2003).

그림 1-1-1 한국 경제자유구역

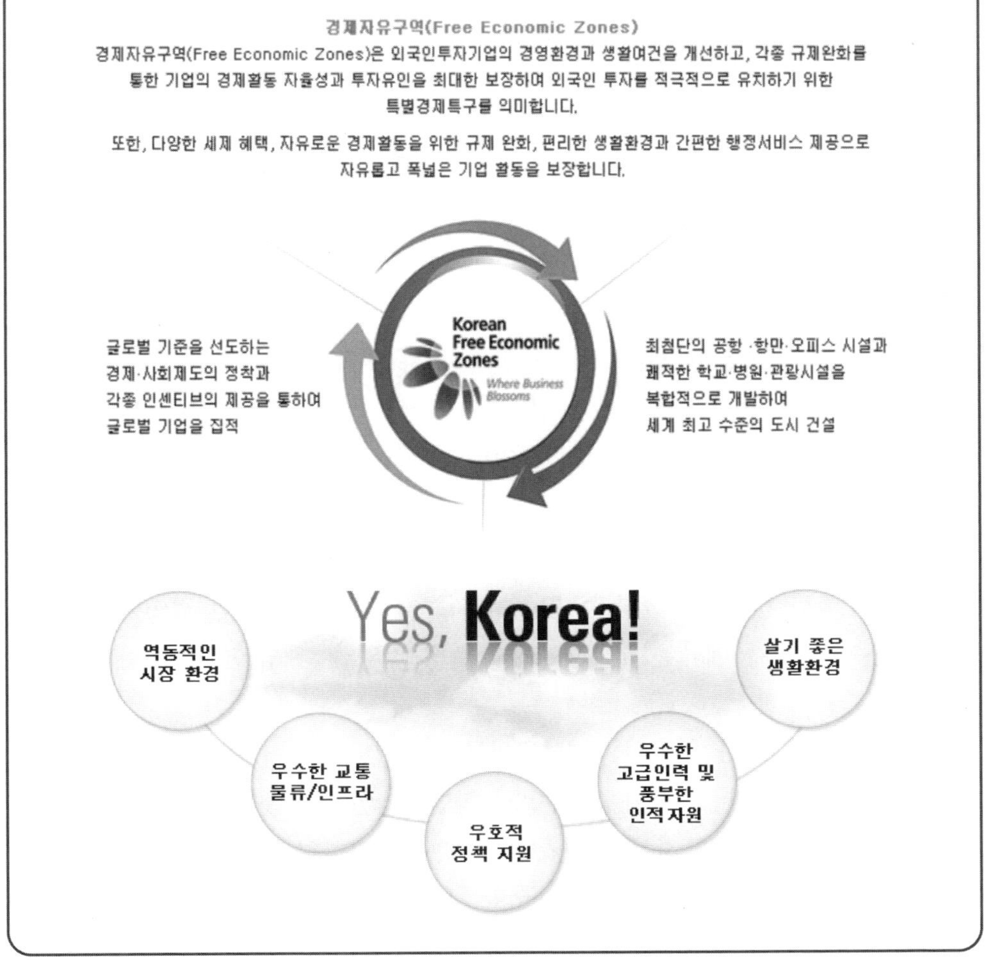

출처: 경제자유구역 공식 홈페이지(www.fez.go.kr).

다. 넷째, 특정 지역의 집중 발전 또는 낙후지역의 집중 발전을 통해 국가 균형 발전을 위한 수단으로 경제특구를 설치하는 경우가 있다. 다섯째, 자국 사정에 맞는 첨단산업 유치나 국제 비즈니스 유치 전략 수단으로서 중요시하기도 한다.3)

---

3) 위에서 든 경제특구를 설치하는 목적이 그러하다고 해서 실제 모든 경제특구가 그와 같은 소기의 성과를 달성했는가에 대해서는 논란이 크다. 그러한 논란은 크게 세 가지 차원으로 나눠 볼 수 있다. 첫째, 외자 유치에 실제 얼마나 큰 성과가 있었는가에 대한 것으로 한국의 경우 경제

실제로 경제특구의 사례를 살펴보면 보세구역, 공업원구, 자유무역지역, 자유수출지역, 수출가공지역 등 다양한 명칭과 유형이 있음을 알 수 있다. 내용은 나라마다 조금씩 다르지만 일정한 구역을 지정해 국내의 다른 지역과 차별적으로 내·외국 기업 활동의 자유를 좀 더 보장하는 점은 공통적이다. 따라서 이 연구에서는 경제특구(Special Economy Zone)를 좀 더 일반적으로 사용되는 개념으로 보고, 한국의 경제자유구역(Free Economy Zone) 사례를 경제특구의 한 형태로 이해하고자 한다.

역사적으로 살펴볼 때 경제특구는 보세구역이나 수출자유지역과 같이 비교적 좁은 지역을 대상으로 한정된 특례만 인정한 사례에서 출발했다. 저렴한 노동력과 값싼 용지가 경쟁력인 제조업 생산시설 단지나 외자 유치 촉진을 위한 외자유치촉진지역 개념이 그러한 사례다. 그러나 1980년대 중국의 개방정책의 하나로 경제특구가 만들어진 후에는 규모 면에서 한 개의 도시 수준을 넘어 지역거점 전체를 일컫는 개념이 됐다. 공단뿐만 아니라 주거·교육·의료·금융 등 정주 시설과 공항·항만 시설을 포함하는 넓은 의미로 사용되기 시작한 것이다. 이후 특구라는 용어 자체가 폐쇄된 국토에 대해 일정 지역을 '개방'한다는 의미를 가지기 시작했다.

경제특구의 의미가 외국인 투자 유치를 위해 다른 지역과 차별화한 규제 완화와 외국인의 정주 편의성 제공, 공항과 항만 등 인프라 및 배후 시장이 존재하는 입지적 우위성을 제공하는 종합적인 개념으로 진화한 셈이다. 최근의 특구는 전술한 입지적 우위나 인프라를 배경으로 자국 사정에 맞는 첨단산업 유치나 국제 비즈니스 유치가 중요한 전략이 되고 있다.

한국의 경우에도 경제자유구역은 전술한 진화된 경제특구의 개념이 제도화된 것으로 볼 수 있으며, 경제자유구역에서 유치 기업이 최상의 조건에서 자유롭게 경영 활동을 영위해 성과를 내도록 제도적 인프라 정비에 많은 관심을 기울이고 있다. 입주기업 국적에 관계 없이 자유로운 기업 활동을 영위하고 양질의 경영

자유구역의 외자 유치액이 국가 전체의 외자 유치액에서 차지하는 비율이 미미하다는 시각에서 비판이 존재한다. 둘째, 경제 성장에 과연 도움이 되는가에 대한 논의다. 인도의 경우 경제특구에 투자된 많은 기업이 일반 지역에 있던 기업이 특구가 제공하는 인센티브 때문에 특구로 이전한 결과라는 비판이 제기되고 있다. 셋째, 일부 지역에 대한 노동, 환경 등 규제 완화를 통해 국가 전체적인 노동이나 환경 등의 수준을 떨어뜨렸다는 비판이 제기되고 있다.

자원을 갖추기 위해서는 질 높은 생활환경, 쾌적한 정주 여건 조성 등도 필수 조건이 되고 있다. 특히 국제 금융, 비즈니스 분야를 유치하기 위해서는 지정학적 위치와 공항 등 교통 인프라 환경 조성도 중요한 전략이 된다. 그 때문에 주거·상업 시설, 관광·레저산업 등을 복합적으로 개발해 최적의 경영환경과 정주환경을 조성하는 복합 개발 방식이 선호된다.

경제자유구역을 법률적 관점에서 보면 경제자유구역과 직접적으로 관련되는 국내법에는 「경제자유구역의 지정과 운영에 관한 법률」, 「외국인투자촉진법」, 「경제자유구역 및 제주국제자유도시의 외국 교육기관 설립·운영에 관한 법률」 등이 있다. 먼저 「경제자유구역의 지정 및 운영에 관한 특별법」[4]에서 경제자유구역은 "외국인 투자 기업의 경영환경과 외국인 생활 여건을 개선하기 위해 조성된 지역"(제2조 제1항)으로 정의되고 있다. 또 경제자유구역은 시·도지사의 신청을 받아 외국인 투자 유치 및 정주 가능성, 지역 경제의 파급 효과, 국제공항·항만 및 교통망 등 기반 시설, 부지 확보 등을 고려해서 경제자유구역 위원회의 심의·의결을 거쳐 산업통상자원부 장관이 지정한다(제4조 제1항).

한편 경제자유구역과 관련된 법률로서 「외국인투자촉진법」이 있다. 이 법은 외국인 투자를 지원하고 외국인 투자에 편의를 제공해 외국인 투자 유치를 촉진하기 위해 국공유 토지의 유·무상 임대, 국세와 지방세의 감면, 인허가 절차의 간소화 등을 규정한 법률이다. 경제자유구역 사업과 직접 관련은 없으나 현실적으로 경제자유구역에 투자하는 외국 기업들이 이 법률에 의해 다양한 혜택을 받을 수 있도록 돼 있기 때문에 실질적으로는 밀접한 관련이 있는 법이다.

그 외 「경제자유구역 및 제주국제자유도시의 외국 교육기관 설립·운영에 관한 법률」은 「경제자유구역의 지정 및 운영에 관한 특별법」 제22조의 규정에 의해 경제자유구역에 설립하는 외국 교육기관에 대한 특례 조항[5]을 담고 있다.

---

4) 2002년 당초 「경제자유구역의 지정 및 운영에 관한 법률」은 일반법이었으나 2009년 7월 31일 특별법으로 격상됐다. 특별법으로 격상됨으로써 경제자유구역에 대한 지원과 규제의 특례가 다른 법률보다 우선하도록 됐으나 「국토기본법」, 「수도권정비계획법」, 「군사기지 및 군사시설 보호법」은 특례가 적용되지 않는 것으로 함으로써 특별법의 의미는 사실상 경제자유구역 내에 설립되는 외국 교육기관에 내국인의 입학이 허용되고 외국인 투자 유치를 위해 토지를 조성원가 이하에 공급 가능하며, 일부 외국인용 임대주택 부지도 공급 가능해진 점 등 그 효과가 제한적이다(경제자유구역의 지정 및 운영에 관한 특별법 제2조의2, 제3조).

5) 경제자유구역과 제주특별자치도의 경우에는 사립학교법에 의한 설립된 학교법인이 아닌 외국

실정법상 의미에서 경제자유구역은 국내법의 적용을 완화한 특례구역으로서 그 목적은 다음과 같다. 제조·물류·관광업 등의 영위가 가능하도록 산업지와 배후 부지 등의 인프라를 갖춘 산업단지이면서, 고급 인력을 유치할 수 있는 쾌적한 주거환경과 이를 위한 지원이 가능토록 하는 특별구역이다. 또한 외국인 정주환경을 개선하기 위해 외국 교육기관·병원의 설립 및 운영, 외국어 서비스, 외국 화폐·방송 등이 허용되는 지역이기도 하며, 외국 기업에 대한 조세 감면·자금 지원 등 다양한 혜택이 제공되는 지역이다.

교육기관이라도 학교 설립이 가능하고 인천 경제자유구역의 경우에는 「수도권정비계획법」의 적용을 받지 않으며 국가 또는 지방자치단체는 학교 시설을 위한 부지나 운영비를 지원할 수 있도록 하고 있다(사립학교법 3조, 경제자유구역법 22조).

제 2 장

다양한 유형의 경제자유구역

개 관

경제자유구역은 한국형 경제특구의 한 형태로서, 해외 투자자본과 기술을 적극적으로 유치하기 위해 각종 인프라, 세제 및 행정적 인센티브 등을 제공하는 특별구역이다. 2002년 정부가 "동북아 비즈니즈 중심국가 건설"이라는 목표를 가지고 외국인 투자 유치 활성화를 위해 추진한 사업이며, 2017년 현재 8개 지역이 지정돼 있다. 경제자유구역은 글로벌 거점화 전략의 일환으로 다국적 기업을 유치해 물류 · 금융 · IT · BT 등 선진적인 산업구조로의 전환을 도모하기 위해 추진됐다. 경제자유구역은 외국인 투자 및 거주에 유리한 기업환경과 정주 여건을 조성해 해외 자본을 유치해야 하기 때문에, 글로벌 기준에 부합하는 경제 · 사회 제도와 각종 인센티브를 제공하고 있다.

제2장에서는 한국의 경제자유구역을 이해하기 위해 경제특구의 개념과 유형을 살펴보고자 한다. 경제특구의 유형은 연구자의 관점과 연구 목적에 따라 다양하게 분류되고 있다. 해외 각국의 경제특구를 다양한 유형 분류에 의해 살펴보고, 경제적 목적의 경제특구 이외에 비경제적 목적의 특별구역(special zone)도 함께 살펴보고자 한다.

각국의 경제특구(경제자유구역)는 크게 자연적으로 진화했거나 정부에 의해 계획적으로 조성된 것으로 구분할 수 있다. 서울대학교 행정대학원(2004)의 연구에서는 경제특구를 발생적 특징과 역할에 따라 네 가지 유형으로 분류하고 있다. 먼저 '점진진화형' 경제특구는 최초 자유무역지대 또는 수출가공지역으로서 기능을 수행하다가 교역 · 연구개발 등 다양한 기능을 집적시켜 종합적인 경제특구로 진화한 것을 의미한다. 홍콩, 싱가포르, 중국의 선전(深圳), 톈진(天津) · 빈하이(濱海) 신구 등이 포함된다. '일괄계획형' 경제특구는 자유무역지대, 수출가공지역은 물론 금융 조달, 연구개발 등 제반 서비스 기능까지 종합적으로 경제특구로의 개발을 염두에 두고 집중적으로 정부가 육성한 경제특구다. 대표적인 사례로 중국의 상하이(上海) · 푸둥(浦東) 신구, 폴란드 카토비체(Katowice) 등을 들 수 있다.

경제특구의 역할에 따라 '거점 연계 집중 개발형'과 '거점 이격 분산 개발형'으로 구분하기도 한다. '거점 연계 집중 개발형'은 글로벌 및 지역 거점으로서의 육성을 목표로 조성하는 것으로 기존 거점과의 물리적 · 경제적 연계를 통한 대규모 경제특구를 육성하는 것이 특징이다. 거점 연계 집중 개발형의 대표적인 사례는 홍콩, 싱가포르, 톈진 · 빈하이 신구, 상하이 · 푸둥 신구다. 반면 '거점 이격 분산 개발형'은 국가 내에서 기존 경제적 지위가 제한적인 지역을 포함해 낙후지역에 대한 개발 의지가 담겨 있어 일괄계획형으로 추진하는 형태다. 선전경제특구, 카토비체, 한국의 경제자유구역 등이 이에 속한다.

표 1-2-1 경제특구의 유형

유형	구분	특징	사례
발생적 특징에 따라	점진진화형	• 자유무역지대, 수출가공지역 기능을 수행하다가 교역, 연구개발 기능 집적	홍콩, 싱가포르, 중국의 선전, 톈진 · 빈하이 신구
	일괄계획형	• 정부가 집중적으로 육성 개발	상하이 · 푸둥 신구, 폴란드 카토비체
역할에 따라	거점 연계 집중 개발형	• 기존 거점과 물리적 · 경제적 연계를 통해 조성	홍콩, 싱가포르, 톈진 · 빈하이 신구, 상하이 · 푸둥 신구
	거점 이격 분산 개발형	• 기존에 경제적으로 낙후된 지역에 대한 개발 의지가 포함됨.	선전 경제특구, 카토비체, 한국 초기 3개 경제자유구역

출처: 서울대학교 행정대학원(2004) 참조.

발생적 특징과 역할 이외에도 기존의 연구들에서는 경제특구를 크게 네 가지 유형으로 구분하고 있다. 첫째, '무역 중심형' 경제특구는 일반적인 자유무역지역 형태로 지리적 이점, 물류 인프라 등을 활용해 국가 간 교역 기능을 위한 지역으로서 주로 무역을 위해 설치한다. 둘째, '생산 중심형' 경제특구는 가장 일반적인 유형이며, 저렴한 생산 비용 및 세제상의 혜택 등을 이점으로 기업의 생산 거점을 유지하는 지역이다. 주로 제조업에 비중을 두는 것이 특징이다. 셋째, 역외금융센터는 금융 관련 제반 규제와 조세 등을 완화하거나 철폐해 국제 금융을 의도적으로 유치하기 위한 곳이다. 넷째, 복합형 특구는 앞서 언급한 무역 · 제조 · 금융 등이 결합된 형태로 제조업부터 서비스업에 이르는 모든 종합적인 비즈니스를 유치하기 위한 곳이다.

세계 각국의 경제특구는 다양한 방법으로 유형화할 수 있으며, 연구자의 관점에 따라 구분이 상이하다. 여기서는 특구를 "경제, 사회, 문화, 관광, 교육 등 특정 정책 목적을 달성하기 위해 다른 지역과 비교해 물리적 · 제도적 차별성을 두는 지역"으로 정의하고, 그 하위 범주에 경제특구를 두고자 한다. 또한 경제특

표 1-2-2 경제특구의 유형 및 기능과 국내 · 외 사례 지역

구분	내용	사례 지역
무역 중심형 경제특구	• 지리적 이점 · 물류 인프라 등을 활용한 국가 간 교역 기능을 촉진하기 위한 지역	• 한국의 관세자유지역 • 미국의 외국무역지역 • 일본의 수출촉진지역 • 네덜란드
생산 중심형 경제특구	• 가장 일반적인 경제특구의 유형으로 생산비용 및 세제상의 혜택 등을 이점으로 기업의 생산 거점을 유치하는 지역 • 산업의 종류나 공간적인 범위 등에 따라 세분 가능	• 한국의 자유무역지역 • 멕시코의 마킬라도라(Maquiladora) • 일본의 테크노폴리스 • 푸둥을 제외한 중국의 경제특구 (경제기술개발구)
역외금융센터	• 금융 관련 제반 규제와 조세 등을 완화하거나 철폐해 국제 금융을 의도적으로 유치하기 위해 설정한 특별지역	• 바레인 • 리부안(말레이시아)
복합형 특구	• 교역, 생산, 금융, 관광 등이 결합한 형태로 제조업 외에 서비스 등까지 포함한 종합적인 비즈니스 중심 지역	• 한국의 경제자유구역, 제주 국제자유도시 • 홍콩, 싱가포르, 푸둥(중국), 두바이(UAE)

출처: 서울대학교 행정대학원(2004) 참조.

구를 추진 체계 · 지정 목적 · 주요 유치 산업에 따라 유형화해서 세계 각국의 경제특구를 정리했다(<표 1-2-3> 참조).

경제자유구역은 먼저 추진 주체에 따라 세 가지 유형으로 구분할 수 있다. 첫째, 중앙정부 주도하에 개발된 사례로서 싱가포르와 폴란드, 1979년 중국의 4개

표 1-2-3 각국의 특구 및 경제특구의 유형

구분			사례
기타 특구			일본의 구조개혁특구 영국의 모범자치단체(beacon council) 스웨덴, 노르웨이의 자유자치단체(free commune)
경제 특구	추진 주체에 따라	중앙정부 주도	–싱가포르의 경제특구 –폴란드의 경제특구 –1979년 중국의 4개 경제특구(선전, 주하이, 산터우, 샤먼)
		지방정부 주도	–한국의 경제자유구역 –중국의 상하이 · 푸둥 신구, 경제기술개발구 –인도의 Babohi, Kanpur, Paradeep, Kulpi, Indore, Hason 경제특구
		민간 주도	–인도의 Positra, Nanguneri, Dronagiri 경제특구 –아일랜드의 경제특구(반관반민)
	지정 목적에 따라	낙후지역 경제활성화 (균형 발전 전략)	–한국의 경제자유구역 –폴란드의 경제특구 –중국의 선전 경제특구, 충칭 · 청두 신구
		기존 산업 인프라의 고도화 (성장 거점 전략)	–싱가포르의 경제특구 –중국의 톈진 · 빈하이 신구, 상하이 · 푸둥 신구, 홍콩
	주요 유치 산업에 따라	제조업 및 수출가공 중심	–1979년 중국의 4개 경제특구 –중국의 연해개방도시, 연해경제개발구, 경제기술개발구 –폴란드의 경제특구
		IT, BT 등 첨단산업 중심	–한국의 경제자유구역 –중국의 첨단기술개발구, 톈진 · 빈하이 신구 –싱가포르 경제특구의 원노스(One–North) 전략 –AUE의 마스다르(Masdar) 프로젝트
		금융, 국제 비즈니스 중심	–한국의 경제자유구역(인천) –중국의 상하이 · 푸둥 신구 –홍콩

출처: 저자 작성.

경제특구(선전, 주하이, 산터우, 샤먼)를 들 수 있다. 둘째, 지방정부 주도하에 개발된 사례로 한국의 경제자유구역, 중국의 상하이·푸둥 신구, 경제기술개발구, 인도의 경제특구를 들 수 있다. 셋째, 민간 주도로 개발된 사례로서 인도의 포시트라(Positra), 낭구네리(Nanguneri), 드로나기리(Dronagiri) 경제특구와 아일랜드의 경제특구(반관반민)를 들 수 있다.

지정 목적에 따라서는 낙후지역 경제 활성화를 목적으로 시행된 사례로서 한국의 경제자유구역과 폴란드의 경제특구, 중국의 선전 경제특구, 충칭·청두 신구를 들 수 있다. 또한 성장 거점 전략으로서 기존 산업 인프라의 고도화를 목적으로 시행된 사례로는 싱가포르와 홍콩, 중국의 톈진·상하이 신구, 상하이·푸둥 신구를 들 수 있다.

주요 유치산업에 따라서는 첫째, 제조업 및 수출가공 중심으로 폴란드의 경제특구와 1979년 중국의 4개 경제특구와 연해개방도시, 연해경제개발구, 경제기술개발구를 들 수 있다. 둘째, IT·BT 등 첨단산업 중심으로 한국의 경제자유구역, 중국의 첨단기술개발구, 톈진·빈하이 신구를 들 수 있으며, 싱가포르 경제특구의 싱가포르 경제특구의 원노스(One-North) 전략과 아랍에미리트(AUE)의 마스다르(Masdar) 프로젝트를 사례로 들 수 있다.

한편 기타 특구 사례로서는 일본의 구조개혁특구, 영국의 모범자치단체, 스웨덴과 노르웨이 등 북유럽 국가에서 찾아볼 수 있는 자유자치단체를 들 수 있다. 기타 특구 사례는 경제적 성과를 주목적으로 하지 않는다는 점에서 경제특구와 구별된다.

요컨대 경제자유구역은 제조·물류·관광업 등의 영위가 가능하도록 첨단산업지·배후 부지 등 인프라를 갖추고 있으며, 고급 인력을 유치할 수 있는 쾌적한 주거환경 조성과 이를 위한 지원이 가능하도록 하는 특별구역이다. 또한 경제자유구역의 가장 중요한 점은 국내법의 적용을 완화한 특례구역이라는 점이다. 경제자유구역에서는 각종 규제 완화를 통해 외국 교육기관·병원의 설립 및 운영, 외국어 서비스, 외국 화폐·방송 등의 허용, 조세 감면, 자금 지원 등의 다양한 혜택이 제공된다.

제 2 편

한국 경제자유구역의 추진 배경 및 현황

제 1 장　경제자유구역은 왜 필요했나?
제 2 장　법·제도를 통해 본 경제자유구역
제 3 장　국내 유사 제도와의 비교를 통해 본 경제자유구역
제 4 장　경제자유구역의 현주소

제 1 장

경제자유구역은 왜 필요했나?

개 관

경제자유구역은 2017년 4월 현재 전국에 8개 지역이 지정돼 있다. 2003년 인천, 부산·진해, 광양만권경제자유구역을 시작으로 2008년 황해, 대구·경북, 새만금·군산 2차 3개 지역과 2013년 동해안권, 충북 3차 2개 지역이 각각 지정됐다. 각 경제자유구역은 개발계획에 따라 중점유치산업을 설정하고 있으며, 지정 면적·개발 기간·운영 방식 면에서 차이가 있다. 8개 경제자유구역 가운데 가장 넓은 면적이 지정된 곳은 인천경제자유구역(132.91㎢)이며, 가장 적은 면적은 황해경제자유구역(4.39㎢)이다. 충북경제자유구역은 유일하게 내륙에 위치해 있기 때문에 항만 시설이 없는 것이 특징이며, 황해경제자유구역과 새만금·군산경제자유구역은 인접한 공항이 없는 것이 특징이다.

제1장에서는 한국 경제자유구역의 추진 배경과 주요 연혁을 살펴보고자 한다. 경제자유구역은 전국에 8개가 지정됐으나, 「새만금특별법」의 제정으로 현재에는 7개가 운영 중이다.

제1절 추진 배경

국내 일부 지역에 경제특구를 지정·운영함으로써 기업의 투자를 촉진하고 경제를 활성화한다는 구상은 김대중 정부가 들어서면서 본격화됐지만 그보다 앞선 정부에서도 검토가 있었다. 1990년대 중엽 당시 김영삼 정부는 제4차 국토개발계획에서 '세계화' 추진의 일환으로 경제특구를 검토한 바 있다(삼성경제연구소, 2004). 당시 제4차 국토개발계획의 주요 내용에는 선진국 수준의 기업환경을 조성해 기업의 경쟁력을 제고하고 국토의 균형 개발을 위해 전국 8개 광역권[1]별로 1~2개의 경제특별지구를 지정하는 계획이 포함돼 있었다(한국경제신문, 1997. 5. 15).

IMF의 혼란 속에서 대통령으로 당선된 김대중 정부는 취임하기도 전에 대대적인 외자 유치 전략을 고민하기 시작했다. 1998년 2월 대통령직 인수위원회의 보고서는 "국제통화기금(IMF) 시대에 외국 투자 유치를 확대하고 대외 개방을 촉진하는 특단의 조치로 인천국제공항 주변 지역을 국제 금융과 경제 교류 중심의 복합 기능형 투자자유지역으로 추진"한다는 내용을 담고 있었다.

경제자유구역이 김대중 정부에 들어와서 본격화된 것은 두 가지 측면에서 그 추진 배경을 나눠 볼 수 있다. 특구 방식이 적극적인 외자 유치에 대한 노력의 일환이라는 점과 동북아 지역의 경제환경 속에서 한국이 비즈니스의 중심이 돼야 한다는 관점이 그것이다. 외자 유치는 한국의 IMF 체제 자체가 외환 부족으로 인한 것이었기 때문에 외자 유치의 필요성[2]은 그 어느 때보다 절실했다.

비즈니스 환경의 비교 우위 확보라는 점에서 추진된 경제자유구역은 김대중 정부 시기 급속도로 성장하는 중국 경제와 동북아 지역이 세계 3대 교역권의 하

---

1) 부산·경남권, 아산만권, 대구·포항권, 광주·목포권, 대전·청주원, 군산·장항권, 광양·진주권, 영동권 등 8개 권역에 해당한다.

2) 김대중 대통령은 인수위원회 시절부터 현재의 인천경제자유구역과 유사한 형태로 인천국제공항 주변 지역을 국제 금융과 경제 교류 중심의 복합 기능형 투자자유지역으로 지정해 싱가포르, 홍콩과 같은 '세계 자유도시'로 건설함으로써 금융센터, 다국적 기업 본부, 국제 비즈니스 빌딩, 테크노마트 등을 배치하고 국제 수준의 위락·레저시설을 복합적으로 갖추겠다는 구상을 가지고 있었다(15대 대통령인수위원회백서, 1998).

나로 부상하는 시대적 상황 하에 주변국과의 경쟁 전략으로 추진됐다. 중국의 부상에는 외국 자본을 적극적으로 유치하는 경제특구 전략이 큰 몫을 하고 있었는데, 이에 적절하게 대응하지 못할 경우 경제적으로 더욱 고립될 수밖에 없다는 인식이 비즈니스 중심지라는 전략을 구상하게 한 것이다.

1997년 12월 IMF 극복이라는 국정 최우선 과제를 안고 당선된 김대중 정부는 제조업 중심의 성장 한계를 극복하고 동북아 국가 간 경쟁에서 우위를 점하기 위한 전략을 모색했다. 그 결과 동북아 비즈니스 중심지를 육성해야 한다는 것을 시대적 과제로 인식했으며, 이를 경제자유구역으로 돌파하고자 했던 것이다. 지식기반 고부가가치 서비스 산업 및 첨단산업을 새로운 성장 동력으로 하는 "동북아 비즈니스 중심국가"를 위한 경제자유구역이 계획으로 구체화된 것이다.

그러나 인수위 시절의 구상은 김대중 정부 시기 내내 거의 구체화되지 못하다가 임기 마지막 해에 와서야 구체화되기 시작했다. 2002년 1월 14일 대통령 연두 기자회견에서 처음 등장한 "동북아 비즈니스 중심국가"라는 미션은 정권 말기 정부에서 내놓은 청사진이었기 때문인지 그 추진 속도가 매우 빨랐다.

회견 후 2개월 만인 3월, 당시 재정경제부 주도의 비상설 협의체가 구성됐고, 7월에는 구체적인 실현 방안이 발표되기에 이른다. 정부 부처 내에서는 경제특구 후보 지역의 선정 문제 및 이들 지역에서의 개발 기능에 대한 검토가 본격화됐다.

그러나 경제자유구역의 법제화 과정에서 일부 반발3)도 있었지만 결국 '경제자유구역의 지정 및 운영에 관한 법률(안)'은 2002년 11월 14일 국회 본회의 의결을 거쳐 동년 12월 30일자로 제정됐다. 이후 2009년 1월 경제자유구역법의 특별법화가 이뤄지면서 현재의 모습을 갖추게 된다.

법률 제정 이후 인천을 비롯해 부산·진해, 광양권경제자유구역이 지정되고 2008년에 추가로 세 곳이 지정된 이후 6개의 경제자유구역이 개별 사업계획에

3) 경제자유구역의 입법에 대해 노동계와 경제인들은 각각 다른 이유로 반대했다. 노동계에서는 경제자유구역이 외국과의 경쟁력이라는 이름으로 노동 규제를 완화시킨다는 점에서 반대했고, 경제인들을 경제자유구역에 투자하는 외국인이나 외국계 기업에만 인센티브를 제공할 경우 국내 기업들에게 역차별을 가져온다는 이유로 입법화에 반대했다. 2003년 6월 인천지역 시민단체 42개로 구성된 '경제자유구역법 폐기를 위한 시민대책위원회'는 성명 발표를 통해 기업 경영과 생활환경을 국제 기준으로 맞춘다는 명목으로 노동기본권은 물론 환경 파괴와 의료의 공공성 파괴를 유발한다는 이유로 경제자유구역법 폐기와 인천지역 지정철폐운동을 벌이기도 하는 등 단지 노동계뿐 아니라 상당수 진보 세력도 경제자유구역법 제정을 반대했다.

따라 개발 중에 있다. 이후 2012년 9월에 동해안(강원)과 충북 두 곳에 경제자유구역 추가 지정 및 개발계획에 관한 관계 부처 협의가 있었다.

개별법에 따라 국토부의 중앙도시계획위원회 심의, 연계 교통 체계 구축 대책, 환경부의 전략환경영향평가, 농림부의 농지 전용, 산림청의 산지 전용 등의 협의가 이뤄졌다. 이후 2013년 2월에는 제56차 경제자유구역위원회가 개최돼, 동해안(강원)과 충북경제자유구역의 추가 지정 확정에 관한 심의, 의결이 이뤄져 전국 8개 경제자유구역이 확정됐다.

제2절 연혁 및 경과

경제자유구역의 추진은 제조업 중심의 성장 한계를 극복하고 동북아 국가 간 경쟁에서 우위를 점하기 위해 동북아 비즈니스 중심지를 육성해야 한다는 시대적 배경에서 출발했다. 첨단산업 및 지식기반 고부가가치 서비스 산업을 새로운 성장 동력으로 하는 미션을 가지고 "동북아 비즈니스 중심국가"를 실현하기 위한 전략으로서 추진됐다.

이를 위해 '경제자유구역' 제도를 도입해 규제 완화, 제도 개선, 첨단 인프라 및 정주 여건 조성(복합 개발) 등을 추진하고, 2002년 '동북아 비즈니스 중심국가 실현 방안' 발표에 이어 「경제자유구역의 지정 및 운영에 관한 법률」이 제정되면서 본격적으로 가시화됐다.

경제자유구역은 「경제자유구역의 지정 및 운영에 관한 특별법」 제2조 제1항에 따라 "외국인 투자 기업의 경영환경과 외국인 생활 여건을 개선하기 위해 조성된 지역"으로 정의되고 있다. 경제자유구역은 제조·물류·관광업 등의 영위가 가능하도록 첨단산업지·배후 부지 등에 인프라 등을 갖추고, 고급 인력을 유치할 수 있는 쾌적한 주거환경에 대한 지원이 가능하도록 「경제자유구역의 지정 및 운영에 관한 법률」의 제정을 통해 국내법의 적용을 완화한 특별구역이다. 경제자유구역에서는 각종 규제 완화를 통해 외국 교육기관·병원의 설립 및 운영,

외국어 서비스, 외국 화폐·방송 등의 허용, 조세 감면, 자금 지원 등의 다양한 혜택이 제공된다.

2002년 1월 14일 당시 김대중 대통령이 연두 기자 회견에서 우리나라를 "동북아 비즈니스 중심국가"로 발전시키기 위한 청사진과 전략을 금년 상반기 안에

표 2-1-1 한국 경제자유구역 연혁

연혁	주요 내용
2002. 1. 14	김대중 대통령의 "동북아 비즈니스 중심국가" 전략 구상 발표
2002. 2. 2	동아매립지(청라) 종합개발계획 수립(건교부, 토지공사)
2002. 3	'동북아 비즈니스 중심국가 실현 발전기획단' 구성 – 당시 재정경제부 주도의 한시적 비상설 협의체
2002. 4. 4	'동북아 비즈니스 중심국가 기본 계획' 확정
2002. 7. 29	'동북아 비즈니스 중심국가 실현 방안' 발표
2002. 12. 4	경제자유구역 준비기획단 구성
2002. 12. 30	「경제자유구역의 지정 및 운영에 관한 법률」 제정(2003.7.1 시행)
2003. 7. 1	경제자유구역 위원회 발족
2003. 7. 10	경제자유구역 기획단 창설
2003. 8. 11	인천('송도, 영종, 청라지구')을 한국 최초의 경제자유구역으로 지정 – 인천청(2003년 10월, 339명) 개청
2003. 10	부산·진해, 광양만권경제자유구역 지정 – 부산·진해청(2004년 3월, 156명), 광양만청(2004년 3월, 159명) 개청
2008. 4	황해, 새만금·군산, 대구·경북 추가 지정 – 대구·경북(128명), 황해(129명), 새만금·군산(79명) 개청
2009. 1	「경제자유구역의 지정 및 운영에 관한 특별법」 전환
2012. 9.	동해안(강원), 충북경제자유구역 추가 지정 및 개발계획 협의
2012. 12. 11	「새만금사업 추진 및 지원에 관한 특별법」 제정 – 새만금·군산경제자유구역청 업무를 새만금개발청으로 이관 결정
2013. 2. 4	동해안(강원), 충북경제자유구역 공식 지정 심의, 의결
2013. 4. 26	충북경제자유구역청(47명) 개청
2013. 7. 9	동해안권경제자유구역청 개청
2013. 9. 12	새만금개발청 개청(국토부 소속기관)
2015. 1. 1	황해경제자유구역에서 충남지역 전체 지구가 지정 해제 – 황해경제자유구역청 경기도 출장소로 개청

출처: 저자 작성.

마련하겠다고 언급함에 따라, 정부 부처 내에서의 경제특구 후보 지역의 선정 문제 및 이들 지역에서의 개발 기능에 대한 검토가 본격화됐다. 이에 따라 2002년 3월 '동북아 비즈니스 중심국가 실현 발전기획단'이 구성됐는데 이 조직은 2002년 말까지 재경부 주도로 한시적으로 운영되는 비상설 협의체였다.

사실 국내 일부 지역에 경제특구를 지정·운영함으로써 기업의 투자를 촉진하고 경제를 활성화한다는 구상은 1990년대 중엽 당시 김영삼 정부의 '세계화' 추진 과정에서 시작됐다고 볼 수 있다(삼성경제연구소, 2004). 그뿐만 아니라 외환 위기 발생 이전인 1997년 5월 건설교통부는 제4차 국토개발계획을 당초 계획보다 3년 앞당겨 1998년에 수립하기로 방침을 정했다면서, 국토의 균형 개발과 기업의 경쟁력 제고를 위해 부산·경남권, 아산만권, 대구·포항권, 광주·목포권, 대전·청주원, 군산·장항권, 광양·진주권, 영동권 등 전국 8개 광역권별로 1~2개의 경제특별지구를 지정해, 선진국 수준의 기업 자유 활동을 보장하는 방안도 적극 검토할 계획임을 밝혔다(한국경제신문, 1997. 5. 15).

당시 경제특별지구 계획은 전국 8개 광역권별 경제특구를 거점 도시로 조성하는 구체적 방안으로 정부·지자체가 지구 지정을 통해 토지를 수용한 뒤 단일 대기업 또는 기업 컨소시엄에 개발을 맡김으로써, 개발을 맡은 기업이 주거·산업·교육·문화단지를 조성하고, 이에 필요한 재원 확보 및 설계·개발을 독자적으로 추진한다는 것이었다. 그리하여 거점 도시는 일본의 도요타(豊田)시처럼 개발을 맡은 기업이 기업명을 도시의 이름으로 사용할 수 있는 실질적 '민간기업 독립 시'의 성격을 갖게 되는 것이었다(한국경제신문, 1997. 5. 16).

물론 이 시기의 경제특구 건설 논의는 정부 내에 이의 추진을 담당할 기구를 만드는 데까지 이르지 못했으므로, 구체적 계획의 수립이나 행동으로 이어지지는 않았다. 다만 특기할 사항은 이 시기 제기된 경제특구 건설에 관한 논의 어디에서도 외국인 투자와 관련된 언급이 발견되지 않는다는 점이다. 경제특구의 건설을 외국인 투자 유치 문제와 연결시켜 보게 된 것은 외환 위기를 겪으면서 외국인 투자 유치의 중요성이 부각됐기 때문이다.

1998년 2월 대통령직 인수위원회는 그동안의 인수위 활동과 백서 발간 준비 실태 등에 대한 보고를 통해, "국제통화기금(IMF) 시대에 외국인 투자 유치를 확대하고 대외 개방을 촉진하는 특단의 조치로 인천국제공항 주변 지역을 국제 금융과 경제 교류 중심의 복합 기능형 투자자유지역으로서 싱가포르, 홍콩과 같은 '세계 자유도시'로 건설하겠다"고 밝혔으며, 또한 "아·태 지역 금융센터, 다국적 기업 지역본부, 국제 비즈니스 빌딩, 테크노마트 등을 배치하고 국제 수준의 위락·레저 시설을 복합적으로 갖추기로 했다"고 밝혔다. 사실상 현재의 인천경제자유구역과 유사한 형태의 구상이 이미 있었던 것이다.

이후 김대중 정부는 2002년 4월 국민경제자문회의 겸 경제정책조정회의에서 '동북아 비즈니스 중심국가 실현을 위한 기본 계획(master plan)'을 발표했다. 기본 계획에서는 먼저 영종도와 송도 신도시, 김포 매립지, 서울 상암동, 고양시 등 5개 수도권 지역을 기능별로 특성화해 개발하는 내용이 포함됐으며, 경제특구로 지정되는 지역 내에서 영어를 공용어로 쓰고 달러·엔화 등 외국 통화를 자유로이 사용할 수 있도록 하는 것 외에도 외국인 전용 주거단지와 외국 병원 설치를 허용함으로써 주거환경을 국제화하는 내용까지 포함하고 있다. 또한 지역 내에 특구관리청을 신설해 외국 기업 유치를 위해 필요한 세제·금융 지원과 고용 편의 등 일괄 서비스(one-stop service)를 제공할 것이라고 밝혔다. 그뿐만 아니라 경제특구로 지정되는 수도권 서부지역 이외에도 부산항을 중심으로 한 동남권, 광양항을 중심으로 한 서남권을 묶어 동북아 물류 중심지로 종합 개발하는 장기 계획도 마련하기로 했으며, 부산과 광양을 경제특구로 지정하는 방안도 검토 과제로 제시했다.

기본 계획 발표 이후, 재정경제부가 중심이 된 '동북아 비즈니스 중심국가 실현 실무작업단'이 구성됐는데, 여기에는 중앙부처, 지자체, 학계, 연구기관이 참여해 각 부문별로 협의를 진행했으며, 협의를 통해 확정된 내용을 각 부처가 순차적으로 발표하는 식으로 부문별 내용이 구체화됐다. 같은 해인 2002년 7월에는 경제장관 간담회에서 세부 실행계획이 확정됐으며, 최종적으로는 2002년 7월 29일 '동북아 비즈니스 중심국가 실현 방안(action plan)'이 정부 시안으로 확정됐다.

2002년 7월 '동북아 비즈니스 중심국가 실현 방안' 정부 시안 발표 이후 재정경제부는 8월 21일 '경제특별구역의 지정 및 운영에 관한 법률(안)'을 공고하고 관계 부처 협의 및 공청회를 개최했다. 10월 17일 국회에 제출되기까지 경제특구 법안은 노동계뿐만 아니라 국내 기업으로부터도 비난을 받게 된다. 근로기준법과 파견근로자보호법의 일부 조항을 경제특구 내 외국 기업에 적용하지 않겠다

표 2-1-2 경제자유구역법 제정 경과

연도	주요 내용
2002. 7	'동북아 비즈니스 중심국가 실현 방안' 정부 시안 발표
2002. 8. 21	'경제특별구역의 지정 및 운영에 관한 법률(안)' 공고 – 관계 부처 협의 및 공청회 개최
2002. 10. 15	'경제특별구역의 지정 및 운영에 관한 법률(안)'의 국무회의 통과 – 재경부 작성안에서 별다른 수정 없음.
2002. 10. 17	'경제특별구역의 지정 및 운영에 관한 법률(안)' 국회 제출 – 노동계: 생리·월차 휴가, 파견 근로자의 무제한 고용 등의 특혜에 대한 노동 기본권 침해 반발 – 전경련: 국내 기업에 대한 역차별 문제, 특구지역/비특구지역의 개발 불균형 소지에 대한 비판
2002. 11.	경제특구법안 심의를 위한 국회 상임위 개최 – 재경위 소속 일부 의원들의 특구지정 요건(국제공항·국제항만 시설 조건) 완화 주장
2002. 11. 4	법안심사소위원회 경제특구 명칭을 '경제자유구역'으로 변경 – 국제공항이나 국제항만이 없는 지역도 경제자유구역으로 지정할 수 있도록 요건 완화
2002. 11. 8	국회 본회의 제출 – 파견 근로자 고용 대상 사업장을 '전문업종'으로 제한(노동계 요구) – 국제공항·국제항만 시설 요건 되살아남(경제특구 남발에 의한 근로 조건 악화를 우려한 노동계 요구).
2002. 11. 14	'경제자유구역의 지정 및 운영에 관한 법률(안)' 국회 본회의 의결

출처: 조강주(2012).

는 내용이 포함돼 있었기 때문에, 노동계는 외국 기업에 주는 이와 같은 특혜 조치가 노동 기본권을 침해한다고 반발했다.

또한 전경련은 "정부에서 입법 예고한 경제특구 설치 방안은 특구에 입주하는 외국 기업에만 혜택을 줌으로써 내국 기업에 대한 역차별은 물론 비특구 지역과의 개발 불균형 소지를 안고 있다"고 주장했으며, 나아가 "경제특구는 국내외 시장이 통합된 글로벌 경쟁 시대에는 적합하지 않은 제도"라며 홍콩과 싱가포르는 나라 전체가 자유무역지대로 발전했으며, 싱가포르와 말레이시아는 국내외 기업에 동등한 투자 인센티브를 제공하고 있다고 주장하면서 경제특구 제도를 비판했다.

이에 따라 근로기준법과 파견근로자보호법의 일부 조항에 대해 노동부가 이의를 제기하기도 했으나, 재경부가 작성한 경제특구법안은 별다른 수정 없이 2002년 10월 15일 국무회의를 통과했다. 오히려 당초 정부안에는 없던 '휴일·휴가 무임금' 규정이 입법 예고를 거치는 과정에서 확정안에 추가되기도 했다.

2002년 11월 초 경제특구 법안을 심의하기 위해 국회에서 상임위가 개최되자, 재경위 소속 일부 의원들은 특구 지정 요건의 완화를 주장했다. 자신의 출신 지역을 특구에 편입시키기 위해서는 경제특구 지정 시 국제공항 및 국제항만 등 기반 시설을 갖추는 것을 조건으로 하고 있는 경제특구법안 제5조를 수정해야 할 필요가 있었기 때문이다. 이에 따라 11월 4일 개최됐던 법안심사소위에서는 경제특구의 명칭을 '경제자유구역'으로 바꾸고 국제공항이나 국제항만이 없는 지역도 경제자유구역으로 지정할 수 있도록 요건을 완화하게 된다. 반면 국회 상임위 논의 과정에서 노동계의 반발을 의식해 노동 관련 조항의 일부 수정이 이뤄지기도 했다. 당초에는 제한이 없던 파견 근로자 고용 대상 사업장을 '전문업종'으로 제한한 것이 그것이다.

같은 해 11월 8일 본회의 직전에는 노동계의 반발로 처리가 유보됐던 경제자유구역법안을 수정하는 과정에서 제5조 경제자유구역 지정 시 시설 요건 관련 항목이 되살아나게 됐다. 전국 여기저기에 경제특구가 확산 지정된다면 경제자유구역으로 지정된 지역의 근로 조건이 악화될 것을 우려한 노동계의 의견이 반영된 결과였다. 결국 '경제자유구역의 지정 및 운영에 관한 법률(안)'은 2002년 11월 14일 국회 본회의의 의결을 거쳐 12월 30일자로 제정됐다.

제 3 절 지정 현황 및 구역별 발전 전략

1 지정 현황

2015년 7월 기준, 한국은 1차 3개 구역(2003년: 인천, 부산·진해, 광양만권),

2차 3개 구역(2008년: 황해, 대구 · 경북, 새만금 · 군산), 3차 2개 구역(2013년 동해안, 충북) 등 총 8개 경제자유구역을 지정 · 운영 중에 있다. 각 구역별 경제자유구역청의 형태는 인천과 황해, 동해안, 충북경제자유구역 등 4개 지역은 시 · 도의 출장소이고, 부산 · 진해, 광양만권, 대구 · 경북 등 3개는 복수의 지방자치단체 간 조합으로 구성돼 있으며, 새만금경제자유구역은 중앙행정기관인 새만금개발청이 지배구조로 돼 있다. 다음의 <표 2-1-3>은 2015년 7월 현재의 지정 현황이다. 엄밀한 의미에서 2013년 9월 「새만금사업 추진 및 지원에 관한 특별법」이 시행됨에 따라 새만금 · 군산은 경제자유구역의 범위에서 벗어난 것으로

표 2-1-3 경제자유구역 지정 현황

	인천	부산 · 진해	광양만권	황해	대구 · 경북	새만금 · 군산	동해안권	충북
위치	인천 (연수구, 중구, 서구)	부산(강서구), 경남(진해시)	전남(여수, 순천, 광양) 경남(하동군)	舊)경기, 충남 現)경기(평택)	대구, 경북 (경산, 영천, 포항)	舊)전북 (새만금 · 군산) 現)새만금	강원도 (동해, 강릉)	충북 (청주, 충주)
개청일 (지정일)	2004.10.15 (2003.8.11)	2004.3.30 (2003.10.24)	2004.3.24 (2003.10.24)	2008.7.22 (2008.4.25)	2008.8.13 (2008.4.25)	2008.8.28 (2008.4.25)	2013.7.1 (2013.2.14)	2013.4.26 (2013.2.14)
면적	132.9㎢	52.9㎢	77.7㎢	4.3㎢	21.9㎢	28.6㎢	8.25㎢	9.08㎢
공항 항만	인천공항 인천항	김해공항 부산신항	광양항 여수공항	평택항	대구공항	군산항 새만금신항	양양공항 동해항 옥계항	청주공항
운영 형태	인천광역시 출장소	지자체조합 (부산, 경남)	지자체조합 (전남, 경남)	舊)지자체조합 (경기, 충남) 現)경기 출장소	지자체조합 (대구, 경북)	舊)전북 출장소 現)중앙행정기관	강원도 출장소	충청북도 출장소
기본 구상	- 다국적기업 - 지식기반산업 - 국제물류 - 레저관광	- 첨단부품 소재 - 국제 업무 - 물류 - 여가 레저	- 정밀화학 - 신소재 - 국제물류 - 위락 관광	- 자동차부품 - 국제물류 - 바이오	- 부품소재 - u-IT - 국제교류 - 건강의료 - 패션디자인	- 자동차 조선 - 기계부품 - 신재생에너지 - 대중국관광 레저	- 비철금속 소재 및 연관 부품 -관광산업	- 바이오 신약 및 기기 - 자동차 부품 - 바이오 휴양
추진 기간	2003~20년	2003~20년	2003~20년	2008~20년	2008~20년	2008~20년	2013~24년	2013~20년

주: 새만금 · 군산경제자유구역의 경우 후술하겠으나 군산지역에 해당하는 고군산도 일대 지역은 지정 해제됐고, 새만금 지역은 국토교통부의 새만금개발청으로 관리 기능이 이관됨. 관련 법상 경제자유구역으로 분류되지 않음.

출처: 경제자유구역기획단 홈페이지(http://www.fez.go.kr)의 자료.
각 경제자유구역청 홈페이지 참조(2015년 7월 16일 검색).

볼 수 있으나, 여기서는 새만금까지 포함해 현황을 살펴보고자 한다.

인천경제자유구역은 인천공항과 인천항의 인프라와 수도권 배후지를 활용해 국제업무단지, 지식정보산업단지, BT 등 첨단산업 입지를 기본 구상으로 하고 있다

부산·진해경제자유구역은 세계 5위의 물동량 처리를 담당하는 부산항과 연계한 총 45개 선석(船席)의 신항을 새로 건설하고 김해국제공항 인프라를 활용해, 첨단 부품소재·물류·국제 업무·레저 등의 산업 입지를 기본 구상으로 하고 있다.

광양만권경제자유구역은 광양항과 여수공항 등의 인프라를 갖추고 기존 산업공단을 활용한 정밀화학·신소재·국제 물류 분야 산업을 기본 구상으로 하고 있다.

황해경제자유구역은 지정 초기 경기도와 충남도가 평택항과 당진항을 활용해 대중국 수출입 전진기지 육성을 목표로 출범했다. 당초 당진 송악(철강산업, 메디컬 클러스터, 국제업무타운), 아산 인주(자동차, 명품 주거, 휴양도시), 평택 포승(대중국 국제물류, 한중 무역특화단지) 등 3개 지구 총 15.55㎢로 구성됐으나, 투자 유치 실패와 충남도 지역 주민들의 지정 해제 요구 등의 갈등으로 평택 포승(2.073㎢)·현덕 지구(2.32㎢)를 제외한 송악·인주 지구가 2014년 8월 지정 해제됐다. 충남도가 황해경제자유구역 사업에서 이탈함에 따라 지자체 조합으로 운영하던 경제자유구역청 역시 2015년 1월부터 경기도의 출장소로 형태가 변경됐다.

대구·경북경제자유구역은 대구국제공항을 인프라로 갖추고 국내 유일의 내륙, 지식창조형 경제자유구역으로 지식기반 제조업과 서비스산업의 허브를 추구하고 있다.

새만금·군산경제자유구역은 2008년 4월에 지정됐으며, 군산항과 새만금신항 등의 인프라를 배경으로 자동차·조선·기계부품·대중국 관광레저 산업을 기본 구상으로 하고 있으며, 새만금산업단지와 새만금관광단지 등 2개 지역 28.6㎢로 구성돼 있다. 당초 전북도의 출장소 형태인 새만금군산경제자유구역청에서 사업을 관할했으나, 동 청은 새만금 특별법에 따라 개청 5년 만인 2013년 7월 폐지됐다. 이후 경제자유구역의 전담기관으로는 처음으로 중앙행정기관 형태인 새만금개발청[4]이 사업을 관할하고 있다.[5]

동해안권경제자유구역은 2013년 지정됐으며, 강릉시와 동해시 일원에 동해항을 중심으로 4개 지구 8.25㎢로 구성돼 있다. 극동아시아 환동해권 경제중심지 건설을 목표로 첨단 녹색소재산업을 비전으로 삼고 있다.

충북경제자유구역은 청주와 충주시 일원에 친환경 BIT 융복합 비즈니스 허브 육성을 기본 구상으로 오송, 청주, 충주 등 3개 지구에 9.08㎢로 구성돼 있다.

다음으로 이 책의 연구 대상인 6개 경제자유구역의 재원 조달 분담 구조를 보면 <표 2-1-4>와 같다. 정부의 분담 비율은 0.6~42%로 다양한데, 여기서 정부의 분담률은 실제 지원액이 아니라 개발계획상의 계획을 의미하는 것으로 구속력은 없다.

다음으로 경제자유구역의 재원 조달 구조에 대해 살펴보면 다음과 같다. 당초 경제자유구역법은 국가가 기반시설 조성비용의 50% 이내의 범위에서 지원하도록 규정했다. 그러나 관련 조항은 국가 및 지방자치단체가 기반시설 조성비용의 전부 또는 일부를 우선 지원하는 것으로 개정돼, 공원 등 정주 여건에 필요한 기반 시설에 대한 지원은 없으며 도로 등에 대한 지원 비율도 50%를 밑도는 것이 일반적이다.

표 2-1-4 지정 초기 6개 경제자유구역의 재원 조달 분담 구조

(단위: %)

구분	황해	대구 · 경북	새만금	인천	부산 · 진해	광양만권
정부	0.6	11	8.5	6	26	42
지자체	6.4	26	9.0	27	33	28
민간	93.0	63	82.5	67	41	30

출처: 지식경제부(2008) 제25차 경제자유구역위원회 개최 보도 자료.

---

4) 새만금개발청은 세종시에 소재하고 있으며, 국토교통부 소속의 외청으로 2013년 9월 설치됐다.

5) 새만금 · 군산경제자유구역의 경우 새만금특별법과 새만금개발청의 설치로, 경제자유구역위원회 소관의 업무 영역에서 완전히 제외됨에 따라 법제상 경제자유구역 지정이 해제됐다. 동 시점 이후 경제자유구역위원회의 회의록, 자료 등에서도 전국 경제자유구역을 7개로 보고하고 있다. 하지만 이 책에서는 경제자유구역의 출발 시점에서부터 서술하고 있기 때문에 새만금 · 군산경제자유구역의 내용을 포함했다. 현재는 비록 새만금개발청에서 관리되고 있다고는 하나 해당 지역에 대한 외국인 투자 유치 노력이 지속되고 있고, 이와 관련해 새만금특별법에서의 세제 지원 · 규제 완화 · 인센티브가 운영되고 있는 이유에서다.

지식경제부 보도 자료(2008)에 나타난 지정 초기 6개 경제자유구역 재원 조달 분담 구조에 의하면 정부의 분담 비율은 0.6~42%로 다양한 것을 알 수 있다. 여기서 정부의 분담률이란 실제 지원액이 아니라 개발계획상의 계획을 의미하는 것으로 구속력이 없다. 인천경제자유구역만 하더라도 정부의 재원 조달 분담률이 계획상 6% 수준이다. 실제 정부의 예산지원액은 2004~2011년 기간 총 6,710억 원으로 연평균 838억 원 수준이며 인천경제자유구역청 예산 대비 약 10% 정도에 불과한 수준이었다. 같은 기간 송도지구 전체 사업비 추정액 약 28조 원 대비 2.3%에 지나지 않는다. 이는 경제자유구역에 대한 관심이 중앙정부보다는 지방정부가 더 높다는 것을 반증하는 것이라 하겠다.

그림 2-1-1 경제자유구역 개발 현황에 관한 보도 자료

8개 경제자유구역 개황

구분		지역	면 적	사업비
1차 (2003년 지정)	인천	송도, 영종, 청라	170㎢	78.0 조원
	부산·진해	부산 강서, 경남 진해	83㎢	11.8 조원
	광양만권	전남 광양·여수, 경남 하동	85㎢	12.4 조원
2차 (2008년 지정)	황해	충남 당진·아산, 경기 평택	15㎢	4.7 조원
	대구·경북	대구, 경북 포항·구미·영천·경산	30㎢	7.9 조원
	새만금·군산	전북 군산	50㎢	5.2 조원
3차 (2013년 지정)	동해안	강원 강릉, 동해	8.3㎢	1.3 조원
	충북	충주, 오송, 청원	9.1㎢	2.0 조원
합계			450㎢	123 조원

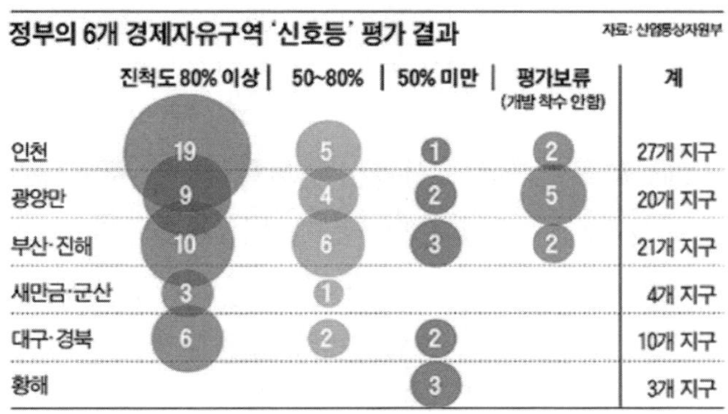

출처: 조선일보, 2013.5.20 보도 기사.

2 구역별 발전 전략

경제자유구역이 전국 8개 지역으로 확대됨에 따라, 각 구역별 차별화된 전략·모델의 중요성이 더 높아지고 있다. 구역별 산업특화 클러스터를 조성하는 등의 브랜드화를 위해 산업통상자원부에서는 2013년 7월 경제자유구역 기본계획(안)에 차별화 전략을 담고 있다.

표 2-1-5 구역별 중점 유치 업종

구역	업종	구역	업종
인천	항공물류, 바이오, 지식 서비스	새만금·군산	자동차기계 부품, 신재생에너지, 해양레저·관광
부산·진해	복합물류, 첨단수송·기계 부품, 여가·휴양	황해	철강 소재, 자동차 전장 부품, IT 관련 부품 소재
광양만권	석유화학 소재, 철강 연관 산업, 항만물류	동해안권	금속·신소재, 항만물류, 관광레저
대구·경북	IT융복합, 첨단수송·기계 부품, 첨단 메디컬	충북	바이오, NEW IT, 수송 부품

출처: 산업통상자원부(2013), '제1차 경제자유구역 기본 계획(안)' 참조.

중점 유치 업종은 관련 기업·대학·연구소 집적화 및 협력 네트워크 활성화를 통해 산업 클러스터로 육성된다. 각 경제자유구역청에서는 중점 유치산업 등을 고려해, 구역별로 특성화된 외국 교육기관·연구소의 전략적 유치에 힘을 쓰고 있다. 인천은 송도 바이오프론트(BioFront) 조성과 MICE 복합지구 지정, 부산·진해는 글로벌 조선&해양 R&D Project와 복합관광휴양단지 조성, 광양만권은 해양 플랜트 RDE&P 클러스터 조성과 정밀화학 기술연구원 구축이 추진된다. 대구·경북은 의료 클러스터 조성과 항공전자산업 특화단지 조성, 황해는 철강 연관 복합단지 조성과 미래형 자동차 부품 클러스터 조성, 새만금은 자동차기계 부품 연관 외국인 임대단지 조성과 복합 해양휴양단지 조성이 주요 계획이다. 가장 최근에 지정된 동해안권은 비철금속 소재 부품 클러스터 조성과 해양관광 레저지구 조성, 충북은 항공복합단지 조성과 바이오신약 및 의료기기 클러스터 조성에 특화된 지구다.

제 2 장

법 · 제도를 통해 본 경제자유구역

개 관

경제자유구역의 소관 법률은 「경제자유구역의 지정 및 운영에 관한 특별법」이지만, 외국인 투자 유치와 관련해 「외국인투자촉진법」이 포괄적으로 적용되고 있다. 상위 법률에서 위임된 사항은 각 지자체의 조례에 규정돼 있으며, 특히 경제자유구역청의 직제 · 인사에 관한 사항은 지자체 소관이다. 경제자유구역의 본질이 외국인 투자 유치에 있는 만큼 관련 법 · 제도는 투자 유치를 위한 각종 세제, 규제 완화, 인센티브가 골자다. 더불어 외국인의 정주 여건과 생활 편의를 위한 특례 등이 규정돼 있다.

제2장에서는 경제자유구역에 적용되는 법 · 제도들을 살펴보고자 한다. 경제자유구역의 목적 달성을 위한 법 · 제도 내용은 크게 세 가지로 요약해 볼 수 있다. 투자 유치 환경 조성, 외국인 정주 여건 개선, 행정 서비스 및 거버넌스가 해당한다. 이에 관한 세부 내용들을 법령 등에 근거해서 살펴보고자 한다.

제 1 절 경제자유구역의 지정 및 운영에 관한 특별법

「경제자유구역의 지정 및 운영에 관한 특별법(이하 경제자유구역법)」은 보칙과 벌칙을 포함해 총 8장, 35조로 구성돼 있다. 경제자유구역의 지정과 운영을 위해 필요한 사항들을 규정하고 있으며, 경제자유구역 지정·해제, 경제자유구역 위원회의 운영, 경제자유구역 입주 외국인 투자기업에 대한 각종 특례를 규정한다. 경제자유구역법은 2002년 12월 30일 법률 제6835호로 제정돼 2003년 7월 1일부터 시행됐다.

경제자유구역법의 제정 목적은 경제자유구역의 지정 및 운영을 통해 외국인 투자기업의 경영환경과 외국인의 생활 여건을 개선함으로써 외국인 투자를 촉진하고, 나아가 국가경쟁력의 강화와 지역 간의 균형 발전을 도모함에 있다. 동법의 제2조에 따르면 경제자유구역은 외국인 투자기업의 경영환경과 외국인의 생활 여건을 개선하기 위해 조성된 지역을 의미한다. 이때 외국인과 외국인 투자기업은 후술하는 「외국인투자촉진법」에서 정의하는 것을 의미한다. 경제자유구역법에 의한 기업 지원과 규제의 특례는 다른 법률에 따른 지원과 규제의 특례에 관한 규정보다 우선(제2조의 3)하도록 하고 있다. 다만 다른 법률에서 경제자유구역법의 규제보다 완화되는 규정이 있을 경우에는 그 법률을 적용하도록 하고 있다.

산업통상자원부 장관은 계획 기간을 10년으로 하는 경제자유구역 기본 계획을 5년마다 수립한다. 경제자유구역 기본 계획은 광역자치단체의 의견을 청취해 관계 중앙행정기관과의 협의를 거치도록 하고 있다. 경제자유구역 기본 계획의 최종 심의·의결은 경제자유구역위원회가 한다. 경제자유구역 기본 계획의 주요 내용으로는 ① 경제자유구역의 기본 목표와 중장기 발전 방향에 관한 사항, ② 경제자유구역의 개발에 관한 사항, ③ 경제자유구역의 외국인 투자 유치에 관한 사항, ④ 경제자유구역별 차별화된 발전 전략에 관한 사항, ⑤ 경제자유구역에서 실시되는 개발사업과 입주 기업 지원 등에 관한 사항, ⑥ 그 밖에 경제자유구역의 발전을 위해 필요한 사항 등이다.

표 2-2-1 경제자유구역법의 주요 내용

구분		주요 내용
기본 계획의 수립	제3조의 2, 제3조의 3	–기본 목표와 중장기 발전 방향 –개발에 관한 사항 –외국인 투자 유치에 관한 사항 –차별화된 발전 전략에 관한 사항 –개발사업과 입주 기업 지원 사항
경제자유구역의 지정	제4조	–시・도지사의 요청 또는 산업통상자원부 지정 가능 –경제자유구역위원회의 심의・의결 후 지정
경제자유구역 지정 요건	제5조	–경제자유구역 기본 계획에 부합 –충분한 국내・외 기업의 입주 수요 확보 –외국인 정주환경의 확보 및 연계 –광역교통망・통신정보망・용수・전력 등 기반 시설 확보 –개발 필요성 –지자체의 재정 부담, 민간자본 유치 방안 등 자금조달계획의 실현 가능성 –그 밖에 전문력 확보와 지속 발전 가능성
경제자유구역 지정 해제	제8조	–사업 참여 기피 등 개발 불가능할 경우 –다른 법령에 따른 개발구역(지구) 등으로 중복 지정돼 개발・관리가 곤란한 경우 –외국인 투자의 부진 등으로 지정 목적을 달성할 수 없을 경우
개발이익의 재투자	제9조의 8	–개발사업 시행자는 개발이익의 일부를 재투자해야 함. • 해당 구역의 산업・유통시설용지 분양가격이나 임대료의 인하 • 기반 시설이나 공공 시설 설치비용의 충당
입주 외국인 투자기업에 대한 국내 다른 법률의 적용 배제	제17조	–국가유공자 등 예우 및 지원에 관한 법률(제33조의 2) –보훈보상 대상자 지원에 관한 법률(제39조) –장애인고용 촉진 및 직업재활법(제28조) –고용상 연령 차별 금지 및 고령자 고용 촉진에 관한 법률(제12조) –수도권정비계획법(제7・8・12・18・19조) –근로기준법의 무급휴일 규제(제55조) –파견근로자 보호 등에 관한 법률(제5・6조) –국유재산법, 공유재산 및 물품관리법에 의한 임대의 규제
외국인 생활 여건 개선	제20조~제25조의 3	–외국어 서비스(공문서 등) –경상거래에 대한 외환의 지급 –외국 교육기관의 설립・운영 –외국 의료기관 또는 외국인 전용 약국의 개설 –의료기관의 부대사업에 대한 특례 –외국인 전용 카지노업 허가 특례 –외국 방송의 재송신 –외국인 전용 임대주택에 관한 특례 –출입국관리의 특례(체류자격별 체류 기간 상한)

출처: 저자 작성.

경제자유구역의 지정은 시·도지사가 경제자유구역개발계획을 작성해 산업통상자원부 장관에게 지정을 요청하는 방식이다. 경제자유구역개발계획에 산업단지에 관한 사항이 포함돼 있을 경우에는 국토교통부와 협의를 거치도록 하고 있다. 시·도의 경제자유구역 지정 요청이 있을 경우 산업통상부 장관은 관계 행정기관의 장과 협의를 통해 경제자유구역위원회의 심의·의결을 거쳐 경제자유구역을 지정한다. 또한 시·도지사의 요청이 없더라도 산업통상자원부가 경제자유구역의 개발이 필요하다고 인정될 때에 관할 시·도지사의 동의를 거쳐 경제자유구역을 지정할 수 있도록 하고 있다(경제자유구역법 제4조 1항~9항).

경제자유구역 지정 요청을 위해 시·도지사는 경제자유구역 개발계획을 마련해야 한다. 경제자유구역 개발계획에는 경제자유구역의 명칭·위치·면적 등 일반 사항과 함께 개발사업의 시행 예정자, 시행 방법을 단계적으로 수립해야 한다. 재원 조달 방법, 토지 이용 계획 및 주요 기반 시설 계획, 인구 수용 계획 및 주거 시설 조성계획, 교통 처리·산업 유치·보건의료·교육·복지시설·환경보전 등의 도시계획이 수립돼야 한다. 또한 외국인의 투자 유치 및 정주를 위한 환경조성 계획과 외국인 투자기업에 대한 전용용지의 공급에 관한 사항, 개발이익의 재투자에 관한 사항을 포함하도록 하고 있다.

경제자유구역은 외국인 투자 유치가 주목적인 만큼 외국인 생활 여건의 개선에 관한 사항을 경제자유구역법에 명시하고 있다. 경제자유구역 개발계획을 수립하는 시·도지사와 경제자유구역을 관할구역으로 하는 기초자치단체에서는 경제자유구역의 입주 외국인 투자기업 및 외국인의 편의 증진을 위해 공문서를 외국어로 발급하거나 외국어로 된 공문서를 접수·처리해야 한다. 경제자유구역 내 일정 규모 이하의 경상거래에 대해서는 거래당사자 간의 지급 수단을 외화로 할 수 있으며, 외국학교 법인을 설립·운영할 수 있도록 하고 있다. 또한 사회복지 법인을 통해 외국인 자녀 전용 보육 시설의 설치·운영도 허용하고 있다. 의료 분야에서는 종합병원·병원·치과병원·요양병원 등 외국 의료기관의 개설이 가능하며, 외국인 전용 약국도 개설이 가능하다. 그 밖에 외국인 전용 카지노의 허가와 외국 방송, 외국인 전용 임대주택, 출입국관리 규정에 의한 체류 기간 상한 특례를 규정하고 있다.

제 2 절 외국인투자촉진법

「외국인투자촉진법」은 1998년 9월 법률 제5559호로 제정됐으며, 외국인 투자를 활성화하기 위해 외국인 투자에 대한 규제를 대폭 완화하고 이에 대한 조세 지원을 확대하는 등의 외국인 투자지역 지정에 관한 법률이다. 외국인투자촉진법은 외국인 투자를 통해 국민 경제의 건전한 발전에 이바지함을 목적으로 한다. 외국인투자촉진법에서는 외국인 투자의 보호와 자유화를 규정하고 있으며, 외국인 투자 절차와 투자에 대한 정부의 지원, 사후관리, 외국인 투자지역의 지정에 대해 규정하고 있다. 보칙과 벌칙을 포함해 총 8장 제37조로 규정돼 있다.

외국인투자촉진법에 따라 산업통상부 장관은 외국인 투자를 촉진하기 위해 매년 관계 중앙행정기관 및 광역시·도가 제출한 외국인 투자 촉진계획을 종합·조정해 외국인 투자 촉진 시책을 수립하도록 돼 있다. 수립된 외국인 투자 촉진 시책은 '외국인투자위원회'의 심의를 거쳐 확정한다. 외국인 투자 촉진 시책의 주요 내용으로는 외국인 투자 촉진의 기본 방향, 국내 기업의 해외 진출 동향과 국내의 산업구조 등 외국인 투자 여건의 분석, 외국인 투자 유치 방안, 외국인 투자 유치 활동 수행기관에 대한 지원 방안 등이 포함된다.

외국인 투자 절차에서는 외국인 투자자 또는 법인이 취득한 신주, 기존 주식 등의 취득, 합병 등에 의한 주식, 장기 차관 방식, 출연 방식 등에 대한 투자 절차를 명시하고 있다. 이러한 투자에 대한 정부 지원으로는 법인세·소득세·취득세·등록세·재산세·종합토지세 등의 조세를 감면할 수 있도록 하고 있다. 조세 감면 이외에도 국유·공유재산의 임대 및 매각에 대해 명시하고 있으며, 외국인 투자에 대한 현금 지원도 가능하다.

외국인 투자 유치 활동을 위해 외국인 투자와 관련된 상담·안내·홍보·조사·연구·민원사무의 처리 및 대행·창업보육과 그 밖에 외국인 투자가 및 외국인 투자기업에 대한 지원 업무를 종합적으로 수행하기 위한 외국인투자지원센터를 설치하도록 하고 있다. 외국인투자지원센터는 '대한무역투자진흥공사'에 두고 있으며, 자문기관으로서 외국인투자옴부즈만을 운영한다. 외국인투자옴부

표 2-2-2 외국인투자촉진법 주요 내용

구분		주요 내용
외국인 투자 촉진 시책의 수립	제4조의 2	–외국인 투자 촉진의 기본 방향 –국내 기업의 해외 진출 동향과 국내의 산업구조 등 외국인 투자 여건의 분석 –외국인 투자 유치 방안 –외국인 투자 유치 활동 수행기관에 대한 지원 방안
외국인 투자에 대한 지원	제9조~ 제17조	–외국인 투자에 대한 조세 감면 –국유·공유재산의 임대 및 매각 –지자체의 외국인 투자 유치 활동에 대한 지원 –외국인 투자에 대한 현금 지원 –외국인 투자 유치 포상금 –외국인투자지원센터의 설치 –외국인투자옴부즈만 –외국인투자진흥관실 –민원사무 처리에 관한 특례
외국인 투자지역의 지정계획	제18조	–외국인 투자지역의 목적, 명칭, 위치 및 범위 –외국인 투자지역 입주 대상 업종 및 입주 기업의 자격 –외국인 투자지역 지정에 따른 비용 및 효과 –외국인 투자지역의 개발 방법 및 관리 방법 –외국인 투자지역 조성사업의 시행 방법 및 기간 –토지 이용, 인구 과밀 등 각 지역의 특성에 계획
외국인 투자지역 지정 해제	제18조의 2	–외국인 투자지역이 대통령령의 기준에 충족하지 못하게 된 경우 외국인 투자위원회 심의를 거쳐 지정 해제
다른 법률에 대한 특례	제20조	–국토의 계획 및 이용에 관한 법률(제56조 제1항 제4호) –대외무역법에 의한 수출입 제한(제11조) –대·중소기업 상생 협력 촉진에 관한 법률(제30조) –국가유공자 등 예우 및 지원에 관한 법률(제33조의 2) –보훈보상 대상자 지원에 관한 법률(제39조) –5·18민주유공자 예우에 관한 법률(제24조의 2) –특수임무유공자 예우 및 단체 설립에 관한 법률(제21조) –산업집적 활성화 및 공장 설립에 관한 법률(제20조)에 의한 공장 건립 면적 규제
외국인 투자의 사후관리	제21조~ 제23조	–외국인 투자기업의 등록 관련 규정 –자본재의 처분 제한 –주식 등의 양도 신고 의무 –외국인 투자에 관한 통계자료 수집·작성 자료 요구

출처: 저자 작성.

즈만은 외국인 투자가 및 외국인 투자기업의 애로 사항을 처리하기 위해 외국인 투자 업무에 대한 학식과 경험이 풍부한 전문가를 위촉해 외국인투자위원회와 관계 행정기관에 애로 사항의 개선을 권고할 수 있는 제도다. 또한 각 시 · 도 지자체에는 외국인투자진흥관실을 설치할 수 있도록 해서, 외국인 투자와 관련된 허가 · 인가 · 승인 · 지정 · 해제 · 신고 · 추천 · 협의 등에 관한 민원사무를 처리할 수 있도록 하고 있다. 외국인투자진흥관은 관계 행정기관과 외국인투자지원센터 등으로부터의 민원사무에 협조해야 한다.

외국인 투자지역의 지정은 시 · 도지사의 권한으로 외국인투자위원회의 심의를 거쳐 지정하고 있다. 다만 관리 체계는 지정 지역의 유형에 따라 상이하다. 외국인 투자지역 가운데 국가산업단지로 지정된 경우에는 국가산업단지의 관리기관이 관리하고, 국가산업단지가 아닌 산업단지에 지정된 외국인 투자지역은 관할 시 · 도지사가 관리하며, 산업단지가 아닌 지역에 지정된 외국인 투자지역은 시 · 도지사가 직접 개발 · 관리한다. 또한 외국인 투자지역을 지정하려는 시 · 도지사는 지정계획을 수립해 산업통상부 장관에게 제출해야 한다. 지정계획에는 외국인 투자지역의 목적 · 명칭 · 위치 및 범위 · 입주 대상 업종 및 기업의 자격에 관한 일반 사항과, 지정에 따른 비용 및 효과, 개발 · 관리 방법, 조성사업의 시행 방법, 토지 이용 · 인구 과밀 방지 등의 사항이 포함된다.

제 3 절 인센티브 제도

경제자유구역 내에서 투자에 참여하고자 하는 외국인 및 외국 기업, 국제경제단체 등은 자유롭게 기업 활동이 가능하다. 사업의 시행은 경제자유구역청으로부터 사업시행자 지정을 받아 외국인 개인 자격 또는 법인 및 재단 등의 자격으로 가능하다. 외국인 투자자들은 직접 투자 방식으로 단독 투자 및 합작 투자(신주 및 구주 취득)가 가능하며 법률에 의해 투자 및 기업 활동이 보호받는다. 외국인 직접 투자(Foreign Direct Investment: FDI)는 「외국인투자촉진법」과 「경제자유구역의 지정 및 운영에 관한 법률」에 의해 공장 신설 직접 투자, 개발사업의 시행, 지분 투자, 자본재 도입 등 다양한 형태로 이뤄질 수 있으며, 국내 업체와의 합작 투자를 추진할 수도 있다.

외국인들의 활발한 투자를 위해 경제자유구역 내에서는 다양한 투자 혜택을

표 2-2-3 경제자유구역의 투자 인센티브

인센티브		주요 내용
조세 (입주기업)	법인세·소득세	5년간 감면: 최초 3년간 100% 면제, 다음 2년간 50% 면제
		7년간 감면: 최초 5년간 100% 면제. 다음 2년간 50% 면제
	관세	5년 이내 면제
	취득세	15년간 100% 감면
		13년간 감면: 최초 10년간 100% 감면, 다음 3년간 50% 감면
	재산세	13년간 감면: 최초 10년간 100% 감면, 다음 3년간 50% 감면
조세 (개발사업 시행자)	법인세·소득세	5년간 감면: 최초 3년간 100% 감면. 다음 2년간 50% 감면
	관세	5년 이내 면제
	취득세	지방자치단체 조례에 의해 최장 15년간 100% 면제 가능
	재산세	지방자치단체 조례에 의해 최장 15년간 감면 가능
입지 지원	임대	국·공유지에 대해 50년간 이내 임대 가능 (임대료는 토지가액에 10/1,000 이상 요율을 곱해 산출한 금액 적용)
	임대료 감면	100% 감면: 1백만 달러 이상 고도기술 수반사업, 외투 금액 2천만 달러 이상, 1일 평균 고용 인원 300명 이상, 전체 생산량의 50% 이상 수출, 국내 부품 및 원부자재 100% 조달사업, 전체 생산량의 100% 수출사업
		75% 감면: 외국인 투자 금액 1천만 달러 이상~2천만 달러 미만, 1일 평균 고용 인원 200명 이상~300명 미만, 전체 생산량의 50% 이상 수출, 국내 부품 및 원부자재 75% 이상~100% 미만 조달사업, 전체 생산량의 75%~100% 미만 수출사업
		50% 감면: 외국인 투자 비율 5백만 달러 이상~1천만 달러 미만, 1일 평균 고용 인원 100명 이상~200명 미만, 전체 생산량의 50% 이상 수출, 국내 부품 및 원부자재 50% 이상~75% 미만 조달사업, 전체 생산량의 50% 이상~75% 미만 수출사업
	매각	(국·공유재산) 조성원가의 매각, 수의계약으로 가능

보조금 지원	입지 보조금	정상적인 분양가와 계약서 등 분양가의 차액에 한해 지원
	시설 보조금	30억 원 이상 시설 신·증설 시 30억 원 초과 설비 금액의 2% 범위 내에서 기업당 2억 원까지
	교육훈련 보조금	내국인 20명 이상 신규고용 시 6월 범위 안에서 1인당 50만 원까지
	고용 보조금	외투기업 신설의 경우
	유치 실적 보상	소속 공무원 또는 업무 협역을 체결한 민간인
	기업 이전 보조금	전년도 매출액 400억 원 이상
	자금 지원	국내 기업과 동등한 금융 지원을 받음.

출처: 경제자유구역법, 조세특례제한법 참조(국가법령포털, 검색일 2017년 5월).

제공한다. 관세, 국세(법인세/소득세), 지방세 등의 조세 감면의 혜택을 제공하며, 임대, 임대료 감면, 매각 등의 다양한 입지 지원을 추진한다. 조세 감면 등의 혜택은 산업별 외국인 투자 총액의 비율에 따라 혜택이 다양하게 지원되고 있다. 조세 감면 이외에도 외국인 투자 비율이 30% 이상일 경우 입지 보조금, 시설 보조금, 교육훈련 보조금, 고용 보조금, 유치 실적 보상, 기업이전 보조금, 자금 지원 등의 보조금이 제공되고 있다. 그 밖에도 기반 시설의 지원이나 적극적인 행정 서비스의 지원이 이뤄지고 있다.

경제자유구역의 투자자 및 기업에 대한 인센티브 제도는 크게 조세 감면, 입지 지원, 보조금 지원 등으로 구분할 수 있다. 구체적으로 조세 감면 혜택은 산업별 감면 요건에 따라 제조업, 관광업, 사업·정보·창작예술·서비스업, 물류업, 의료기관, R&D로 분류된다. 각 산업별 감면 요건에 해당하는 투자액이 상이하며, 투자액의 범위에 따라 법인·소득세는 5년간 감면, 7년간 감면으로 구분되고, 취득세·재산세는 15년간, 13년간 감면 트랙으로 구분된다. 7년간 감면 트랙은 최초 5년간 100% 면제 이후 2년간 50% 감면을 해 주며, 5년간 감면 트랙은 최초 3년간 100% 면제 이후 2년간 50% 감면을 해 준다.

산업별 감면 요건을 살펴보면, 5년간 감면 트랙의 경우 제조업, 관광업, 사업·정보·창작예술서비스사업은 USD 1천만 달러 이상이고, 물류업과 의료기관은 USD 5백만 달러 이상, R&D는 USD 1백만 달러 이상이면서 3년 이상 채용된

표 2-2-4 경제자유구역의 외국인 투자 인센티브 현황

<table>
<tr><th>구분</th><th colspan="2">인센티브</th><th>주요 내용</th><th>관련 법령</th></tr>
<tr><td rowspan="11">기업하기 좋은 투자 조건 제공</td><td rowspan="3">조세 감면</td><td>조건</td><td>· 제조업(1천만 달러 이상)
· 관광업(1천만 달러 이상)
· 물류업(5백만 달러 이상)
· 의료업(5백만 달러 이상)
· 개발사업자(3천만 달러 이상 또는 외투 비율 50% 이상으로 총사업비가 5억 달러 이상)</td><td rowspan="3">경제자유구역법 제16조①
조특법 제121조의2</td></tr>
<tr><td>대상</td><td>· 법인 · 소득세(국세) 및 취득 · 등록 · 재산세(지방세) : 3년간 100%, 2년간 50%
* 지방세는 지자체 조례에 따라 최장 15년간 가능
· 관세 : 5년간 100%</td></tr>
<tr><td>7년형 감면</td><td>(2009.1.1 조특법 개정으로 조세 감면 혜택 확대)
· 제조업(3천만 달러 이상), 관광업(2천만 달러 이상), 물류업(1천만 달러 이상), R&D(2백만 달러 이상 & 석사급 연구원 10인 이상 상시고용)인 경우
· 경제자유구역위원회의 심의 · 의결을 거쳐 감면 기간을 5년간 100%, 2년간 50%로 확대 적용</td></tr>
<tr><td rowspan="3">입지 지원</td><td>임대</td><td>· 국 · 공유지에 대해 50년간(이후 50년 범위 내에서 갱신 가능) 임대 가능
· 임대료는 부지가액의 10/1,000 수준</td><td rowspan="2">경제자유구역법 16조②,④</td></tr>
<tr><td>임대료 감면</td><td>· 지자체 조례 등에 따라 50~100% 감면 가능(협상)</td></tr>
<tr><td>매입</td><td>· (국 · 공유재산) 수의계약 및 조성 원가로 매입 가능</td><td>경제자유구역법 17조⑤</td></tr>
<tr><td rowspan="2">현금 지원</td><td>조건</td><td>· 외투 비율이 30% 이상인 국내 외국인 투자기업으로
· 고도기술 수반 및 부품 · 소재 제조와 관련해 공장 등을 신 · 증설하는 경우로 1천만 달러 이상 투자, R&D 시설 신 · 증설하는 경우로 석사급 연구원 10인 이상 상시고용</td><td rowspan="2">외촉법 14조의2</td></tr>
<tr><td>지원액</td><td>· 협상을 통해 결정하되, 최소 FDI의 5% 이상 지원</td></tr>
<tr><td colspan="2">기반 시설 지원</td><td>· 경제자유구역 내 기반 시설에 대한 국고 우선 지원(건설비용의 50% 이내에서 재정 지원)</td><td>경제자유구역법 제18조</td></tr>
<tr><td colspan="2">노동 규제 완화</td><td>· 장애인 등 의무고용 배제, 파견근로자 기간 및 대상 업무 규제 배제, 무급휴가 허용 등</td><td>경제자유구역법 제17조</td></tr>
<tr><td colspan="2">외환 거래 자유</td><td>· 1만 달러 범위 내에서 무신고 외환 거래 허용</td><td>경제자유구역법 제21조</td></tr>
</table>

구분	항목	내용	근거
	행정 지원	· One-Stop 행정 지원(경제자유구역청, PM 지정) · 외투기업 요청 시 외국어 공문서 서비스 제공	경제자유구역법 제27조의2 경제자유구역법 제20조
외국인 친화적인 정주환경 제공	우수한 교육환경	· 외국 교육기관(초중고 및 대학) 설립 및 운영 허용 * 경제자유구역 및 제주특별자치도 내에만 가능 · 입주 외국 교육·연구기관에 대해 건축비, 초기운영비 등 재정 지원 · 외국교육연구기관특별법 제정으로 가종 규제 완화 * 초중고 내국인 학생 입학 허용(재학생의 30% 이내) 등	경제자유구역법 제22조
	안전한 의료 환경	· 외국 의료기관 설립 및 운영 허용 * 경제자유구역 및 제주특별자치도 내에만 가능 · 의료기관의 부대사업 특례 규정 · 외국 의료기관 개설 허가 조항 신설(제20조)	경제자유구역법 제23조
	쾌적한 주거환경	· 입주 외투기업 종사자에 대한 특별 분양 가능: 경제자유구역 내에서 민영주택을 건설하는 경우 그 건설량의 10% 이내 * 외투기업 종사자: 기업, 병원, 약국, 학교 및 국제기구 종사자	주택공급에 관한 규칙 제19조④
		· 외국인 전용 임대주택 공급(의무 사항) : 사업지구 내 총 주택 공급 세대 수의 1~10% 이내	경제자유구역법 제24조의2
	기타	· 유선방송의 외국 방송 채널 수 확대 구성·운용 · 외국인 전용 카지노 설립	경제자유구역법 제24조 경제자유구역법 제23조의3
효율적 운영 시스템 제공	경제자유구역 위원회	· 중앙부처 장관 및 민간 전문가로 구성돼 신속한 의사결정이 가능한 협의체 운영	경제자유구역법 제25조
	경제자유구역청	· 투자 상담부터 사후관리까지 One-Stop 서비스 제공	경제자유구역법 제27조의2
	공·항만관리 전문기관	· 인천공항공사(인천FEZ), 부산항만공사(부산FEZ), 한국컨테이너 부두공단(광양FEZ) 등 전문기관이 최적의 물류 시스템 제공	

출처: 국회예산정책처(2016).「외국인투자유치 지원제도 평가」.

석사급 이상 연구원이 상시 10명 이상이어야 한다. 7년 감면 트랙의 경우 제조업·컴퓨터 프로그래밍·시스템 통합 및 자료 처리·호스팅 산업에 USD 3천만 달러 이상, 관광업 USD 2천만 달러 이상, 물류업 USD 1천만 달러 이상, R&D는 USD 2백만 달러 이상에 3년 이상 채용된 석사급 이상 연구원이 상시 10명 이상이어야 한다. 감면 한도는 감면 기간 동안 외국인 투자 누계액 및 외국인 투자 비율에 따라 감면하고 있다.

입지 지원에 대해서는 국·공유지에 대해 50년 이내에서 임대가 가능하며, 임대료의 경우 전액·75%·50% 등 투자 금액별로 차등해서 감면이 가능하다. 보조금 지원은 기업 입지에 대해 보조금을 줄 수 있고, 일정 금액 이상의 설비 금액에 대해 2억 원까지 지급 가능하며, 교육·고용·기업 이전 등 특별한 사항에 대해서 보조금 지원이 가능하도록 하고 있다.

경제자유구역의 외국인 투자 인센티브는 조세 감면, 입지 지원, 현금 지원, 기반 시설 지원, 노동 규제 완화, 외환 거래 자유, 행정 지원 등으로 구분된다. 조세 감면은 법인세·소득세·취득세·등록세·재산세 등에 대한 혜택이 있으며, 산업별 지원 기준이 상이하다. 입지 지원은 부지의 임대 및 매입과 임대료 지원으로 구분된다. 현금 지원은 외촉법에 의해 고용 인원 등에 대한 지원이 이뤄진다. 그 밖에도 노동 규제나 외환 거래, 행정 지원 등의 편의를 제공한다.

경제자유구역 내 외국인의 정주 여건 조성을 위한 인센티브도 제공된다. 교육·의료·주거·방송 등 외국인을 위한 정주환경 조성 지원 제도가 있다. 또한 경제자유구역 전반의 운영을 관리하기 위해 경제자유구역위원회와 경제자유구역청, 항만·공항 등 유관 기관과의 공조를 통해 더 나은 행정 서비스를 제공하고 있다.

경제자유구역 내 산업입지에 대한 지방세 감면 혜택을 살펴보면, 대다수의 경제자유구역에서 15년간 취득세·등록세를 100% 면제하고 있다. 다만 대구·경북은 취득세·등록세 면제 혜택을 10년으로 하고 있으며, 이후 3년간 50%의 감면 혜택을 주고 있다. 재산세의 경우에는 지역마다 상이하다. 광양만권, 황해, 새만금·군산의 경우 15년간 100% 감면으로 혜택 기간과 비중이 가장 크고, 인천은 10년간 100%, 이후 3년간 50%를, 부산·진해는 7년간 100%, 이후 3년간 50%를 감면해 주고 있다. 대구·경북의 경우 개발지구마다 재산세 혜택이 상이한데,

100% 감면은 7년~10년, 이후 3~5년간 50%의 혜택을 주고 있다. 충북의 경우에는 취·등록세와 재산세에 대한 감면 비중이 다른 시·도에 비해 낮은 편이다.

표 2-2-5 경제자유구역별 지방세 감면 현황

<table>
<tr><th colspan="2">구분</th><th>취득세 · 등록세
(시 · 도세)</th><th>재산세
(시 · 군 · 구세)</th></tr>
<tr><td colspan="2">인천</td><td>15년간 100%</td><td>10년간 100%
이후 3년간 50%</td></tr>
<tr><td colspan="2">부산 · 진해</td><td>15년간 100%</td><td>7년간 100%
이후 3년간 50%</td></tr>
<tr><td colspan="2">광양만권</td><td>15년간 100%</td><td>15년간 100%</td></tr>
<tr><td colspan="2">황해</td><td>15년간 100%</td><td>15년간 100%</td></tr>
<tr><td rowspan="10">대구 · 경북</td><td>수성의료지구</td><td rowspan="10">10년간 100%,
이후 3년간 50%</td><td>10년간 50%</td></tr>
<tr><td>신서지구</td><td rowspan="4">10년간 100%
이후 3년간 50%</td></tr>
<tr><td>국제패션지구</td></tr>
<tr><td>국제문화산업지구</td></tr>
<tr><td>대구테크노폴리스</td></tr>
<tr><td>포항융합산업지구</td><td>10년간 100%
이후 5년간 50%</td></tr>
<tr><td>구미디지털산업지구</td><td>15년간 100%</td></tr>
<tr><td>경산학원연구지구</td><td rowspan="3">7년간 100%
이후 3년간 50%</td></tr>
<tr><td>영천첨단사업지구</td></tr>
<tr><td>하이테크파크지구</td></tr>
<tr><td colspan="2">새만금</td><td>15년간 100%</td><td>15년간 100%</td></tr>
<tr><td colspan="2">충북</td><td>3년 100, 2년 50%</td><td>10년 전액,
이후 5년 50%</td></tr>
<tr><td colspan="2">동해안권</td><td>15년간 100%</td><td>15년간 100%</td></tr>
</table>

주: 인천의 경우 산단에 입주한 외투기업에게 「산업입지 및 개발에 관한 법률(산입법)」에 따른 감면과 경제자유구역법에 따른 감면 중 선택권을 부여함.
출처: 각 경제자유구역청 홈페이지 참조.

제 3 장

국내 유사 제도와의 비교를 통해 본 경제자유구역

개 관

한국에서 특구 운영 경험은 수출·무역 촉진을 목적으로 하는 특구를 예로 들 수 있다. 대표적으로 보세구, 자유무역지역 등이 여기에 해당한다. 1990년대로 들어서는 외국인 투자 유치에 대한 관심으로 연결된다. 역사적으로 볼 때, 1960년 「외자도입촉진법」이 제정되면서 외자 유치를 위한 규제 완화가 시도됐으나, 특구를 통한 투자 유치는 부각되지 않았다. 1994년 '외국인기업 전용단지'가 도입되면서 비로소 특정한 공간적 범위에 한정해 외국인 투자 유치를 위한 특례가 적용됐다. 2000년대 경제자유구역에 이르러서는 외국인의 정주 여건과 생활환경 개선이 특례에 포함되고 있다. 즉, 특구가 시대적 환경과 당면한 과제에 따라 확장되고 진화하는 모습을 보이는 것이다.

제3장에서는 유사 제도와의 비교를 통해 경제자유구역을 이해하고자 한다. 현행 법상 경제자유구역과 유사한 목적을 가진 특구로는 외국인 투자지역, 자유무역지역을 들 수 있다. 이들과의 차이와 유사점을 비교함으로써 경제자유구역의 특징과 차별성을 살펴보고자 한다.

제 1 절 외국인 투자지역

1 개 요

우리나라의 외국인 투자지역은 1960년 조세 감면 혜택, 원금의 회수 및 과실 송금을 보장한 「외자도입촉진법」을 통해 법적 기틀이 마련됐다. 경제개발계획 추진에 따른 투자재원 조달의 일환으로 적극적으로 유치됐으며, 1984년에는 외국인 투자 자동인가제를 도입했다. 1990년에는 자동 인가 대상 금액이 1억 달러로 상향 조정되는 등 외국인 직접 투자의 자유화가 가속화됐다. 1994년 외국인 기업의 국내 투자를 촉진하기 위한 방안으로 「공업 배치 및 공장 설립에 관한 법률」에 따라 '외국인기업 전용단지'가 도입됐다. 이후 1998년 당시 외환 위기 극복을 위해 4월 「외국인투자촉진법」을 마련해 투자자가 희망하는 지역을 대상으로 '외국인 투자지역'을 지정했다. 「외국인투자촉진법」에 의하면, 외국인 투자 절차를 간소화하고 조세 감면을 탄력적으로 적용하며, 적대적 인수 · 합병(M&A) 허용 등을 포함하고 있다. '외국인기업 전용단지'와 '외국인 투자지역'이 2004년 「외국인 투자촉진법」을 개정해 일원화됨에 따라 현재에는 '외국인 투자지역'이라는 용어를 사용하고 있다.

「외국인투자촉진법」은 외국인 투자의 유치를 지원하기 위해 대규모 외국인 투자 프로젝트에 대해 외국 투자자가 원하는 지역을 외국인 투자지역으로 지정하도록 하고 있다. 외국인 투자지역의 선정은 외국인 투자의 규모, 고용 규모, 기술 이전 효과 등을 고려해 지자체가 요청하는 지역을 대상으로 한다. 지자체가 신청하면, 외국인투자위원회에서 결정하도록 하는 구조다. 이때 외국인 투자지역의 개발 및 관리는 시 · 도지사가 담당하고 외국인 투자지역 단지 조성 비용 보조, 각종 보조금 등 인센티브는 지자체의 부담분을 고려해 외국인투자위원회가 결정하도록 하고 있다.

외국인투자위원회는 산업통상자원부 자문기관으로 위원장이 산업통상자원부 장관으로 돼 있다. 외국인 투자 관련 업무에 관한 심의, 의결 권한을 부여하고 있으며, 관계 부처 장관 및 관련 지자체장, KOTRA 사장 등으로 하여금 외국인 투자 유치 협상 과정에 필요한 제도 개선, 협상안(proposal) 등을 결정할 수 있도록 하고 있다. 특히 동 위원회는 국유재산의 대부 기간, 임대료 등 인센티브 등에 대해 최종 결정할 수 있도록 하고 있다.

외국인 투자지역에서 발생하는 외국인 투자와 관련된 지원 업무를 종합적으로 수행하는 기관은 KOTRA 산하의 외국인투자지원센터다. 외국인투자지원센터는 외국인 투자에 대한 행정 지원 업무를 종합적으로 수행하도록 하고 있다. 예를 들어 투자 신고 접수, 토지 취득 및 공장 설립 등 인허가 신청과 처리의 대행, 투자 유치 및 홍보 활동, 법류 · 회계 · 금융 · 입지 · 기술 협력 · 인력 확보 · 국내 시장 정보 등에 대한 상담 및 지원, 외투기업의 사후 지원 및 애로 사항 해결 등의 업무를 수행한다.

외국인투자지원센터는 관계 부처 공무원을 파견, 대정부 업무를 지원하도록 하고 있다. 주요 부처와 지자체 등에서 공무원을 파견하며, KOTRA가 공무원 파견 요청 권한을 가지고 있다. 각 지자체에 대해서는 외국인투자진흥관실 설치가 의무화돼 있으며, 이를 통해 중앙행정기관 및 KOTRA와의 업무 협조 체계를 구축하고 있다.

2 주요 인센티브

시 · 도지사는 외국인 투자를 유치하기 위해 외국인 투자자가 희망하는 지역을 외국인투자위원회의 심의를 거쳐 외국인 투자지역으로 지정할 수 있다. 대상으로는 외국인 투자 금액이 1억 달러 이상인 기업, 외국인이 50% 이상 투자한 기업으로 상시고용 규모가 1천 명 이상인 기업, 외국인 투자 금액이 5천만 달러 이상이고, 상시고용 규모가 500명 이상인 기업이다. 이들 기업은 자기가 투자하는 지역을 외국인 투자지역으로 지정해달라고 요청할 수 있다. 외국인 투자지역에 입주한 외국인 투자기업은 입주 후 지정 기준을 충족시키지 못할 경우, 시 · 도지사의 요청에 따라 외국인투자위원회의 심의를 거쳐 지정을 해제할 수 있다.

1) 조세 감면

외국인 투자지역의 조세 감면 혜택은 2016년 기준 신성장 동력산업(기술), 개별형, 단지형 입주기업으로 구분해 지원하고 있다. 신성장 동력산업과 개별형 외국인 투자지역의 경우 7년 감면형으로 5년간 100% 감면 이후 2년간 50%의 국세를 감면받을 수 있다. 단지형 외국인 투자지역 입주기업은 제조업과 물류업에 대해서만 일정 금액 이상의 투자자에 한해 5년형 감면을 지원하고 있다. 5년형 감면은 3년간 100% 감면 이후 2년간 50%를 감면받는다.

지방세의 경우에는 취득세, 재산세, 종합토지세, 등록세에 대해서 지자체가 8~15년 범위 내에서 감면 기간과 감면 비율을 정할 수 있다. 다만, 그 감면 기간과 비율은 적어도 5년간 100%, 이후 3년간 50% 이상이 되도록 하고 있다. 관세의 경우 7년형 감면을 혜택받는 기업은 3년간 도입 자본재에 대해 관세 · 개별소비세 · 부가가치세가 면제되고, 5년형은 3년간 관세만 면제를 해 주고 있다.

표 2-3-1 외국인 투자지역 조세 감면 지원제도

구분	신성장 동력산업(기술)	개별형 외국인 투자지역 입주기업 • 제조업(3천만 달러 이상) • 관광업(2천만 달러 이상) • 물류업(1백만 달러 이상) • 연구개발사업(2백만 달러 이상 & 연구원 10인 이상)	단지형 외국인 투자지역 입주기업 • 제조업(1천만 달러 이상) • 물류업(5백만 달러 이상)
국세	〈7년형 감면〉 5년간 100% 감면 이후 2년간 50% 감면		〈5년형 감면〉 3년간 100% 감면 이후 2년간 50% 감면
지방세	지자체 조례에 따라 최장 15년 가능		
관세	〈7년형〉은 도입 자본재에 대해 3년간 관세 · 개별소비세 · 부가가치세 면제 〈5년형〉은 3년간 관세만 면제		

주: 조세 감면 기준은 국세(법인세 · 소득세), 지방세(취득세 · 재산세) 산출세액에 외국인 투자 비율을 곱한 금액의 전액이 해당함.

2) 국 · 공유재산의 대부(임대) 기간 및 임대료 감면

외국인 투자자에 대한 대부 대상은, 국유재산과 지자체 소유의 공유재산이다.

「외국인투자촉진법」은 대부 기간을 50년 이내로 하고 있으며, 기간 만료 시 50년까지 연장할 수 있도록 하고 있다. 또한 대부 대상 사업은 고도기술 수반사업, 첨단산업 지원 서비스업, 기타 고용 규모 및 외국인 투자 금액 등을 고려해 외국인투자위원회에서 결정하는 사업이 있다.

표 2-3-2 외국인 투자지역 입지 지원제도

구분	국공유지 임대				
	임대계약	임대료 감면			
지원 대상	외국인 투자기업	개별형 외국인 투자지역 입주기업	• 1백만 달러 이상 신성장 동력산업(기술)	• 5백만 달러 이상 제조업	• 250만 달러 이상 제조업
지원 내용	• 수의계약 가능 • 임대료율 1% 이상	100% 감면	· 외국인 투자지역 – 10년(100%) – 이후 투자 금액, 고용 인원에 따라 감면 적용 · 산업단지 50%	• 외국인 투자지역 – 소재 · 부품(100%) – 그 외 산업(75%) • 산업단지 50%	• 상시고용인원 수 감면 – 200명 이상(100%) – 150명 이상(90%) – 70명 이상(75%)
		공유재산은 지자체별 조례로 개별 감면			
필수 조건	국유재산법, 공유재산 및 불품관리법, 공공기관운영법상 국공유지만 대상	감면 적용: 입주 자격 및 입주 한도 모두 충족한 기업에 대해 적용			

임대료 감면 비율은 외국인 투자지역 내 투자기업과 외국인 투자지역에 입주한 100만 달러 이상의 신성장 동력산업(기술)의 경우 10년 동안 100% 감면을 지원하고 이후 투자 금액과 고용 인원에 따라 감면을 차등해서 적용한다. 산업단지에 입지한 외국인 투자 기업은 50%를 감면받을 수 있다. 500만 달러 이상의 제조업의 경우 외국인 투자지역 내 입주할 경우 소재 · 부품 산업은 100%, 그 외 산업은 75%의 임대료를 감면하고 있으며, 산업단지에는 50%의 임대료를 지원하고 있다. 250만 달러 이상 제조업에 대해서는 상시고용 인원 수에 따라 감면을 차등하고 있다. 200명 이상의 경우 100%의 임대료를, 150은 90%, 70명 이상은 75%를 지

원하고 있다. 그 밖에도 지자체 소유 산업단지공단에 대한 임대료는 각 시·도가 조례로 정하도록 하고 있다.

3) 기타 지원 내용

외국인 투자지역의 외투 기업은 자본재 수입 시 관세·특별부가세·부가가치세가 면제된다. 특히 조세 감면 기간 중 사업 내용을 변경하더라도 잔여 면제 기간 중 조세 감면 혜택이 가능하다.

정부는 외국인 투자지역의 각종 건설비용과 기반 시설을 마련하는 데 지원을 할 수 있다. 도로·용수 시설·하수 등 기반 시설 설치비용과 용지매입비를 최대 50%까지 보조할 수 있다. 각종 사회간접자본(SOC) 시설을 우선 지원하며, 개발사업 시행자에 대한 양도소득세·취득세·등록세 등 각종 조세와 산림 전용부담금, 농지개발부담금 등 7개 부담금에 대해서도 면제 조치를 해 준다. 해당 지역 내 시설물 등에 대해서는 교통유발부담금도 부과하지 않는다.

외국인 투자지역의 외투기업은 중소기업 고유업종 참여 제한 품목이나, 지정 계열화 품목을 중소기업체에 위탁할 의무도 없다.

3 주요 현황

1) 단지형

외국인 투자지역은 크게 단지형과 개별형으로 구분된다. 단지형 외국인 투자지역은 외투기업이 산업단지 내 입지해야 혜택을 받을 수 있으며, 임대단지 운영을 원칙으로 한다. 2016년 4분기 기준으로 전국의 단지형 외국인 투자지역은 총 19개가 운영 중이며, 경기도가 4개로 가장 많고, 충남이 3개, 부산, 충북·경북이 각 2개, 대구, 광주, 강원, 전북, 전남, 경남이 각 1개씩이다.

2016년 4분기 기준 외국인 투자지역(단지형)의 조성 및 분양 현황을 살펴보면, 지정 면적 9,653천㎡의 규모에 조성이 완료된 관리 면적은 8,278천㎡의 규모

표 2-3-3 외국인 투자지역(단지형) 조성 및 분양 현황(2016년 4분기 기준)

(단위: 개, 천㎡, 백만 원, 천 달러, %)

시·도	단지명	조성 상태	지정 면적	관리 면적	산업시설구역					입주 업체	누계 생산 (백만 원)
					전체 면적	분양 대상	분양	미 분양	분양률		
총계			9,653	8,278	7,143	7,143	6,212	931	86.97	209	9,232,433
부산	미음	조성 중	300	300	300	300	300	–	100.0	6	425,622
	지사	완료	298	298	298	298	240	58	80.5	10	395,446
대구	달성2차	완료	104	104	104	104	104	–	100.0	5	74,728
광주	평동	완료	99	99	99	99	60	39	60.6	3	31,029
경기	당동	완료	641	641	239	239	239	–	100.0	9	872,000
	오성	완료	601	600	329	329	329	–	100.0	5	37,724
	장안첨단(1)	완료	602	602	443	443	391	52	88.3	12	361,050
	장안첨단(2)	완료	614	614	369	369	104	265	28.2	5	305,078
강원	문막반계	완료	99	99	99	99	35	64	35.4	2	x
충북	오창	완료	806	446	446	446	446	–	100.0	12	870,595
	산수	완료	108	108	108	108	108	–	100.0	2	x
충남	인주	완료	165	164	159	159	159	–	100.0	7	254,796
	천안3	완료	510	510	491	491	491	–	100.0	42	2,193,239
	천안5	조성 중	336	336	336	336	291	45	86.6	13	9,727
전북	익산제3	완료	342	341	319	319	125	194	39.2	3	723
전남	대불	완료	1,614	1,614	1,602	1,602	1,602	–	100.0	34	457,771
경북	구미(단지형 부품소재전용공단)	완료	1,591	579	579	579	365	214	63.0	22	2,418,119
	영일만	완료	327	327	327	327	327	–	100.0	2	x
경남	사천	완료	496	496	496	496	496	–	100.0	15	524,786

주1: 가동 업체 개수가 2개 이하인 단지의 생산, 정보는 개별 업체정보 보호를 위해 X로 표기함.
주2: 구미외국인투자지역은 단지형과 부품소재지역 2개로 구분됨. 표 내용은 2개 지역을 합한 수치임.
출처: 한국산업단지공단(2016). 2016년 4분기 산업단지 현황 조사.

로 지정 면적 대비 86.7%의 조성이 완료됐다. 이 가운데 산업시설구역은 7,143천㎡의 규모이며, 분양된 지역은 6,212천㎡로 분양률이 86.97% 수준이다. 입주 업체는 209개 기업으로 누적 생산 총액은 9,232,433백만 원 수준이다.

지역별로 살펴보면, 전남 대불단지와 경북 구미단지의 규모가 각각 1,614천

㎡, 1,591천㎡으로 가장 넓은 규모를 보이고 있으며, 누적 생산액으로는 구미단지와 천안3단지가 높은 비중을 차지하고 있다. 2016년 4분기 기준 조성 중인 외국인 투자지역은 부산의 미음단지와 충남 천안5단지가 있다.

2) 개별형

개별형 외국인 투자지역은 2016년 4분기 기준 전국에 80개 업체가 지정돼 있다. 단지형 외국인 투자지역과 달리 개별형은 외투기업의 지정 위치에 제약이 없다. 개별사업장 단위로 지정되기 때문이다. 개별형 외국인 투자지역이 처음 지정된 것은 99년 10월 경남 사천에 태양유전이 최초이며, 이후 꾸준히 증가했다.

표 2-3-4 개별형 외국인 투자지역 지정 현황

지정 연도	지정 기업	사업 분야	투자자	
			외국	내국
1999	태양유전	세라믹 콘덴서	태양유전	
2000	J.S.T BASF 코리아 오토글라스	전기전자 접속부품 석유화학 자동차 안전유리	J.S.T BASF Asahi Glass	 KCC
2001	BASF BASF 동부하이텍	비타민 생산 합성수지 반도체 웨이퍼	BASF BASF Toshiba	 동부전자
2003	스미토모그룹	LCD용 컬러필터, 필름	Sumitomo화학	동우화인켐
2004	S-LCD Asahi 초자 MCC Logistics 아반스트레이트 한국호야전자 LINTEC 코리아 Air Liquide 코리아 Toray 새한	LCD-TV용 패널 LCD용 유리관 물류 LCD용 유리기판 LCD용 Photo Mask 반도체 가공소재 산업용 가스 화학소재	Sony Asahi Mitsui NH테크노그라스 HOYA Lintec Air Liquide Toray	삼성전자 국보 새한
2005	AGC 디스플레이 글라스 Linde Koras Prax air	LCD용 유리기판 반도체 생산가스 산업용 가스	Schott AG LINDE AG Praxair	

<table>
<tr><td>2006</td><td>한국타임즈 항공
한욱테크노글라스
에어프로덕츠
라파즈 석고보드
아사히피디글라스</td><td>헬리콥터 성능 개량
PDP 유리기판
산업용 가스
석고보드
PDP용 유리기판</td><td>WTA
Asahi Glass
에어프로덕트사플라
스터보드 외 1
(주)아사히글라스</td><td>한진무역</td></tr>
<tr><td>2007</td><td>대산MMA
스탬포드호텔
일상여수 오션리조트
태영호라이즌
한국쓰리엠</td><td>PMMA 인조대리석
호텔업
호텔, 종합휴양업
항만, 물류시설
미세유리구슬</td><td>미쓰비시 레이온
Standgord Investment
Onmost Gitterstar
Hrmpl 싱가폴
쓰리엠 싱가폴</td><td>(주) 일상
(주) 태영</td></tr>
<tr><td>2008</td><td>토넨기능막
솔라월드
타가즈
프렉스에어
파워카본</td><td>이차전지 분리막
태양광 모듈
자동차 부품 및 제품
산업용 가스
EDLC용 고용량 탄소소재</td><td>토넨기능막코리아
솔라월드
타가즈코리아
프렉스에어코리아
신일본석유</td><td>솔라파크엔지니어
GS</td></tr>
<tr><td>2009</td><td>다논
이스트만
예래휴양형단지</td><td>낙농발효유
아세테이트 토우
종합휴양업</td><td>그룹 다논
이스트만
말레이시아 버자야사</td><td>SK케미칼</td></tr>
<tr><td>2010</td><td>징콕스코리아
서한엔티엔베어링
에드워트코리아
롬앤드하스전자재료
에이치씨페트로켐
오일탱킹 에이엔오씨
카길 애그리퓨리아
카길 유기가공
페어차일드 코리아</td><td>아연, 선철재생 제조
베어링 제조
반도체용 펌프 제조
화학제품 제조
석유화학 원료 제조
탱크터미널업
배합사료 제조
대두유, 대두박 제조
반도체 소자 제조</td><td>징콕스
엔티엔베어링
에드워드 코리아
롬앤드하스 전자재료
에이치씨 페트로켐
오일탱킹 케이엔오씨
카길 애그리퓨리나
카길 유지 가공
페어차일드 코리아</td><td>서한</td></tr>
<tr><td>2011</td><td>대산엠엠에이
현대아반시스
다우케미칼오엘이디
한국몰렉스
한국덴소판매
대구텍제2공장
에스에스엘엠
태평양에어컨트롤
유미코아컴퍼니
동서석유화학</td><td>석유화학제품
태양전지모듈
OLED 재료
전자 커넥터
자동차부품 R&D
절삭공구 제조
사파이어 웨이퍼
콤프레셔 부품 제조
전구체 제조
아크릴 니트릴 제조</td><td>미쓰비씨 레이온
아반시스(독일)
다우케미칼(미국)
MOLEX Int.
KATOUNOBUKI
IMC Int. Working Co.
쓰미토모 화학
태평양공업(일본)
유미코아(벨기에)
아사히 카세이</td><td>호남석유
현대중공업
삼성 LED (주)
태평양밸브공업</td></tr>
</table>

출처: 한국산업단지공단 홈페이지.

<표 2-3-4>는 개별형 외국인 투자지역의 연도별 지정 내용이다.

제 2 절 자유무역지역

외국인 투자지역 외 경제자유구역과 유사한 경제특구로서 자유무역지역이 있다. 자유무역지역의 산업단지형 특구로서, 비관세 지역이다. 법률상 「자유무역지역의 지정 및 운영에 관한 법률」의 적용을 받는 지역으로 부지 매입 및 인프라 시설에 대해 국비 75% 이내에서 지원이 가능하도록 하고 있다.

2016년 4분기 기준 전국의 자유무역지역은 총 7개 지역으로 지정 면적 6.472천㎡다. 개별 단지로는 전남 대불자유무역지역이 1,838천㎡로 가장 넓고, 울산이 1,297천㎡, 전북 군산이 1,257천㎡의 면적을 가지고 있다. 2011년 기준 전체 면적 대비 약 48.6%가 분양됐다.

표 2-3-5 자유무역지역 산업단지형 조성 및 분양 현황

(단위: 천㎡, %)

소재 시·도	단지명 (자유무역)	조성 상태	지정 면적	관리 면적	산업시설구역				
					전체 면적	분양 대상	분양	미분양	분양률
총 7개			6,472	5,763	4,624	4,624	4,086	538	79.5 (평균)
강원	동해	완료	248	239	192	192	45	147	23.4
전북	군산	완료	1,256	1,256	1,121	1,121	1,001	120	89.3
전남	대불	완료	1,838	1,157	1,034	1,034	969	65	93.7
울산	울산	완료	838	819	486	486	420	66	86.4
전북	김제	완료	991	991	764	764	700	64	91.6
전남	율촌	완료	344	344	269	269	193	76	71.8
경남	마산	완료	957	957	758	758	758	–	100

출처: 한국산업단지공단(2016). 2016년 4분기 산업단지 현황 조사.

자유무역지역의 생산 및 고용 현황을 살펴보면, 7개 지역에서 총 9,669명을 고용하고 있다. 2016년 4분기까지 누계 3조 5,907억 원의 생산이 이뤄졌고, 누계 20억 2,930만 달러의 수출이 있었다.

입주기업 및 가동 현황을 살펴보면, 2016년 4분기 기준 총 7개 지역에 238개의 입주 계약이 이뤄졌고, 이 가운데 211개 업체가 공장 설립 · 가동 중이다. 입주 계약 업체 대비 가동비는 88.6%다.

표 2-3-6 자유무역지역 산업단지형 생산 및 고용 현황

(단위: 개, 명, 백만 원, 천 달러)

소재 시 · 도	단지명 (자유무역)	입주 업체	가동 업체	고용 현황(명)			누계 생산 (백만 원)	누계 수출 (천 달러)
				남	여	계		
총 7개		238	211	7,264	2,405	9,669	3,590,738	2,029,305
강원	동해	14	11	113	16	129	25,508	9,468
전북	군산	30	26	1,239	271	1,510	492,047	349,569
전남	대불	31	30	1,513	269	1,782	576,023	286,758
울산	울산	33	30	699	102	801	263,433	135,952
전북	김제	13	6	125	13	138	152,151	6,884
전남	율촌	13	9	191	33	224	78,524	67,592
경남	마산	104	99	3,384	1,701	5,085	2,003,052	1,173,082

출처: 한국산업단지공단(2016). 2016년 4분기 산업단지 현황 조사.

제 3 절 종합 및 비교

그 밖에도 국가산업단지, 기업도시, 세종시, 연구개발특구 등이 경제자유구역과 유사한 국내의 경제특구 사례로 볼 수 있다. 다음의 <표 2-3-7>은 경제자유구역 및 유사 특구의 인센티브 제도를 비교 · 정리한 것이다.

표 2-3-7 경제자유구역, 외국인 투자지역, 자유무역지역 비교

<table>
<tr><th colspan="2" rowspan="2">구분</th><th rowspan="2">경제자유구역</th><th colspan="2">외국인 투자지역</th><th colspan="2">자유무역지역</th></tr>
<tr><th>단지형</th><th>개별형</th><th>산업단지형</th><th>공항, 항만, 물류형</th></tr>
<tr><td colspan="2">법적 근거</td><td>–경제자유구역의 지정 및 운영에 관한 법률</td><td colspan="2">–외국인투자촉진법</td><td colspan="2">–자유무역지역의 지정 및 운영에 관한 법률</td></tr>
<tr><td colspan="2">지정 위치</td><td>–국제공·항만 주변 지역</td><td>–산업단지 내</td><td>–제한 없음.</td><td>–항만, 공항의 주변 지역, 산업단지</td><td>–항만, 공항, 유통단지, 화물터미널 등</td></tr>
<tr><td colspan="2">지역 특성</td><td>–특별행정구역 수준 (자치단체조합 등)</td><td>–임대단지 운영 원칙</td><td>–개별사업장 단위</td><td colspan="2">–비관세지역</td></tr>
<tr><td colspan="2">입주 요건</td><td>–외투기업
–제조업, 물류업, 의료기관, 교육기관, 외국 방송, 금융기관 등</td><td>–외투 지분 30% 이상
–외투 금액 1억 원 이상</td><td>–외투 지분 10% 이상
–외투 금액 1억 원 이상</td><td colspan="2">–수출 목적 내·외국 기업
–외국인 투자기업
–수출입거래 주목적 도매업 (복합물류 관련 사업)</td></tr>
<tr><td colspan="2">지정 현황</td><td>–8개 권역</td><td>–24개소</td><td>–80개소</td><td colspan="2">–7개소</td></tr>
<tr><td colspan="2">지정권자</td><td>–산업통상자원부 장관
*경제자유구역위원회 심의</td><td colspan="2">–시·도지사
*외국인투자위원회 심의</td><td colspan="2">–산업통상자원부 장관
*관계 기관장과 협의 필요</td></tr>
<tr><td colspan="2">국비 지원 근거</td><td>–경제자유구역의 지정 및 운영에 관한 법 제18조, 제27조 제5항</td><td colspan="2">–외국인투자촉진법 제19조</td><td colspan="2">–자유무역지역의 지정 및 운영에 관한 법률 제20조</td></tr>
<tr><td rowspan="3">조세 감면</td><td>법인세·소득세</td><td>–3년(100) + 2년(50%)
※ 투자 요건(USD)
• 제조업 1천만 달러
• 관광업 1천만 달러
• 물류업 5백만 달러
• R&D 1백만 달러</td><td>–3년(100) + 2년(50%)
※ 투자 요건
• 제조업 1천만
• 물류업 5백만</td><td>–3년(100) + 2년(50%)
※ 투자 요건
• 제조업 3천 만
• 관광업 2천 만
• 물류업 1백 만
• R&D 2백만</td><td colspan="2">–단지형 외투 지역과 동일</td></tr>
<tr><td>관세</td><td colspan="3">–수입 자본재, 수입 신고일로부터 5년간 면제</td><td colspan="2">–관세 유보</td></tr>
<tr><td>지방세</td><td colspan="5">–15년 내에서 조례로 정함.</td></tr>
<tr><td colspan="2">입지 지원</td><td>–분양 위주 공급, 임대 시 임대료 감면(1% 수준)</td><td>–임대(국가지자체 매입 후 1% 임대료)</td><td>–필요 시 부지 매입 지원 및 국공유지 임대료 감면(100%)</td><td colspan="2">–임대(국가지자체 매입 후 1% 임대료)</td></tr>
</table>

자료: 국회예산정책처(2016). 「외국인 투자유치 지원제도 평가」, 지식경제부(2010), 외국인 투자지역 내용은 산업단지공단 홈페이지(검색일 2017년 5월)를 참조해 재구성.

표 2-3-8 국내 유사 특구와의 인센티브 제도 비교

구분	개발 지원		입주기업 지원				
	기반 시설 국고 지원	정주 여건 (복합 개발)	조세 감면			입지 지원 (저가임대)	규제특례 (경영/노동)
			법인세 소득세	관세	지방세		
경제자유구역	○	◎	外 ◎	外 ○	外 ◎	外 ◎	外 ◎
산업단지	◎	×	×	×	內外 ○	×	×
외국인 투자지역	◎	×	外 ◎	外 ○	外 ◎	外 ◎	外 △
자유무역지역	×	×	外 ○	外 ◎	外 ◎	外 ◎	內外 △
기업도시	○	◎	內外 ◎	×	內外 ◎	內外 ◎	外 ◎
세종시	◎	◎	內外 ○	×	內外 ◎	×	×
연구개발특구	×	○	內外 ○	×	內外 ◎	內外 △	×

주: 인센티브 적용 대상: 內外-국내외 기업 모두 적용. 外-외투기업에만 적용
인센티브 수준: ◎-높은 수준/ ○-중간 수준/ △-낮은 수준/ ×-인센티브 없음.
외국인 정주 여건(교육·의료) 특례: 경제자유구역, 기업도시, 연구개발특구에만 있음.
출처: 지식경제부(2010).

제4장

경제자유구역의 현주소

개 관

지금까지 경제자유구역의 연혁부터 현황, 관련 법·제도, 유사 제도 등을 검토했다. 그렇다면 경제자유구역이 얼마만큼의 목적을 달성하고 있는지 궁금하지 않을 수 없다. 계획상 경제자유구역의 개발 기간은 2020~2024년까지로 돼 있기 때문에 현재까지도 진행형이라 할 수 있다. 경제자유구역이 장기 사업이면서 넓은 지역을 포함하기 때문에 그 성과를 논하기는 아직 이를 수 있다. 하지만 경제자유구역의 현주소를 점검하는 것은 이제까지의 성과를 돌이켜 봄과 동시에 앞으로 나아가야 할 방향을 논의하는 데 도움이 될 수 있을 것이다.

제4장에서는 경제자유구역의 현주소를 짚어 보기 위해, 각 구역별 외자 유치 실적과 개발 현황을 살펴보고자 한다. 다만 각 경제자유구역에 따라 투자 유치 및 개발 진척도가 다르기 때문에 외자 유치 실적을 단순 비교하는 것은 큰 의미가 없다. 다만 경제자유구역의 외자 유치 실적이 당초 구상이나 기대치보다 저조해서 지정 이후부터 줄곧 여론의 비판을 받아 왔던 점에는 주목해야 할 것이다. 하지만 2016년 말 관계 부처의 보고에서 경제자유구역의 외국인 직접 투자(Foreign Direct Investment: FDI) 실적이 호전되고 있다는 긍정적인 소식도 들려오고 있다.

제1절 외자 유치 실적

우리나라의 외국인 직접 투자(FDI) 유입액은 2000년 전후 150억 달러까지 이르렀으나 이후 2003년 65억 달러 수준까지 감소한 후 2004년 이후 110억 달러 전후에서 정체하는 모습이었다. 이후 최근 10년간의 외국인 직접 투자 유입액 전체 금액은 2007년 105억 달러에서 2016년에는 약 2배 규모인 212억 달러 수준으로 집계되고 있다. 2009년과 2013년을 제외하고는 전년 대비 모두 증가해 지난 10년간 외국인 직접 투자는 전반적으로 증가세를 보이고 있다.

국가별 구성을 살펴보면, 미주지역은 신고액 기준 2008~2010년까지 30억 달러 미만의 낮은 수준을 보였다. 서브프라임 모기지 사태에 의한 경제 위기 탓으로 풀이된다. 2011년 이후에는 2007년 수준에 가까운 37억 달러로 회복했고, 이후 증가세를 보이며 2015년에는 84억 달러로 최근 10년간 가장 높은 투자액을 보였다. 아시아 국가의 FDI는 2007년 이후 증가와 감소를 반복하다가 2012년에는 88억 달러로 최근 10년간 가장 높은 투자액을 보였다. 2013년 이후에는 증가세를 보이고 있으며, 가장 최근인 2017년에도 81억 달러로 높은 비중을 차지하고 있다. 유럽 국가들이 포함되는 구주지역은 2012년 가장 낮은 수준인 29억 달러 이후 2014년까지 회복세를 보였으나, 2015년 다시 감소했고 가장 최근인 2016년에는 74억 달러 수준을 보이고 있다. 그 외 중동지역은 2% 수준 미만을 차지하고 있고, 아프리카지역은 대체로 1% 미만을 보이고 있다.

경제자유구역이 본격적으로 개발되기 이전의 한국 FDI 유입 실적을 살펴보면, 아시아 주요국과 비교해 현저히 낮은 수준임을 알 수 있다. 1990년대 후반에는 홍콩의 FDI 실적이 높았고, 중국은 지속적으로 높은 수준을 유지하면서 성장하는 경향을 보여 주고 있다.

경제자유구역의 핵심 목적인 외국인 투자 유치 실적을 살펴보면, 2016년 경제자유구역의 외국인 직접 투자 유치 규모는 2013년 이후 최대치를 달성했다. 2016년 경제자유구역의 FDI 신고 실적은 24.2억 달러로 2015년의 14.6억 달러 대비 66.1%가 증가했다.

표 2-4-1 최근 10년간 국내 외국인 직접 투자의 지역별 분포

(단위: 백만 달러, %)

연도	전체	미주지역		아주지역		구주지역		중동지역		아프리카지역	
		금액	비중	금액	비중	금액	비중	금액	비중	금액	비중
계	152,501	41,392	27.1	57,745	37.9	49,880	32.7	2,747	1.8	727	0.5
2016	21,299	5,259	24.7	8,144	38.2	7,489	35.2	397	1.9	7	0.0
2015	20,910	8,445	40.4	8,356	40.0	2,699	12.9	1,381	6.6	25	0.1
2014	19,000	5,013	26.4	6,787	35.7	6,689	35.2	225	1.2	283	1.5
2013	14,548	4,551	31.3	5,008	34.4	4,883	33.6	77	0.5	24	0.2
2012	16,285	4,410	27.1	8,848	54.3	2,956	18.2	52	0.3	15	0.1
2011	13,673	3,748	27.4	4,398	32.2	5,393	39.4	92	0.7	40	0.3
2010	13,073	2,680	20.5	6,899	52.8	3,290	25.2	171	1.3	29	0.2
2009	11,484	2,166	18.9	3,704	32.3	5,363	46.7	238	2.1	9	0.1
2008	11,711	1,923	16.4	3,263	27.9	6,483	55.4	26	0.2	15	0.1
2007	10,515	3,190	30.3	2,335	22.2	4,630	44.0	83	0.8	275	2.6

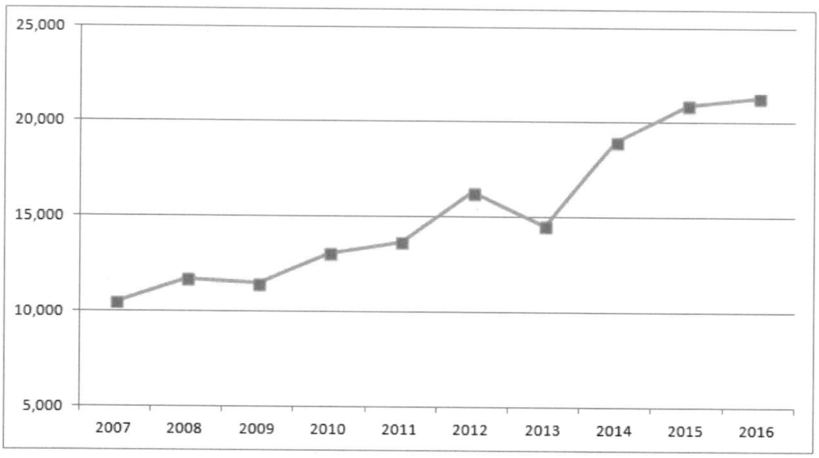

주: 신고 금액 기준.
출처: 산업통상자원부, 외국인 직접 투자 통계DB(2017년 5월).

경제자유구역별로는 인천경제자유구역이 15.7억 달러로 견고한 실적을 유지하는 가운데, 부산・진해경제자유구역이 4.6억 달러로 사상 최대 실적을 거뒀다. 구체적으로 인천경제자유구역의 FDI 실적은 2012년 21.1억 달러, 2013년 9.4억 달러, 2014년 17.1억 달러, 2015년 12.1억 달러, 2016년에는 15.7억 달러였다. 부

표 2-4-2 경제자유구역 최근 5년간 FDI 신고 실적

(단위: 백만 달러)

연도	2012	2013	2014	2015	2016(잠정)
FDI 신고액	2,557.8	1,348.3	1,827.2	1,457.0	2,419.7
비중(%)*	15.7	9.3	9.6	7.0	13.0

주1: 비중은 국내 총 FDI 중 경제자유구역이 차지하는 비중을 의미함(2016년은 12월 19일 기준).
주2: 역대 최대는 2012년 25.6억 달러임.
출처: 산업통상자원부, 2016년 12월 21일 보도 자료.

산·진해경제자유구역의 FDI 실적도 2012년 2.2억 달러, 2013년 1.2억 달러, 2014년 0.8억 달러, 2015년 1.7억 달러, 2016년 4.6억 달러를 보였다.

경제자유구역 지정 이후 그간 FDI 유치 실적이 거의 없었던 황해, 동해, 충북 경제자유구역에서도 최근 들어 유치 실적이 나타나기 시작했다. 황해경제자유구역과 충북경제자유구역은 2015년 FDI 실적이 전혀 없었으나, 2016년 황해가 22.7백만 달러, 충북이 63백만 달러의 FDI 유치 실적을 보였고, 동해안권경제자유구역은 2015년 0.3백만 달러 수준에서 2016년 82백만 달러를 유치했다. 그 결과 경제자유구역 전체의 FD 실적에서 인천경제자유구역에 대한 FDI 편중도가 2015년 82.8%에서 2016년 64.8%로 18.0% 하락한 점도 긍정적이다.

표 2-4-3 경제자유구역별 FDI 신고 실적

(단위: 백만 달러)

경제자유구역청	인천	부산·진해	광양만권	대구·경북	황해	동해안권	충북	계
2016년 실적	1,566.8	458.1	201.9	25.2	22.7	82.0	63.0	2,419.7
비중(%)*	64.8	18.9	8.3	1.0	0.9	3.4	2.6	100.0

주: 비중은 경제자유구역 총 FDI 중 각 구역이 차지하는 비중임(2016년은 12월 19일 기준).
출처: 산업통상자원부, 2016년 12월 21일 보도 자료.

하지만 문제점도 안고 있다. 2016년 FDI 도착 규모를 살펴보면 2015년과 유사한 5.9억 달러에 그치고 있어 FDI 신고 금액이 모두 도착하도록 지속적인 유치 노력을 강화할 필요가 있다. 또한 국내 총 FDI 도착 금액 내 비중도 6.4%에 불과한 만큼 도착 실적이 낮은 형편이어서 경제자유구역 외투 유치 활성화가 필요하다.

표 2-4-4 경제자유구역 최근 5년간 FDI 도착 실적

(단위: 백만 달러)

연도	2012	2013	2014	2015	2016(잠정)
FDI 도착액	721.2	527.6	1,426.7	570.6	588.8
비중(%)*	6.2	6.7	5.4	12.3	6.4

주1: 비중은 국내 총 FDI 중 경제자유구역이 차지하는 비중임(2016년은 12월 19일 기준).
주2: 역대 최대는 2014년 14.3억 달러.
출처: 산업통상자원부, 2016년 12월 21일 보도 자료.

산업통상자원부는 그간 경제자유구역의 외국인 투자 활성화를 위해 경제자유구역을 적정 규모로 관리함으로써 개발 및 투자 효율성을 높이는 방안을 추진하고 있다. 투자 유치나 개발 실적이 저조한 경제자유구역의 지정 해제를 추진하는 방식이다. 그 일환으로 경제자유구역의 면적이 가장 넓었던 시기와 비교해 약 48%(580㎢ → 260㎢)를 지정 해제했다. 2016년 말 현재 전국에 약 320㎢ 규모의 경제자유구역이 지정돼 있다. 그에 따라 연도별 개발률 추이 지표가 개선되고 있

표 2-4-5 산업통상자원부의 경제자유구역 실적 개선 방안 주요 내용

구분	내용	시기
2013년 이후 주요 활성화 대책	• '제1차 경제자유구역 기본 계획' 수립 · 고시 • 'FTA를 활용한 외국인 투자 활성화 방안' 발표 * 경제자유구역의 외투 전진기지화를 위한 규제 완화 포함 • '경제자유구역 구조조정 및 활성화 방안' 수립 • '경제자유구역 활성화를 위한 규제 개선' 발표	2013. 7 2015. 8 2016. 7 2016. 8
2013년 이후 규제 개선 주요 내용	• 개발이익 재투자 비율 완화(25→10%, 「경제자유구역법 시행령」 개정) • 개발사업 시행자 지정 요건 완화(「경제자유구역법」 개정) • 「항만법」과 「경제자유구역법」의 이중 절차 해소(「경제자유구역법」 개정) • 카지노 사업자 사전심사 적격 요건 개선(「경제자유구역법 시행령」 개정)	2014.11 2014.12 2014.12 2015. 7
2016년도 조세감면안 주요 의결 실적	• 나이가이은산로지스틱스(부산 · 진해, 6.8백만 달러 신고), 제이셋스태츠칩팩코리아(인천, 1.7억 달러 신고), 지에스디케이(광양만권 3천만 달러 신고) 등 5건	2016. 1 2016. 7 2016.10

출처: 산업통상자원부, 2016년 12월 21일 보도 자료.

으며, 2014년 56.4%에서 2015년에는 58.4%, 2016년 8월 말 기준 69.6%의 개발률을 보이고 있다.

또한 지속적인 규제 완화와 제도 개선 등을 통해 투자 여건을 개선하고 외국인 투자에 대한 조세 감면 등 인센티브를 제공하고 있다. 특히 2016년 8월 말에는 국무총리 주재 '제7차 규제개혁 현장점검회의' 때 '경제자유구역 활성화를 위한 규제 개선'을 발표했고, 경제자유구역법 개정 등을 통해 규제 개선 과제를 추진하고 있다.

제 2 절 구역별 개발 실적

1 인천경제자유구역

인천경제자유구역은 송도국제도시, 영종지구, 청라국제도시 3개 지구가 설정돼 있으며, 총면적 128.53㎢, 지구별 면적은 송도국제도시 53.45㎢, 영종지구 52.48㎢, 청라국제도시 22.6㎢다. 송도국제도시는 비즈니스와 IT · BT 산업, 영종지구는 물류 · 관광, 청라국제도시는 금융 · 레저를 중심으로 개발 방향이 설정돼 있다.

인천경제자유구역의 각 지구별 개발사업 추진 실적을 살펴보면, 송도국제도시의 경우 전체 개발 면적 49.58㎢(아암공원 A · B 3.78㎢ 면적 제외) 가운데 약 45.9%에 해당하는 20.9㎢ 규모가 개발됐다. 영종지구는 지정 면적 52.48㎢ 가운데 약 5.6%에 해당하는 2.97㎢ 규모가 개발됐다. 청라국제도시는 지정 면적 22.6㎢ 가운데 약 63.2%에 해당하는 14.3㎢ 규모가 개발됐다.

인천경제자유구역의 FDI 신고 실적을 살펴보면, 전체 누계 총 102억 85백만 달러로 집계됐다. 지구별로는 송도지구가 누계 5,333.3백만 달러로 전체의 51.9%를 차지하고 있으며, 영종지구는 4,188.1백만 달러로 40.7%, 청라지구는 763.4백만 달러로 7.4%의 비중을 차지하고 있다. 2017년에도 6월 말까지 오리오스

그림 2-4-1 인천경제자유구역 개발계획 총괄도

출처: 인천경제자유구역청 홈페이지(www.ifez.go.kr).

표 2-4-6 인천경제자유구역 지구별 개발사업 추진 실적

구분	송도국제도시	영종지구	청라국제도시
지정 면적	53.45㎢	52.48㎢	22.6㎢
개발 면적(추진율)	20.9㎢(45.9%)	2.97㎢(5.6%)	14.3㎢(63.2%)
주요 개발 실적	–동북아무역타워 –송도컨벤시아 –채드윅 송도국제학교 –송도센트럴 공원 –아트센터	–운서지구 –운남지구 –배후지원단지 –영종하늘도시 2단계 사업 준공 –미단시티 2단계 준공	–청라국제도시 본단지 1~5공구 준공 –호수공원 및 주운수로 문화공원 –청라골프장

주: 지정 면적은 사업 초기와 비교해 미개발지역의 일부 지정 해제 등으로 인해 변동됨.
출처: 인천경제자유구역청 홈페이지(www.ifez.go.kr).

메디칼 주식회사(캐나다), 두룹알알람무역(리비아), 송도SHC(말레이시아) 등 24개 기업이 투자를 신고했다.

표 2-4-7 인천경제자유구역 지구별 FDI 유치 실적

(단위: 백만 달러, %)

구분	2011	2012	2013	2014	2015	2016	2017	계	비중
송도	832	216.3	786	1,524	577.6	1,188.5	193.9	5,333.3	51.9
영종	459	1,893.5	157	180	627.5	370.2	515.8	4,188.1	40.7
청라	710	0	0	9.8	1.1	10.4	32.0	763.4	7.4
계	2,001	2,109.8	943	1,713.8	1,206.2	1,569.1	741.7	10,284.8	

주1: 2017년 6월 기준. 신고 실적.
주2: 소숫점 이하 반올림으로 합계에 차이가 있을 수 있음.
출처: 인천경제자유구역청 홈페이지(www.ifez.go.kr).

인천경제자유구역의 사업별 유치 실적을 살펴보면 FDI 신고액에서는 개발사업이 6,131.1백만 달러, 지구별로는 송도 2,067.4백만 달러, 영종 3,769.8백만 달러, 청라 293.8백만 달러로 집계됐다. 서비스업 분야에서는 전체 FDI 신고액 가운데 송도지구가 대부분을 차지하고 있으며 1,486.6백만 달러 규모다. 입주기업에 대한 사업에는 전체 2,612.4백만 달러 가운데 송도가 1,769.2백만 달러, 영종이 377.2백만 달러, 청라가 466백만 달러로 집계됐다. 학교·연구소는 전체 50.1백만 달러 가운데 송도가 10.1백만 달러, 영종이 40.0백만 달러로 집계됐다.

총사업비 규모에서는 인천경제자유구역 전체가 70조 1,109억 원으로 집계됐으며, 이 가운데 개발사업이 57조 2,055억 원, 서비스업이 3조 2,843억 원, 입주기업에 대한 사업이 9조 5,389억 원, 학교·연구소가 822억 원으로 집계됐다. 지구별로는 송도지구의 총사업비가 53조 5,115억 원으로 가장 규모가 크고, 영종지구는 8조 5,181억 원, 청라가 8조 813억 원 수준으로 나타났다.

표 2-4-8 인천경제자유구역 사업별 유치 실적

(단위: 백만 달러, 억 원, 건)

구분		합계	송도	영종	청라
FDI 신고액	개발사업	6,131.1	2,067.4	3,769.8	293.8
	서비스	1,491.1	1,486.6	1.0	3.6
	입주기업	2,612.4	1,769.2	377.2	466.0
	학교/연구소	50.1	10.1	40.0	0
	계	10,284.8	5,333.3	4,188.1	763.4
총사업비	개발사업	572,055	429,951	66,311	75,793
	서비스	32,843	28,643	700	3,500
	입주기업	95,389	76,169	17,700	1,520
	학교/연구소	822	352	470	0
	계	701,109	535,115	85,181	80,813
계약 체결	개발사업	12	5	3	4
	서비스	10	8	1	1
	입주기업	44	36	7	1
	학교/연구소	1	10	1	–
	계	77	59	12	6

주1: 2017년 6월 기준. 신고 실적.
주2: 소숫점 이하 반올림으로 합계에 차이가 있을 수 있음.
주3: 총사업비는 계약 및 MOU 체결된 외투 기업의 사업비임(사업 취소 등 제외).
출처: 인천경제자유구역청 홈페이지(www.ifez.go.kr).

2 부산 · 진해경제자유구역

부산 · 진해경제자유구역은 신항만지역, 명지지역, 지사지역, 두동지역, 웅동지역 등 총 5개 지역에 19개 지구를 개발하고 있다. 전체 면적은 32.7㎢이며, 신항만지역 4.5㎢, 명지지역 9.0㎢, 지사지역 7.4㎢, 두동지역 2.6㎢, 웅동지역 9.2㎢다. 신항만지역은 물류 · 유통 · 국제 업무를 개발하며, 명지지역은 국제 비스니스 · 주거 · 물류 · 첨단 부품을, 지사지역은 첨단 생산 · 국제 업무를, 두동지역은 첨단 생산 · 국제 업무 · 주거를, 웅동지역은 여가 · 휴양 · 첨단산업 · 주거를 개발 방향으로 한다.

각 지역별 지구를 살펴보면, 신항만지역은 북측 배후 부지, 남측 배후 부지 등 2개 지구, 명지지역은 신호산업단지, 명지지구, 화전지구, 서부산유통지구 등 4개 지구, 지사지역은 부산과학산업단지, 미음지구, 명동지구, 생곡지구, 송정지구 등 5개 지구, 두동지역은 두동지구, 보배연구지구, 문화지구 등 3개 지구, 웅동지역은 웅동지구, 남문지구, 남양지구, 웅천·남산지구, 와성지구 등 5개 지구다.

그림 2-4-2 부산·진해경제자유구역 개발계획 총괄도

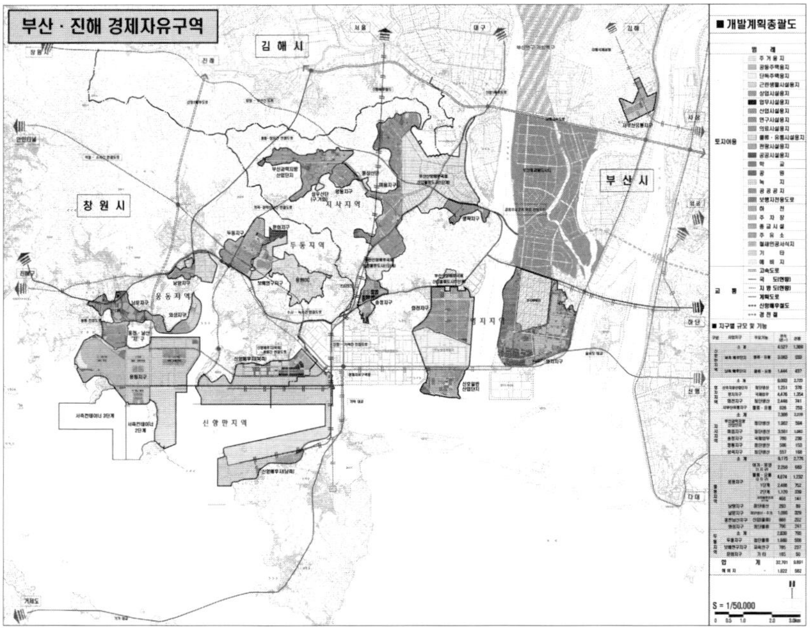

출처: 부산·진해경제자유구역청 홈페이지(www.bjfez.go.kr).

2017년 1월 기준 부산·진해경제자유구역 내 5개 지역의 총 19개 지구 가운데 개발이 완료된 지구는 총 9개다. 신항만지역의 북측 배후 부지, 명지지역의 신호산업단지·화전지구·서부산유통지구, 지사지역의 부산과학산업단지·미음지구·생곡지구, 웅동지역의 남문지구·남양지구 등이다. 공사가 착공돼 개발이 진행 중인 지구는 총 7개 지구로 신항만지역의 남측 배후 부지, 명지지역의 명지

지구, 지사지역의 명동지구, 두동지역의 문화지구・보배연구지구・두동지구, 웅동지역의 웅동지구 등이다. 개발계획 변경 및 실시 계획을 수립 중인 지구는 지사지역의 송정지구, 웅동지역의 웅천・남산지구, 와성지구 등 3개 지구다.

표 2-4-9 부산・진해경제자유구역 지구별 개발사업 추진 실적

구분		신항만지역	명지지역	지사지역	두동지역	웅동지역
지정 면적		2개 지구 (4.5㎢)	4개 지구 (9.0㎢)	5개 지구 (7.4㎢)	3개 지구 (2.6㎢)	5개 지구 (9.2㎢)
하위 개발 지구	개발 완료 (9개 지구)	–북측 배후 부지	–신호산업단지 –화전지구 –서부산유통지구	–부산과학산업단지 –미음지구 –생곡지구		–남문지구 –남양지구
	개발 진행 중 (7개 지구)	–남측 배후 부지	–명지지구	–명동지구	–문화지구 –보배연구지구 –두동지구	–웅동지구
	계획 미수립 (3개 지구)			–송정지구		–웅천・남산지구 –와성지구

주: 2017년 1월 기준.
출처: 부산・진해경제자유구역청 홈페이지(www.bjfez.go.kr).

3 광양만권경제자유구역

광양만권경제자유구역은 광양지구, 율촌지구, 신덕지구, 화양지구, 하동지구 등 5개 지구를 지정・개발하고 있다. 전체 지정 구역의 총 면적은 77.68㎢이며, 지구별로는 광양지구 13.63㎢, 율촌지구 27.79㎢, 신덕지구 14.10㎢, 화양지구 9.99㎢, 하동지구 12.17㎢다. 각 지구별 개발 방향을 살펴보면, 광양지구는 물류 기능, 율촌지구는 생산 기능, 신덕지구는 주거・교육・레저 기능, 화양지구는 관광・휴양 기능, 하동지구는 생산・지원 기능을 한다. 5개 지구에는 총 21개 단지가 지정돼 있는데, 광양지구 6개, 율촌지구 4개, 신덕지구 6개, 화양 1개, 하동지구 4개 등이다.

그림 2-4-3 광양만권경제자유구역 개발계획 총괄도

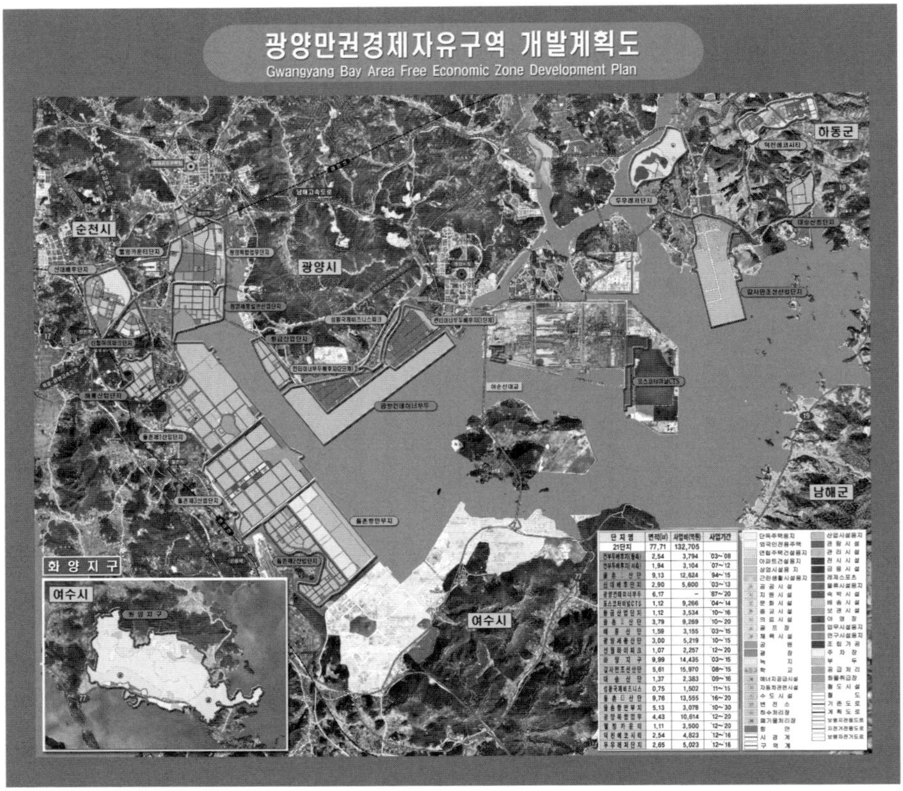

출처: 광양만권경제자유구역청 홈페이지(www.gfez.go.kr).

광양만권경제자유구역의 5개 지구 총 21개 단지 가운데 개발이 완료된 단지는 3개 단지로 동측 컨테이너 부두 배후지, 서측 컨테이너 부두 배후지, 포스코 터미널 등이다. 전체 면적 77.68㎢ 가운데 5.59㎢ 규모로 약 7.2%가 완료됐다. 공사가 착공돼 개발이 진행 중인 단지는 광양지구에 광양컨테이너부두, 황금산업단지 등 2개이고, 율촌지구의 율촌 1·2산단 등 2개, 신덕지구의 신대 배후단지, 해룡산단, 세풍산단 등 3개 단지, 화양지구에 화양단지, 하동지구에 갈사만조선산단, 대송산단 등 2개 단지다. 계획이 미수립돼 착공되지 못하고 있는 단지는 8개 단지로 성황국제비즈니스파크, 율촌3산단, 율촌항만부지, 광양복합업무단지, 웰빙카운티단지, 선월하이파크단지, 덕천에코시티, 두우레저단지 등이다.

표 2-4-10 광양만권경제자유구역 지구별 개발사업 추진 실적

<table>
<tr><th colspan="2">구분</th><th>광양지구</th><th>율촌지구</th><th>신덕지구</th><th>화양지구</th><th>하동지구</th></tr>
<tr><td colspan="2">지정 면적</td><td>13.63㎢</td><td>27.79㎢</td><td>14.10㎢</td><td>9.99㎢</td><td>12.17㎢</td></tr>
<tr><td colspan="2">개발 면적
(추진율)</td><td>5.59㎢
(41.0%)</td><td>–
(0.0%)</td><td>–
(0.0%)</td><td>–
(0.0%)</td><td>–
(0.0%)</td></tr>
<tr><td rowspan="3">하위
개발
단지</td><td>개발
완료
(3개
단지)</td><td>–동측 컨부두 배후지
–서측 컨부두 배후지
–포스코터미널</td><td></td><td></td><td></td><td></td></tr>
<tr><td>개발
진행 중
(10개
단지)</td><td>–광양컨테이너부두
–황금산업단지</td><td>–율촌1산단
–율촌2산단</td><td>–신대 배후단지
–해룡산단
–세풍산단</td><td>–화양단지</td><td>–갈사만조선
산단
–대송산단</td></tr>
<tr><td>계획
미수립
(8개
단지)</td><td>–성황국제비즈니스
파크</td><td>–율촌3산단
–율촌항만부지</td><td>–광양복합업무
단지
–웰빙카운티단지
–선월하이파크
단지</td><td></td><td>–덕천에코시티
–두우레저단지</td></tr>
</table>

출처: 광양만권경제자유구역청 홈페이지(www.gfez.go.kr).

4 황해경제자유구역

황해경제자유구역은 경기도 평택시 일원의 2개 지구 총 4.3㎢ 규모의 지정 구역이다. 평택BIX(Business & Industry Complex)지구는 2.0㎢의 규모에 자동차 부품, 물류, 전자, 화학 등의 업종을 유치 전략으로 하고 있다. 사업비는 8,004억 원 수준이다. 현덕지구는 2.3㎢의 규모에 유통, 상업 주거, 관광, 의료 등의 업종을 유치하며, 사업비는 7,500억 원이다.

황해경제자유구역의 각 지구별 개발사업을 살펴보면, 평택BIX는 황해경제자유구역의 핵심 거점 지구로서 첨단산업단지를 조성할 계획이다. 평택BIX는 전체 토지이용계획 가운데 산업·물류단지가 65.5%를 차지하며, 주택 건설용지 3.9%, 공공기반시설 25.7%를 차지하고 있다. 현덕지구는 외국인 관광객 유치와 유통·

그림 2-4-4 황해경제자유구역 개발계획 총괄도

출처: 황해경제자유구역청 홈페이지(www.yesfez.go.kr).

상업 기능을 중심으로 국제 업무를 위한 호텔 및 업무 시설을 조성할 계획이다. 현덕지구는 전체 토지 이용 계획 가운데 주택 건설용지, 준주거용지, 근린생활 시설이 24.13%를 차지하고, 유통 시설 26.72%, 상업업무 시설 7.64%, 관광의료 시설 2.83%를 차지하고 있다. 평택BIX지구의 사업 시행자는 경기도시공사(80%)와 평택도시공사(20.%)가 개발하며, 현덕지구는 대한민국중국성개발(주)이 개발한다.

표 2-4-11 황해경제자유구역 지구별 개발사업 추진 실적

구분		평택BIX		현덕지구	
		규모	구성비(%)	규모	구성비(%)
지정 면적		2.0㎢	100.0	2.3㎢	100.0
하위 개발 단지	개발 진행 중	-산업1~12단지 -물류1~4단지	65.5	-주택 건설·준주거·근린생활 시설	24.19
		-주택 건설	3.9	-유통 시설	26.72
		-상업 시설	0.8	-상업업무 시설	7.64
		-공공기반 시설	25.7	-관광의료	2.83
		-기타(배후지 등)	3.5	-공공기반 시설	38.62
사업 시행자		-경기도시공사(80%) -평택도시공사(20%)		-대한민국중국성개발(주) 100%	
사업비		-8,004억 원		-7,500억 원	

주: 토지 이용 계획 기준임.
출처: 황해경제자유구역청 홈페이지(www.yesfez.go.kr).

5 대구·경북경제자유구역

대구·경북경제자유구역은 대구광역시와 경북 포항, 영천, 경산시 일원의 8개 지구에 총 18.93㎢의 규모가 조성돼 있다. 각 지구별 규모는 국제패션디자인지구(1.18㎢), 신서첨단의료지구(1.05㎢), 대구테크노폴리스지구(7.25㎢), 수성의료지구(1.23㎢), 영천첨단부품소재산업지구(1.46㎢), 경산지식산업지구(3.80㎢), 포항융합기술산업지구(1.46㎢), 영천하이테크파크지구(1.50㎢) 등이다. 이 가운데 대구테크노폴리스, 국제패션디자인지구, 신서첨단의료지구, 영천첨단부품소재산업지구, 경산지식산업지구 등 5개 지구는 개발이 완료돼 분양 중에 있다. 나머지 수성의료지구, 포항융합기술산업지구, 영천하이테크파크지구 등 3개 지구는 개발 중에 있다.

대구·경북경제자유구역의 지구별 개발사업 추진 실적을 살펴보면, 대구지역의 지정 면적 10.71㎢ 가운데 3개 지구의 면적 9.48㎢가 조성 완료돼 분양 완료

그림 2-4-5 대구 · 경북경제자유구역 지구별 위치도

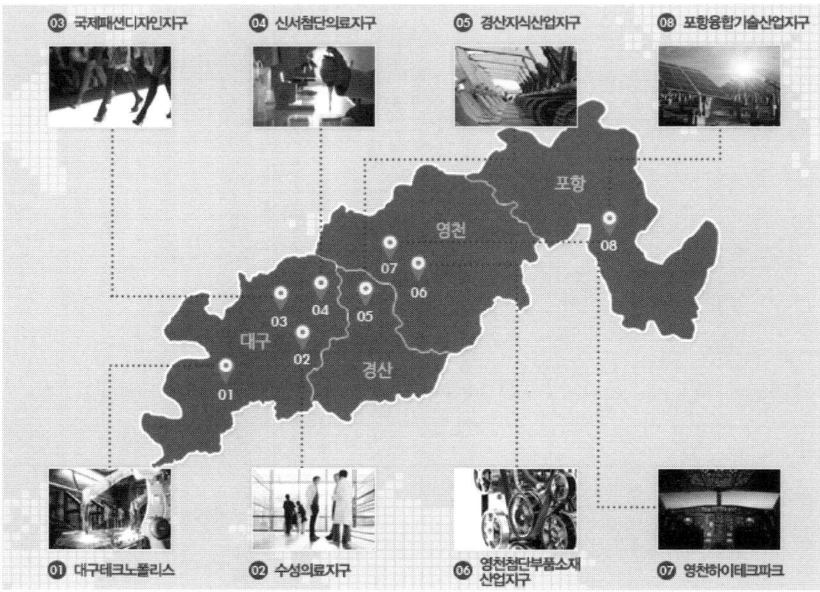

출처: 대구경북경제자유구역청 홈페이지(www.dgfez.go.kr).

및 분양 중에 있다. 개발 진행 중인 지구는 수성의료지구다. 경북지역은 전체 8.22㎢ 가운데 2개 지구의 면적 5.3㎢가 조성돼 분양 완료 및 분양 중에 있다. 포항융합기술산업지구, 영천하이테크파크 지구가 개발 진행 중에 있다.

표 2-4-12 대구 · 경북경제자유구역 지구별 개발사업 추진 실적

구분		대구지역	경북지역
지정 면적		10.71㎢	8.22㎢
개발 면적(추진율)		9.48㎢(88.5%)	5.3㎢(0.0%)
하위 개발 지구	개발 완료 (8개 지구)	–대구테크노폴리스지구 –국제패션디자인지구 –신서첨단의료지구	–영천첨단부품소재산업지구 –경산지식산업지구
	개발 진행 중 (3개 지구)	–수성의료지구	–포항융합기술산업지구 –영천하이테크파크지구

출처: 대구경북경제자유구역청 홈페이지(www.dgfez.go.kr).

6 새만금 · 군산경제자유구역

2008년 지정된 새만금 · 군산경제자유구역은 새만금 · 군산경제자유구역청이 관할해 군산시 고군산군도 4개 지구와, 부안군 새만금간척지 2개 지구를 개발했다. 지정 당시 면적은 군산지역의 신시1지구(1.1㎢), 신시2지구(0.3㎢), 무녀지구(1.3㎢), 선유지구(0.4㎢)와 부안군 새만금의 산업단지(18.7㎢), 관광단지(9.9㎢) 등 총 31.8㎢ 규모였다.

그러다가 2013년 9월 「새만금특별법」이 시행되면서 그동안 국토부, 농림부, 환경부, 전라북도 등 여러 부처에 나뉘어 있던 업무를 새만금개발청으로 일원화했다. 이 때문에 새만금 · 군산경제자유구역청의 업무가 새만금개발청으로 해체 · 이전됐다. 이후 2014년 8월 군산시 고군산군도 일원의 4개 지구가 모두 경제자유구역에서 지정 해제됨에 따라 새만금의 2개 지구 28.6㎢ 규모만 남아 있다.

그림 2-4-6 새만금 조감도

출처: 새만금개발청 홈페이지(www.saemangeum.go.kr).

새만금은 「경제자유구역법」을 적용하지 않고, 지배구조 역시 지자체가 주체가 아니기 때문에 현재는 경제자유구역에 포함되지 않는다.

7 동해안권경제자유구역

동해안권경제자유구역은 강원도의 첨단 녹색소재산업과 관광·레저산업, 국제 비즈니스 단지 및 국제도시 조성을 위해 북평국제복합산업지구, 망상해양복합관광도시, 옥계첨단소재융합산업지구 등 3개 지구를 지정·개발하고 있다. 지정 면적은 북평국제복합산업지구가 2.14㎢, 망상해양복합관광도시가 6.39㎢, 옥계첨단소재융합산업지구가 0.42㎢로 총 사업 면적 8.95㎢ 규모다. 북평국제복합산업지구는 환동해 물류·비즈니스 거점 및 첨단부품산업과 외국인 전용단지를 조성한다. 망상해양복합관광도시는 해양·복합 관광도시와 리조트 조성이 목적

그림 2-4-7 동해안권경제자유구역 개발계획 총괄도

출처: 동해안권경제자유구역청 홈페이지(www.efez.go.kr).

이며, 옥계첨단소재융합산업지구는 초경량 소재부품 산업 클러스터 조성이 계획돼 있다.

동해안권경제자유구역의 각 지구별 개발사업 추진 실적을 살펴보면, 3개 지역 모두 개발 진행 중에 있고, 총 사업비는 1조 7,979억 원 수준이다. 사업 기간은 2024년까지로 설정돼 있다. 북평국제복합산업지구는 상업·물류 이용 토지가 55.1%로 가장 많고, 망상해양복합관광도시는 관광시설이 50%, 옥계첨단소재융합산업지구는 산업 유통 이용 토지가 55.1%로 지구 내 비중이 높다.

표 2-4-13 동해안권경제자유구역 지구별 개발사업 추진 실적

구분		북평국제복합산업지구		망상해양복합관광도시		옥계첨단소재융합산업지구	
		규모	구성비 (%)	규모	구성비 (%)	규모	구성비 (%)
지정 면적		2.14㎢	100.0	6.39㎢	100.0	0.42㎢	100.0
하위 개발 단지	개발 진행 중	-상업·물류	55.1	-주택 건설·근린생활 시설	7.5	-산업 유통	55.1
		-상업 업무	3.9	-상업 업무	3.0	-공공기반 시설	44.9
		-공공기반 시설	39.5	-관광 시설	50.0		
		-기타(배후지 등)	1.5	-공공기반 시설	39.5		
사업비		-5,613억 원		-1조 1,771억 원		-595억 원	

주: 토지 이용 계획 기준임.
자료: 동해안권경제자유구역청 홈페이지(www.yesfez.go.kr).

8 충북경제자유구역

충북경제자유구역은 친환경 BIT 융복합 비즈니스 허브를 조성할 계획으로 오송바이오밸리(Bio Valley), 청주에어로폴리스(Aero Polis), 충주에코폴리스(Eco Polis) 등 3개 지구를 지정·개발하고 있다. 총 규모는 7.21㎢로 오송바이오밸리가 4.41㎢, 청주에어로폴리스가 0.47㎢, 충주에코폴리스가 2.33㎢ 규모다.

그림 2-4-8 충북경제자유구역 지구별 위치도

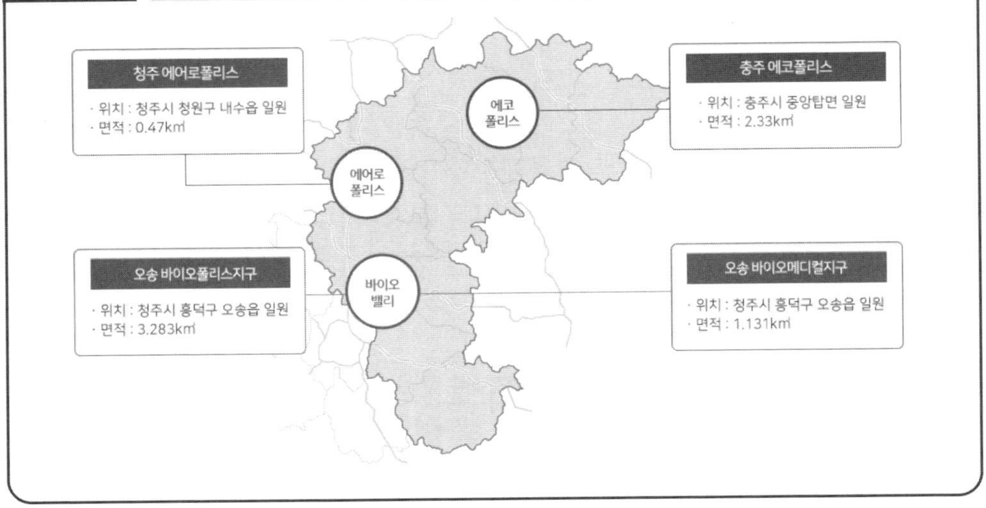

출처: 충북경제자유구역청 홈페이지(www.cbfez.go.kr).

충북경제자유구역의 지구별 개발사업 추진 실적을 살펴보면, 오송바이오메디컬지구는 개발 완료 후 입주기업에 분양됐고, 오송바이오폴리스지구는 공사 중에 있다. 그 밖에 청주에어로폴리스와 충주에코폴리스는 실시 계획 수립 단계에 있다.

표 2-4-14 충북경제자유구역 지구별 개발사업 추진 실적

구분		오송바이오밸리	청주에어로폴리스	충주에코폴리스
지정 면적		4.41㎢	0.47㎢	2.33㎢
하위 개발 단지	개발 완료 (1개 지구)	-오송바이오메디컬지구		
	개발 진행 중 (1개 단지)	-오송바이오폴리스지구		
	계획 미수립 (3개 단지)		-1지구(항공정비단지) -2지구(항공산업단지)	-전장부품바이오휴양단지

출처: 충북경제자유구역청 홈페이지(www.cbfez.go.kr).

제 3 절 경제자유구역 실적의 진단

지금까지 경제자유구역의 외자 유치 실적과 각 구역별 개발 현황을 살펴봤다. 앞서 언급한 바와 같이 경제자유구역의 개발 기간은 최장 2024년까지 계획돼 있다. 경제자유구역 내 지구 단위로 살펴보면 개발 완료된 지역도 다수 있으나, 투자자를 찾지 못해 첫 삽조차 뜨지 못한 지역도 많다. 일부 지역에서는 주민의 재산권 제약 문제 등으로 지역 갈등을 야기하기도 했으며, 사업이 장기간 표류하면서 지정 해제된 지역도 있다. 그럼에도 불구하고 최근 경제자유구역의 외자 유치 실적이 개선되고 있다는 것은 경제자유구역의 전망이 어둡지만은 않다는 것으로 풀이된다.

최근 FDI 신고 실적(신고액 기준)을 살펴보면, 2012년 이후 25억 달러 달성 이후 주춤한 모습을 알 수 있다. 2013~2015년 사이 13억~18억 달러로 수준으로 2012년 대비 52~72% 수준에 머물렀다. 같은 기간 국내·외 경제환경에 특별한 악조건이 없었다는 점으로 미뤄 부정적인 진단이 가능할 것이다. 그러다가 2016년에는 FDI 신고액 기준 24억 1,970만 달러를 기록함에 따라 2012년 수준으로 회복세를 보였다. 우리나라 전체 FDI 실적에서 13%에 달하는 수준이다. 특히 기존에는 인천경제자유구역에 많은 비중을 의존하던 것에 반해 2016년에는 부산·진해, 광양만권, 동해안권, 충북 등 다른 경제자유구역에서도 실적을 보고하고 있어 좀 더 긍정적인 전망이 가능하다.

제 3 편

세계의 경제자유구역

제 1 장 중국
제 2 장 싱가포르
제 3 장 아일랜드와 폴란드
제 4 장 인도
제 5 장 북한
제 6 장 각국 경제특구의 시사점

제 1 장

중 국

개 관

중국은 1979년 후반 지정된 선전(深圳)·주하이(珠海)·산터우(汕頭)·샤먼(廈門)을 시작으로 전국에 수많은 경제특구를 지정·운영하고 있다. 초기에 지정된 경제특구는 외자 도입을 통해 시장경제 및 자본주의적 요소를 도입하는 것이 주목적이었으며, 저렴한 임금과 풍부한 노동력, 넓은 배후시장을 장점으로 한 제조업 중심의 산업이 발전했다. 최근에는 첨단기술, 금융, 국제 비즈니스 등 진화한 형태의 다양한 경제특구를 운영 중이다. 중국의 경제특구는 크게 국가급 특구와 지방정부가 주도하는 성급 특구로 구분될 수 있으며, 대외 개방경제 정책이 강화되면서 규제 완화의 범위 역시 확대되는 모습을 볼 수 있다.

제1장에서는 중국의 초기 경제특구를 비롯한 다양한 유형의 경제특구를 살펴보고, 비교적 최근의 특구 형태인 상하이(上海) 자유무역시험구를 살펴보고자 한다. 또한 한국 경제자유구역과의 비교를 통해 거버넌스 등 특구 운영에 대한 시사점을 제시하고자 한다.

제 1 절 현황 및 특징

1 개 요

국가 내 일정 지역을 특구로 지정해 지역 발전이나 투자 유치 등을 꾀한 정책은 중국의 경제특구 이전에도 많은 사례가 있었다. 그러나 현재와 같은 모습으로 경제특구가 보편화되기 시작한 것은 중국의 경제특구가 경제적 성과를 낸 이후의 일이다.

중국은 1979년부터 개혁과 개방정책[1)]을 시행하면서 대외 경제 개방의 실험지로서 4개의 경제특구 – 선전(深圳), 주하이(珠海), 산터우(汕頭), 샤먼(厦門) 등 – 를 지정하고, 외국인 투자기업에 세제 등 우대 혜택을 부여했다. 중국의 경제특구는 당시 자본주의의 창구였던 홍콩 인근 선전에 위치하도록 해서 세계 각국으로 통하는 창구로 삼았다. 특구에 정책적으로 각종 혜택을 부여함으로써 이 지역에 외국 자본과 세계의 선진 기술 및 과학적 관리 방법을 도입하기 시작했다.

초기 경제특구는 자본주의 실험의 위험성이나 혼란을 줄이기 위해 정치적으로 민감한 대도시나 수도권 지역을 벗어난 지역을 선택했다. 즉, 정치적으로 덜 민감하고 대도시와 떨어져 있으며 상대적으로 낙후된 남동 연해안 지역이 대상 지역이 될 수밖에 없었다. 당시 중국의 경제특구 정책은 개혁 · 개방정책의 실험장으로서 외국의 경험을 참고해 사회주의 국가의 대외 개방 모델을 창조하는 데

1) 중국은 1949년 마오쩌둥(毛澤東)에 의해 중화인민공화국을 세운 이후 사회주의 경제 체제를 도입해 강력한 중앙집중식 통제경제를 유지했으나 대규모 아사자의 발생 등 현저한 비효율, 저생산성을 보여 왔다. 마오쩌둥 체제가 한계를 보임에 따라 1976년 덩샤오핑(鄧小平)이 집권한 후 1978년 12월 제11기 중국 공산당 중앙위원회 제3차 전체회의부터 본격적인 개혁 · 개방 노선을 추진하기 시작했다. 이 회의에서 대규모 대중적 계급투쟁의 종결을 선언하고 개혁 · 개방 노선의 실시를 대내외적으로 천명했다. 이때부터 덩샤오핑을 비롯한 당내 실용주의 세력이 중국 정치의 실권자로 등장했고 본격적인 경제개발 정책을 추진했으며 그 모델이 한국의 박정희 식의 불균형 개발 이론에 따라 중국 공산당은 연해지역을 중심으로 대외개방 정책을, 계획경제에서 시장경제 체제로의 개혁정책을 추진해 갔다. 연해지역 중심의 대외 개방정책의 핵심이 이미 자본주의 경제가 고도화돼 있는 홍콩과 타이완이 인근한 지역에 경제특구를 만들어 자본주의 실험을 진행한 것이다(서진영, 2008).

그림 3-1-1 중국 경제특구 위치도

출처: http://qingdaohouse.blog.me/130096120909

주력했다.

중국 경제특구의 경제 발전 전략적 주안점은 투자환경을 조성하고 대외경제법을 마련해 외화와 선진 기술을 적극 도입하는 동시에 내륙과 경제 협력을 강화함으로써 공업과 무역이 결합된 대외 지향적인 경제를 만드는 데 있었다(한국개발연구원, 2010). 초기 경제특구에 대한 투자는 전 세계에 흩어져 있는 화교 자본 중심으로 투자가 이뤄졌다. 이후 고학력 화교 인구가 급격히 유입됐으며, 유능한 인재들의 창의적이고 열정적인 경제 활동이 초기 특구 성장의 원동력이 됐다.

중국의 경제특구 지정·운영을 국토 종합개발의 관점에서 봤을 때, 초기의 남부 해안에서의 경제적 성과는 연안을 따라 북상했고, 다시 대도시로 확산되는 경향을 보였다. 이후 중국 정부는 국토 균형 발전 차원에서 내륙으로 확산시키는 전략을 구사했다. 이어서 1990년대에는 상하이(上海)·푸둥(浦東) 지구, 2000년대에 들어서는 베이징(北京)의 중관촌(中關村)과 톈진(天津)·빈하이 신구(濱海新區)로 무게 중심을 옮겨 추진하고 있다.

1990년대 말에 이르러서는 경제특구에 기인한 거점도시의 형성과 발전이 동부 연해지구에만 편중되고, 그 결과 동부지구와 중서부지구와의 경제 격차가 심화되면서 서부, 동북, 중부지역 개발을 위한 거시적 지역 발전 전략이 추진됐다(박인성 · 리칭(李青) · 정희남, 2008). 경제기술개발구,[2] 충칭－청두 신구, 내륙개방도시 등과 같이 구도심과 내륙까지 특구를 확대해 나갔다. 1980년대 경제특구와 1990년대 경제기술개발구 등 경제특구 사이의 차이점은 추진 체계가 다르다는 것이다. 1980년대 경제특구는 중앙정부에 의해 계획적으로 추진된 데 반해 1990

표 3-1-1 중국 경제특구 지정 연혁

○ 1979～1980년: 4개 경제특구 설립
– 선전(深圳), 주하이(珠海), 산터우(汕頭), 샤먼(厦門)
○ 1984년: 14개 연해 항구도시를 개방하고, 국가급 경제기술개발구(國家級經濟技術開發區) 설립
– 다롄(大連), 친황다오(秦皇島), 톈진(天津), 칭다오(青島), 옌타이(烟臺), 롄윈강(連雲港), 난통(南通), 상하이(上海), 닝보(寧波), 원저우(溫州), 푸저우(福州), 광저우(廣州), 잔지앙(湛江), 베이하이(北海)
○ 1985년: 3개 경제개방구(經濟開放區) 지정
– 장강(長江) 삼각주, 주강 삼각주, 샤먼(厦門)–장저우(漳州)–첸저우(泉州) 삼각지대(厦漳泉三角地帶)
○ 1988년: 하이난성(海南省) 전체를 경제특구로 지정
○ 1990년: 상하이 · 푸둥 신구(上海 · 浦東新區)
○ 1999년: 베이징 '중관촌 과기원(中關村科技園區)' 출범
– 원래의 '베이징시 신기술산업개발시험구(北京市新技術産業開發試驗區)'에서 '중관촌 과기원구(中關村科技園區)'로 개명
○ 1999년: 장쩌민(江澤民) 당시 국가주석이 산시성(陝西省) 시찰 중 행한 강화(講話)에서 '서부 대개발' 방침을 공식 발표하고(1999.6), 동년 9월, 중국 공산당 15기 중앙위원회 4차 전체회의(4中全會)에서 '서부 대개발' 방침을 확정
○ 2002년: 중국 공산당 제16차 전국대표대회보고(中國共産黨第十六次全國代表大會)에서, 동북지역에 대한 지원 정책을 "동북노후공업기지 진흥(振興東北老工業基地)"이라는 표현으로 제출(2002.11)
○ 2004년: 원자바오(溫家寶) 총리가 정부 업무 보고 시, 지역 협조 발전을 강조하고, "중부 궐기(中部崛起)" 의견 제출
– 동년 12월에 국가발전개혁위원회가 중부 궐기 지원을 위한 5개 방면의 정책 제정
○ 2008년: 중국 국무원이 톈진(天津)시가 제출한 "빈하이 신구 종합 연계개혁 시험 방안(濱海新區綜合配套改革試驗方案)"을 정식 비준(2008.3.17)

자료: 박인성 · 리칭(李青) · 정희남(2008).

2) 경제기술개발구는 글로벌한 지역거점 개발이 목표가 아니라 도시지역 내 낙후지역을 개발하기 위해 상용화된 기술 개발과 산업화에 초점을 두고 도심 개발 방안의 하나로 추진하는 경제특구의 일종이다. 고급 과학기술 인력 확보가 성패 요건이므로 대도시 지역 내 도시계획의 일부로 건설됐다. 또한 경제기술개발구의 경우 주로 지방정부의 자금에 의해 개발돼 행정적으로 해당 지방정부에 소속돼 있으며 주로 제조업 부문의 육성을 목표로 하는 데 있다.

년대 이후의 경제특구는 경제적으로 상당한 자율성을 가지고 있던 지방정부에 의해 추진됐다. 지방정부가 자기 지역 개발을 위해 지방정부의 예산과 중앙정부의 지원 하에 신구, 기술구, 개방도시 등을 경쟁적으로 추진하기 시작한 것이다.

중국 경제특구의 또 다른 특징 중 하나는 종래 경제특구와 달리 대규모 광역경제권 거점화 전략을 추진해, 성장 거점과 주변 지역을 묶어 거대 경제권을 형성했다는 점이다. 또한 기존의 자유무역지대, 보세구와 달리 단일 목적이 아니라 산업, 금융, 연구개발센터 등 복합 개발을 전략 목표로 하고 있으며, 공장, 연구소, 주거단지, 학교 등을 포괄하는 복합 개발 방식의 전략을 추진하는 점이다.

그러나 2000년대에 들어서는 지방정부의 과도한 경쟁적 추진으로 특구의 난립과 비능률이라는 문제를 야기했다. 중국 정부는 개혁·개방 과정에서 각 지방정부의 무분별한 개발구 설립과 전국적 통일 체제의 미비로 인한 개발구 간 중복투자가 심각해지고, 개발구 간 과당 경쟁으로 입주기업에 과다 특혜 제공 및 세제 조작 등의 부작용이 초래되자, 2003년부터 중앙정부 차원의 대대적인 퇴출 작업을 실시했다.3)

최근에는 기존의 외국 기업, 연해지역에 대한 세제 우대를 산업별 우대 및 내륙지역 지원으로 전환함으로써 질적 성장으로의 성장 패턴 변화와 지역 간 균형 발전을 도모하고 있다. 특히 2008년부터 외국 기업에 대한 세제 우대를 축소해 국내·외 기업 간 세 부담을 동일하게 하는 법안을 시행했으며, 세제 우대 방식의 변경으로 세제 우대 혜택을 점차 축소해 지역별 우대세제에서 산업별 우대세제로 변경하고 있다.

중국의 대외 거래는 1979년 경제특구 설치로 본격적으로 확대되기 시작해 2001년 WTO 가입을 계기로 폭발적으로 증가했다. 수출은 1980년 181억 달러에서 2008년 1조 4,286달러로 약 79배, 수입은 같은 기간 200억 달러에서 1조 1,331

3) 국가발전개혁위원회, 국토자원부, 건설부, 상무부 및 국무원 등 관련 기관들은 합동으로 '기존의 개발구를 정리 정돈하는 세부 표준 및 정책 기준에 관한 통지'를 제정해 전국 지방정부에 공표했다. 주요 내용은 심사 허가 원칙, 평가보고서를 통한 각 개발구의 운영 실적 평가 등이다. 심사 허가 원칙은 개발구 설립 및 운영에 기준을 마련하고 기준에 부합하지 않는 개발구를 심사, 차별화하는 것을 내용으로 한다. 또한 설립 연한이 5년 이상이면서 입주기업이 적고 개발 면적이 허가받은 기획 면적의 20%에 미치지 못하는 개발구는 철수하는 것을 내용으로 담고 있다(한국개발연구원, 2010).

표 3-1-2 중국 내 특구의 다양한 유형 및 특징

경제특구(SEZ) 유형	특구 설치 배경	주요 산업 · 기능	특구 지정 지역
경제특구	외자(특히 화교 자본) 유치를 통한 선진 기술 및 관리 경험 도입	농업, 제조업, 서비스업 등을 포괄하는 다양한 산업 유치	선전(深圳), 주하이(珠海), 산터우(汕頭), 샤먼(廈門), 하이난(海南) 등
연해개방도시	경제특구 외 해안지역의 산업 발전 촉진	외국인 투자 유치, 수출 가공 및 무역 중심	주하이, 샤먼 내 경제특구 외 지역, 난퉁(南通), 푸저우(福州) 등
연해경제개발구	연해 개방도시와 유사하나 좀 더 큰 단위의 지역 개발 목표	외국인 투자 유치, 수출 가공 및 무역 중심	장강 삼각주, 주강 삼각주, 샤장첸(廈漳泉) 삼각주 등
경제기술개발구	외자 유치 및 선진 기술 도입	제조업 중심의 외자기업 유치	친황다오(秦皇島), 옌타이(煙臺), 난퉁, 푸저우 등 54개
첨단기술개발구 (고신기술개발구)	첨단기술 발전, 산업 발전 고도화	첨단기술 보유기업 유치	베이징 중관촌, 우한(武漢), 난양(南陽) 등 53개
보세구 (자유무역지역)	해외교역 및 가공무역 활성화, 국제시장 개척	창고, 가공무역, 수출가공, 전시 등	다롄(大連), 칭다오(靑島), 장자강(張家港) 등 15개 연해지역
내륙개방도시	경제 발전에 소외된 내륙지역의 경제 활성화	제조, 물류 등	타이위안(太原), 허페이(合肥), 정저우(鄭洲), 장사(長沙), 청두(成都), 구이양(貴陽) 등
상하이 · 푸둥 신구/ 톈진 · 빈하구 신구	대도시권과 연계한 첨단산업 및 정주단지 육성	무역, 수출 가공, 금융, 하이테크 등 집적	상하이(上海) · 푸둥(浦東), 톈진(天津) · 빈하이(濱海)
충칭 · 청두 신구	도농 간 균형 발전	농산품 가공 및 수출, 바이오테크 등 집적	충칭(重慶) · 청두(成都)

출처: 한국개발연구원(2010) 재인용.

억 달러로 57배 증가했다. 세계 교역에서 차지하는 수출 비중도 2002년 5%를 상회한 이후 2008년에는 8.9%로 확대됐다.

중국의 외국인 투자에 대한 우대 혜택은 2007년 3월 개정된 기업소득세법에 기초를 두고 있으며, 필요에 따라 국무원이 전국인민대표대회에 보고한 후 지역, 업종 등에 따라 외국인 투자기업에 인센티브를 부여하는 시스템이다. 세제와 관련한 인센티브가 주를 이루며, 지역별로는 경제특구, 하이테크산업개발구 및 중서부 내륙지역에 대한 자원 개발, 농업 투자, 인프라 건설 등에도 투자 인센티브를 제공하고 있다(대한무역투자진흥공사 www.kotra.or.kr 참조).

중국은 경제특구가 다양해 지역별 투자 인센티브도 상이하다. 지방소득세는 성(省)정부 등 투자 관련 규정에 의거해 감면되며, 기업소득세 역시 일부 성에서는 지방재정 귀속분의 일부를 환급해 주는 시책을 시행하고 있다. 관세 역시 투자 유망산업 지도목록에 의거해 제품별 면세 제도를 상이하게 운영하고 있다.

지역별 투자 인센티브를 살펴보면, 중서부지역 외상투자는 우위 산업 목록에 따라 우대정책을 시행하고 있다. 지난 2013년 5월 국가발전개혁위원회와 상무부가 국무원의 비준을 거쳐 "중서부지역 외국인 투자 우위 산업 목록"을 발표한 이후 중서부 각 성마다 중점 산업 목록이 추가됐다. 또한 기존의 제조업 중심 산업 분야에서 서비스업으로 확대되는 추세를 보이고 있다(대한무역투자진흥공사 www.kotra.or.kr). 예컨대 헤이룽장성(黑龍江省)은 애니메이션 제작 및 개발을, 산시성(陝西省)은 일반상품의 도소매업을 우위 산업으로 추가했다.

표 3-1-3 중서부지역 외상 투자 우위 산업 목록 관련 우대정책

분류	관련 자료	세부 내용
기업소득세	국세(1999) 172호	-중서부지역 장려류(獎勵類)에 해당하는 외상의 경우, 3년간 기업소득세를 15%로 감면 징수
	재세(2000) 49호	-「외상투자산업지도목록」 장려류에 해당하는 경우, 중국산 설비 투자금의 40%를 설비를 구매한 연도 기준 전년 대비 증가한 기업소득세에서 공제
관세	해관총서(2008) 103호	-「중서부지역 외상투자 우세 산업 목록」에 해당하는 경우, 수입해 오는 자체 설비, 부대 시설, 부속품, A/S 부품 등의 관세를 면제
증치세	재세(2006) 61호	-「중서부지역 외상투자 우세 산업 목록」에 해당하는 경우, 중국산 설비 구매에 대한 증치세(增値稅)를 환급

출처: 대한무역투자진흥공사 국가별 투자 인센티브 자료(www.kotra.or.kr).

2 자유무역시험구

중국은 저임금 경제 성장 모델의 한계와 제조업 중심의 산업을 고도화하기 위한 전략으로 경제특구의 진화를 꾀하고 있다. 제조업에 비해 크게 낙후된 금융 서비스업의 육성을 통해 국제 사회에서의 경쟁력을 더욱 향상시킬 필요가 생긴 것이다. 그 대표적인 사례가 상하이 자유무역시험구(上海自由貿易試驗區)다. 상하이 자유무역시험구는 2006년부터 논의가 시작됐으나 지지부진하다가, 2013년 리커창(李克强) 총리가 적극적으로 추진해 2013년 10월 정식으로 출범했다.

상하이 자유무역시험구는 와이가오차오(外高橋) 보세구, 와이가오차오(外高橋) 보세물류원구, 양산(洋山) 보세항구, 푸둥(浦東)공항 종합보세구 등 4개의 지역으로 이뤄져 있다. 이곳에서는 위안화(元貨) · 서비스업의 국제화 및 금융 경쟁력 강화를 위한 개혁 · 개방 등의 실험을 진행하고 있다. 중국 정부는 외국 기업의 시험구 내 투자에 대한 네거티브 리스트를 시행하고 있으며, 2014년 7월 1일 중국 정부는 기존 190개의 제한 · 금지 업종을 139개로 축소했다. 즉, 기존의 제한 · 금지 업종에서 약 27%가 외국인 투자자에게 개방된 것이다. 139개의 업종 중 골프장, 테마파크, 무기 제조업 등의 29개의 업종은 금지 대상이며 나머지 110개의 업종은 부분적으로 제한을 받게 됐다(대한무역투자진흥공사 www.kotra.or.kr 참조).

상하이 자유무역시험구 이외에도 2015년 4월 21일 중국 정부는 톈진(天津) 자유무역시험구, 광둥(廣東) 자유무역시험구, 푸젠(福建) 자유무역시험구를 추가

그림 3-1-2 상하기 자유무역시험구 자료 사진

출처: 연합뉴스 2013년 10월 30일자.

출처: 아주경제 2013년 10월 30일자.

표 3-1-4 상하이 자유무역시험구 외국인 투자 개방 업종 현황

서비스	분야	개방 조치
금융	은행	- 조건에 부합하는 외자 금융기관의 외자은행 설립과 조건에 부합하는 중국 민영자본과 외자 금융기관이 공동으로 중외합자은행 설립 허용 - 중국 은행의 오프쇼어 마켓 업무 허용
	전문 건강의료보험	- 시범적으로 외자 전문 건강의료보험기관 설립 허용
	융자 · 리스	- 자유무역구 내 설립된 소규모 융자 · 리스 기업의 최소 등록 자본금 제한 폐지 - 융자 리스 기업의 비즈니스 팩토링 업무 겸업 또는 비즈니스 팩토링 업무를 위주로 경영하는 것을 허용
운송	원양화물 운송	- 중외합자, 중외합작 국제 선박 운수기업의 외자 지분 제한 완화 - 중국 자본이 보유하거나 다수 지분을 갖고 있는 편의치적선(便宜置籍船)에 대해 중국 연해항과 상하이항 간의 연해 국제 환적 업무 허용
	국제 선박관리	- 외자 독자 국제 선박관리기업 설립 허용
비즈니스	부가가치 전신	- 인터넷 정보의 안전이 보장됐다는 전제 하에 외자기업이 특정 형태의 일부 부가가치 전신사업 종사 허용
	게임기 판매 및 서비스	- 외자기업의 게임기 설비 생산 및 판매 허용(단, 문화 주관 부문의 게임기 장비 국내 판매 허가 획득 필요)
전문	법률 서비스	- 중국 법률사무소와 외국 법률사무소 간의 업무 협력 시스템 모색
	신용조사	- 외자 신용조사기업 설립 허용
	여행사	- 시범구 내 등록된 조건에 부합하는 중외합자 여행사의 타이완 외 국외 여행 업무 종사 허용
	인재 중개 서비스	- 중외합자 인력 중개기관 설립 허용. 외국 측은 70% 초과 지분 보유 불가 - 외자 인력 중개기관의 최소 등록자본금 30만 달러에서 12만 5,000달러 인하
	투자관리	- 외국인 주식투자회사 설립 허용
	공정설계	- 시범구 내 상하이시를 대상으로 서비스를 제공하는 외자 공정설계기업(공정조사기업 제외)은 최초 자격 신청 시 외국 투자자의 공정설계 실적 제출 불필요
	건축 서비스	- 시범구 내 외자 건축기업이 상하이시의 중외 연합 건설 프로젝트사업을 맡을 경우 건설 프로젝트의 중외 투자 비율 제한을 적용하지 않음.
문화	공연 계획	- 외자 공연기획기관의 지분 제한 취소. 상하이시에서 서비스를 제공하는 경우에 한해 외자 독자 공연기획기관 설립 허용
	엔터테인먼트 장소	- 시범구 내 제공 서비스에 한해 외자 독자 엔터테인먼트 장소 설립 허용
사회	교육 · 훈련 직업기술 훈련	- 중외 합작경영 교육훈련기관 설립 허용 - 중외 합작경영 직업기능훈련기관 설립 허용
	의료 서비스	- 외자 독자 의료기관 설립 허용

출처: 대한무역투자진흥공사 상하이무역관.
대한무역투자진흥공사 국가별 투자 인센티브 자료(www.kotra.or.kr).

로 지정했다. 이로써 2015년 8월 말 기준 중국의 자유무역시험구는 총 4개가 지정 운영되고 있다.

표 3-1-5 중국 자유무역시험구 지정 현황(2015년 8월 말 기준)

구분	출범일	범위	면적 (입주 업체)	설립 · 발전 목표
상하이	2013년 9월 29일	① 와이가오차오 보세물류구 ② 와이가오차오 보세지역 ③ 푸둥공항 종합보세지역 ④ 양산 보세항구 ⑤ 루자주이 금융지구 ⑥ 진차오 개발구 ⑦ 창장 첨단기술단지	127.72㎢ (3만여 개 입주)	아시아 금융 서비스 허브 구축
톈진	2015년 4월 21일	① 톈진항 둥장 구역 ② 톈진공항 구역 ③ 빈하이 신구 중심상무 구역	119.9㎢ (7,053개, 6월 말 기준)	징진기(京津翼) 지역의 일체화 발전 촉진
광둥	2015년 4월 21일	① 광저우 난사 신구 ② 선전 첸하이써커우 ③ 주하이 헝친 신구	116.2㎢ (1.1만 개, 6월 말 기준)	홍콩 · 마카오와의 경제일체화 실현
푸젠	2015년 4월 21일	① 푸저우 구역 ② 샤먼 구역 ③ 핑탄 구역	118.04㎢ (3,429개, 7월 기준)	타이완과의 경제 융합 실현

출처: 한국무역협회(2015). '중국 자유무역시험구 현황 및 발전 방향'의 내용 재구성.

제 2 절 거버넌스(지배구조)

중국의 경제특구는 그 유형이 매우 다양하며, 저마다의 지배구조도 상이하다. 모든 유형의 지배구조를 모두 살펴보는 것도 의미 있는 일이지만, 이 연구에서는 한국 경제자유구역과 가장 유사한 유형이라 볼 수 있는 '경제기술개발구'의 지배구조에 대해 살펴보고자 한다.

중국의 경제기술개발구의 사업 주체는 개발구 관리위원회다. 개발구 관리위원회는 각급 지방정부에 소속돼 있으나, 지방정부 및 중앙정부에 대해 상당한 정도로 독립적으로 운영된다. 개발구 관리위원회는 독자적으로 정책과 사업을 추진할 수 있으며, 중앙정부는 개발구에 대해 조세 감면, 인프라 개발비용 지원 등 제도적·재정적 지원만을 담당하며 실제적인 정책 수립 과정에 거의 관여하지 않는다(권오혁, 2006).

중국의 특구 추진 형태는 지방정부가 특구 발전에 중요한 역할을 한다는 점에서 한국의 경제자유구역과 유사하다. 다만 지배구조의 측면에서 중국의 특구는 한국의 경제자유구역에 비해 상당한 자율권을 보장받고 있다. 이러한 차이는 중국의 지방분권 실정에 기인한 바가 크다. 중국의 경우 1994년 분세제(分稅制)가

표 3-1-6 한국 경제자유구역과 중국 경제기술개발구의 개발 주체 및 거버넌스 비교

구분	경제자유구역	경제기술개발구
이론적 배경	• 클러스터론	• 성장거점론
추진 배경	• 동북아 중심국가, 균형 발전	• 지역성장거점
사업 주체	• 지방정부, 경제자유구역청(지방자치단체 소속, 지방자치단체 조합)	• 지방정부, 개발구 관리위원회(각급 지방정부 소속)
사업 주체의 독자적 사업 능력	• 상당히 제한	• 매우 독립적, 광범위한 독자적 사업 가능
중앙정부와의 거버넌스 (업무 분담)	• 중앙정부의 상당한 통제 • 중앙정부 내 여러 부처가 각기 관할권을 행사	• 중앙정부는 제도적 지원 담당 • 대규모 개발구 지정 시에만 일부 관여
지방자치단체 간 관계	• 조합을 구성하고 있는 자치단체들 간의 불협화, 비협조	• 자치단체 간 공동 개발 사례 거의 없음. • 외자기업 유치를 위해 자치단체 간 치열한 경쟁
유치산업	• 제조업 + 서비스업	• 제조업 + 서비스업

출처: 권오혁(2006), 이수행(2009)을 참조해 재구성.

추진되면서 지방정부의 재정 능력이 과거에 비해 약화되기는 했지만, 재정권과 자율권 측면에서 한국에 비해 자율성이 높다. 따라서 경제특구 내에서 지방정부가 가지는 권한이 상당하다. 그뿐만 아니라 소재 지방정부가 '기술개발구 관리위원회'에 행정적인 권한까지 위임하는 등 경제특구의 일선 집행기관의 지위가 독립적이다.

반면 한국 경제자유구역의 지배구조에서는 경제자유구역의 주요 정책 · 제도의 안건에 대한 권한을 중앙정부가 가지고 있어, 상대적으로 지방정부의 권한은 제한적이다. 특히 외국 기업과의 협상에서 필요한 경제자유구역 내 각종 규제 완화, 지원 제도, 사업계획의 수립 등의 권한이 중앙정부 차원에서 협의 · 결정되고 있다. 일선 행정기관인 경제자유구역청의 지위에서도 지방정부의 출장소 형태라는 점에서는 중국의 기술개발구 관리위원회와 유사하나, 내용적 측면에서 독립성과 자율성이 현저하게 부족하다.

따라서 우리나라 경제자유구역의 경우 경제자유구역청의 권한은 매우 제한적이다. 소속 지방자치단체 조합의 형태는 2개 광역자치단체의 공무원이 파견돼 운영되다 보니, 청 내에서의 불협화음이 발생하거나, 협조 체계가 잘 이뤄지지 않고 있다. 단일 자치단체의 사무소 형태도 해당 자치단체장의 권한이 강하기 때문에 실질적인 사업 주체로서 기능을 담당하기에는 제약이 많다. 그뿐만 아니라 지식경제부, 국토해양부 등 중앙정부의 간섭도 받고 있으며, 정책이나 사업의 의결에 관해서도 경제자유구역 위원회의 간섭을 받아야 하는 다원적인 추진 체계를 가지고 있다.

반면 중국의 경우에는 중앙정부가 경제기술개발구 사업에 간여하는 부분은 매우 제한적이며, 대규모 개발구 지정 시에 개입하는 정도에 머물고 있다. 그 때문에 개발구 관리위원회의 독립성이 보장되며, 사업 시행에 상당한 주체성을 가지고 있다. 중국 중앙정부는 개발구 위원회에 재정과 금융 및 기본 건설 등 거시경제지표에 대한 탄력적인 조절 이외에 경제특구의 조직 및 경제관리에 대한 관여를 최소화함으로써 경제특구 관할 정부에 대한 경제 활동상의 자주권과 경제관리권을 부여했다(김은영, 2010). 따라서 경제특구 관할 정부는 중국의 관련 법률 및 정책 방침에 따라 자율적으로 경제관리를 위한 규정 및 제도를 제정 · 운영할 수 있는 권한이 부여돼 있다. 그뿐만 아니라 일정 규모 이하의 투자계획은 직

표 3-1-7 푸둥 신구 개발 단계별 중앙/지방정부의 역할

구분	준비 단계 (1980년대 중반~92년 말)	기초 개발단계 (1992년 말~90년대 중반)	기능의 특화 및 고도화 단계 (96년 이후)
중앙정부	• 도시 발전 전략 수립 • 개발 여론 조성 • 개발, 개방 방침 확정 (1990. 4. 18) • 지휘 시스템 건립 • 발전계획, 법규 제정	• 개발, 개방 작업 지원을 위한 선도정책 실시 • 기존 시가지(푸시지구)와의 연계 교통망, 항만, 에너지, 지하철, 통신 시설 확충 • 개발 업무를 담당할 국유 개발공사 설립	• 기초 개발을 지속하며 기능 특화 추진 • 푸둥신국제공항 1기 완공 개통 • 금융, 무역 중심의 3차 산업 특성화
지방정부	• 푸둥신구 투자에 관한 규정 • 보세구의 행정관리 시책 • 토지관리, 건설, 외자기업 심사 비준, 투자 방향 지침 공포	• 투자 항목에 대한 심사비 준권 행사	• 기능 특화를 위한 특혜정책 시행 • 중앙으로부터 이양된 권한 행사

출처: 박인성 외(2008: 32-40) 참조.

접 조사 및 허가권을 가지고 있으며, 대외 경제 관계에서의 외화 수입 대부분에 대해서도 관할권을 가지고 있다. 그 때문에 경제특구관리위원회는 국가의 관련 법규·정책을 근거로 특구의 실제 상황에 맞게 민첩하게 대처하고 과감히 개혁을 모색할 수 있는 권한이 있다.

표 3-1-8 중국 기술개발구 관리위원회와 한국 경제자유구역청의 권한 비교

구분	경제자유구역청	기술개발구 관리위원회
지위	지방정부 출장소 지방자치단체 조합	지방정부 출장소
재정 및 재원	지방정부 특별회계 일부 개발사업에 대한 국비 지원	매년 지방정부 재정수입의 일부 배정(5~15%) + 조례를 통한 기금 조성
인센티브 권한	청에 독자적인 권한 없음.	투자액의 일정 금액 이상에 대한 자체적 지원

출처: 박인성 외(2008) 참조.

제 3 절 주요 시사점

중국 경제특구 발전의 특징을 몇 가지로 정리해 보면 다음과 같다.

첫째, 국가가 주도적으로 계획하고 외국 기업들이 필요한 것을 전폭적으로 지원하는 국가 총력 지원 전략을 추진했다. 지방정부에서도 이를 답습해 국가 전체적으로 외자 친화적인 정책을 쓰고 있다.

둘째, 중국 경제특구 이전의 각국의 경제특구들이 대부분 산업단지의 성격을 가지는 데 반해, 중국 경제특구는 산업단지 외에도 교육, 주거, 금융 등 포괄적이고 종합적인 지역거점 개발 방식을 띠고 있다.

셋째, 인센티브 측면에서 처음에는 내·외국 기업을 차별하다가 시간이 지남에 따라 차별을 줄여 나가는 방법을 사용하고 있다.

한국 경제자유구역의 모형과 유사한 중국의 경제기술개발구의 경우 운영 방식에서 사업 주체의 독자적인 의사 결정과 개발이 가능하다는 장점이 있다. 이에 반해 한국의 경제자유구역은 개발 관련 주요 계획이나 규제 완화 등에서 사업 주체에 해당하는 경제자유구역청의 권한이 제한적인 것을 알 수 있다. 인센티브 권한이나 재원 확보 측면에서도 중국의 경제기술개발구 모형이 좀 더 실효성이 높다고 볼 수 있다.

제 2 장

싱가포르

개 관

싱가포르는 내수 경제 규모가 작기 때문에 일찍이 외국인 투자 유치를 위해 적극적인 정책을 펼쳐 온 국가다. 특히 지정학적 위치 때문에 예부터 물류의 이동이 활발했고 항만 인프라에 대한 투자가 적극적으로 이뤄졌다. 이를 바탕으로 한 중계무역과 환적 중심항은 싱가포르 경제의 대표적인 강점이자 장점이라 할 수 있다.

제 1 절 현황 및 특징

싱가포르는 1965년 독립 이후 국토와 인구 규모가 작고, 산업 기반과 국내 자본이 거의 없었기 때문에 경제자유구역을 통해 외국인 투자 유치에 주력했다. 당시 신생 국가들이 외국 자본에 거부감을 갖고 있었던 것과 달리, 싱가포르는 일찍부터 외국 자본에 문호를 개방해 다양한 다국적기업의 투자 유치에 적극적이었다. 이들 다국적기업은 기술 이전과 국제화 등을 통해 싱가포르의 경제 발전에 지대한 영향을 미쳤다. 그뿐만 아니라 태평양과 인도양의 분기점에 위치한 지

그림 3-2-1 싱가포르 경제자유구역 전경

리적 이점을 배경으로 항만을 통한 해상 운송의 핵심 기항지로서 중계무역과 환적 중심항으로 성장했다.

1960년대 개발도상국가들이 수입대체산업에 몰두하던 시기에, 싱가포르는 수출 주도형 성장전략을 통해 노동집약적 수출산업을 육성하고, 수입관세를 철폐함으로써 자유무역을 실시했고, 외국인 직접 투자를 적극 유치했다. 석유 파동 이후 외환자유화(1978년)를 실시했고, 1980년부터는 저임금에 의존한 경쟁전략을 버리고 고임금 정책으로 전환했다. 임금 수준을 일부러 끌어올려 저부가가치 부문의 퇴출 및 해외 이전을 추진했고, 정보화 혁명에 발맞춰 컴퓨터 관련 산업 투자에 주력하는 등 노동집약형에서 기술집약형으로 전환을 모색했다. 1990년대에는 외자 투자의 고도화 정책을 추진했으며, 1998년에는 'Industry 21'을 통해 산업 클러스터 개발 등 지식집약형 육성정책을 구체화하고 있다. 이와 같은 경제개발전략은 기업환경 조성이 효율성을 유지하는 것인데, 물리적인 인프라 투자와 다국적기업에 대한 인센티브 등이 여기에 포함된다고 할 수 있다.

아울러 싱가포르 정부는 1991년 '전략적 경제계획(Strategic Economic Plan)'을 발표했다. 이 계획안에는 금융, 세제, 물류, 통신 인프라를 강화함으로써 지역총괄본부 기능을 강화시켜 국제 비즈니스 허브로 도약하는 전략 구상이 담겨 있다. 계획안에 따라 2002년 기준으로 약 5천 개의 다국적기업이 진출했는데, 이 중에

415개(2006년 기준) 다국적기업의 지역본부가 싱가포르에 주재한다. 주요 투자국으로는 미국이 39%, EU 국가가 34%, 일본이 11%, 기타 국가가 17%를 차지하고 있다.

싱가포르의 투자 유치 정책은 투자 유치 목표가 기존 고용 창출과 지역 개발에서 산업구조의 고도화로 정착되면서 자국에 세계 최우량 기업 유치를 최우선 과제로 삼아 추진하는 것이다. 담당기관은 싱가포르 경제발전청(Economic Development Board of Singapore: EDB. 이하 EDB)[1)]이며, 이는 1961년 재무부 소속으로 설립됐다가, 1979년 이후 현재까지 통상산업부 법정기관으로 돼 있다. 이외에도 무역개발청, 주룽도시공사, 인력부(한국의 노동고용부와 유사 기관) 등 관련 부처의 협조 하에 투자 관련 모든 분야에서 원스톱 서비스를 제공한다.

경제발전청은 1999년, 'Industry 21'을 통해 21세기의 싱가포르 국가경제 발전을 위한 청사진을 수립해 제시하고 있다. industry 21에서 밝히는 비전은 ① 기술·혁신·능력에 중점을 둔 지식기반 경제로 발전하고, ② 모방이 불가능한 핵심 역량을 활용해 급변하는 환경에서도 경쟁력을 유지하며, ③ 산업 창조와 발전을 통한 지속적인 성장을 추구함으로써 궁극적으로 세계 경제 네트워크에서 연결점 위치를 점유하고, ④ 시장/자원/기술을 위한 국제 협력을 활용한다는 구체적인 계획을 가지고 있다(박추환, 2007).

싱가포르의 투자 유치 제도의 특징은 국내외 기업을 구분하지 않고 적용하는 것이며, 중장기계획과 목표를 고수하고, 미시적이고 구체적인 유치 분야를 설정해 접근하는 것이다. 아울러 싱가포르 정부가 사전에 심층적인 조사와 설득력 있

---

1) 경제발전청은 경제발전청법(Economic Development Board Act)에 의해 설립 운영되고 있으며, 정부가 임명하는 12명 이하의 위원으로 구성돼 있는 위원회제 기관이다. 위원회 의장이 집행의 책임까지 지고 있으며 그 밑에 관리책임자(managing director)를 두고 있다. 위원 중에는 공적·사적 부문의 대표들이 포함돼 있으며 싱가포르에 진출해 있는 외국 기업의 대표들도 포함돼 있다. 업무 처리는 매우 실용적이고 유연해 외국인 투자 유치를 처리할 경우에 법령이나 지침에 구애받지 않고 비즈니스적 관점에서 개별 투자기업 개개의 특성에 맞춰 인센티브 평가 및 지원을 결정하며 투자와 관련된 기관들과 긴밀한 관계를 형성해 투자기업에 원스톱 서비스를 제공한다(서울대학교 행정대학원, 2004). 싱가포르 EDB 홈페이지 중국어판에는 경제발전국으로, 일본판에는 경제개발청으로 소개돼 있다. 전술한 서울대 행정대학원 보고서에는 EDB가 경제개발위원회로 소개돼 있으며, 한국에는 경제개발청으로 소개된 문헌도 있으나, 이 연구에서는 통상산업부 소속 법정기관으로 집행조직을 보유한 정부 소속기관이라는 점에서 경제발전청으로 통일시켜 표기하고자 한다.

표 3-2-1 국가별 GDP 대비 외국인 직접 투자 비율

(단위: 누적 기준 %)

구분	1990	2000	2010
한국	2.0	7.4	12.3
싱가포르	82.6	121.5	154.3
중국	5.1	16.2	10.1
홍콩	262.3	269.3	573.0

출처: UNCTAD(http://www.unctad.org/).

는 투자를 유도하는 전략을 사용하는 것이 특징이라 할 수 있다.

투자 인센티브 제도는 첫째, 개척 자격(Pioneer Status)을 들 수 있다. 싱가포르 내에서 생산되지 않는 제품 생산을 위한 신기술 도입의 경우와 제품 유형과 기술 수준에 따라 5~10년간 법인세를 면제한다. 일반세율이 18%인 것을 감안한다면, 매우 파격적인 조건을 제시해 신기술사업을 유도하고 있음을 알 수 있다. 또한 개척 기간 종료 후 추가 개척 자격(Post Pioneer)으로 인가받게 되면 최장 10년간 10%의 법인세율을 적용하게 한다.

둘째, 생산설비 확장(Expansion Incentive)의 경우에는 기존 제조 기업이 1천만 싱가포르 달러 이상의 생산설비를 확장할 경우에는 확장 부분 소득에 대해 확장일로부터 최고 10년까지 법인세를 감면해 주고 있다.

셋째, 투자 소득공제(Investment Allowance Incentive)의 경우에는 개척 자격 기업과 수출기업에 대한 세제 지원 조치를 받지 않은 기업이 승인된 산업 분야 활동을 위한 자본설비에 5년의 법정 기한 내 투자를 시행할 때 신규 투자액의 50%까지 과세 대상 소득공제를 할 수 있다.

넷째, 지역본부 설치(Operational Headquarters)의 경우에는 세금 우대가 있다. 즉, 국제적인 조직망을 갖춘 기업으로서 싱가포르 내에 현지법인을 설립해 해외 자회사를 관리하는 경우 관리비, 이자, 로열티, 외환 거래 수입, 역외 투자 수입 및 기타 소득에 대해 설립 후 최고 10년까지 본부 법인 또는 해외 자회사로부터의 소득에 대해 5~10%의 세율을 적용한다. 외국 원천 배당소득은 10년간 비과세이며, 비과세소득으로 지불되는 배당금에 대해서도 비과세다.

다섯째, 가속 감가상각 지원(Accelerated Depreciated Scheme)의 경우에는 기계설비에 대한 통상적 감가상각률(초기 20%, 매년 5~20%)을 적용하는 대신, 컴퓨터 및 자동화설비 및 산업용 로봇 등에 대해 연 100% 또는 33.3%의 감가상각을 인정해 주거나 산업용 건물에 대해 25년간 감가상각을 인정해 준다.

여섯째, 해외 융자액에 대한 지원(Approved Foreign Loan Scheme)의 경우 생산설비 구입을 위해 해외 금융기관으로부터 20만 싱가포르 달러 이상 융자를 받은 경우 이자에 대한 원천 과세를 감면해 주고 있다.

일곱째, 금융 지원은 한국처럼 법률(외촉법)에 의한 것이 아니라, 경제발전청과 기타 유관 기관들의 자체 지침에 의해 시행된다. 다만, 경제 발전에 필요하다고 판단되는 대규모 투자는 경제발전청이 개별 건마다 비공개로 지원 규모를 결정한다.

표 3-2-2 싱가포르의 외국인 투자 인센티브 제도

종류	조건	내용
선도기업 인센티브	• 국내 산업의 평균 수준보다 고급 기술, 노하우 등을 도입하는 프로젝트 • 국내 유사한 활동을 하는 기존 기업이 없는 경우에 한함.	• 선도기업 활동 발생 이익에 대해 법인세 면제 • 5~10년간 혜택
사후 선도기업 인센티브	• 선도기업 지위나 수출 인센티브를 부여받은 기업이 추가 투자 시 선도기업 지위 또는 수출 인센티브 만료 후에 부여	• 5년까지 15% 우대세율 적용 • 5~10년간 혜택
개발 확장 인센티브	• 제조업 및 서비스 분야 기업이 경제적 파급 효과가 큰 신규 프로젝트나 고도화 투자 실행 시	• 13%의 세율 적용 • 10년까지 감면 혜택
투자공제	• 제조업 및 서비스 분야 기업이 5년 한도 내 R&D, 건설공사 등의 인가된 프로젝트에 신규 투자 시	• 신규 투자 금액의 50%까지 과세 대상 소득에서 공제
승인된 해외차관	• 제조업 및 서비스 분야 기업이 생산설비 구입을 위해 S$ 20만 이상 차입 시, 인센티브의 조세 경감 혜택으로 인해 외국 차주가 거주하는 국가에서 조세 부담이 가중되지 않는 경우	• 자금을 빌려준 차주에게 실질적 조세 감면 혜택 보장 시 싱가포르 내 원천징수세 감면
승인된 로열티	• 제조업 및 서비스 분야 기업이 로열티 지불 시 인센티브의 조세 경감 혜택으로 인해 상대국에서 조세 부담이 가중되지 않는 경우	• 비거주자에 대한 지급 로열티에 대해 원천 징수액 전액 또는 일부 면제
벤처 캐피털 해외 투자 인센티브	• 벤처 캐피털이 해외 투자에서 손실이 발생한 경우	• 투자 지분의 100%까지 투자 관련 발생 손실액을 과세 대상 소득에서 공제

운영 총괄본부 인센티브	• 싱가포르 이외지역 소재 자회사 및 계열사의 실질적 경영관리, 기술적 서비스 등의 활동 및 총괄관리를 수행하는 지역운영본부 대상 • 기본 요건: 최소 납입 자본금 S$ 50만 이상	• 자국 주재의 운영총괄본부 소득에 10% 우대세율 적용 • 해외 자회사로부터 발생 소득에 대해 조세 감면
사업 총괄본부 인센티브	• 신기술 분야 투자기업이 「대상 제조업 및 서비스업 경제 확장 인센티브법(EEIA)」에 따른 일반관리, 경영계획 조정, 원재료 및 부품 조달을 비롯한 9가지 서비스 중 3가지 이상의 전문적 사업 및 관리 서비스를 싱가포르 이외 지역 소재 기업에 제공 시 • 주로 규모가 작은 기업이 수혜 대상	• 최장 10년간 면세 조치 및 해외법인으로부터 수취하는 배당소득에 대한 조세 감면 • 승인된 인센티브 내용에 따라 감면 기간 결정
연구개발비에 대한 이중 세액 공제	• 대상 제조업 및 서비스업 연구개발 관련 경상비(감가상각비 제외) 대상 • 싱가포르에서 연구개발 활동 수행 시	• 국내 등록 기업의 제품 상품화가 가능한 R&D 활동 발생 비용에 대해 이중으로 세액 공제
신기술 도입 보조금 (INTECH)	• 기업 및 산업 내 신경쟁력 정착 도모 • 기술 적용, 산업 연구 개발, 전문 노하우 및 신제품, 신공정, 신규 서비스의 설계 개발 등을 위한 인력 개발 촉진	• 신규 설비 시 운전훈련비 50% 보조 • 연구개발훈련비 70% 지원 • 산업 차원의 프로젝트 관련 교육훈련비 70%까지 지원 • 전 산업에 유용한 프로젝트 추진을 위한 장비 및 건물 비용 지원
벤처투자 인센티브	• 고도기술 보유 벤처기업에 대한 투자에서 손실이 발생한 경우	• 발생 손실액을 과세 대상 소득에서 공제

출처: 박추환(2007).

제 2 절 거버넌스(지배구조)

자유무역지대에 관한 사항들은 정부 산하 독립행정기구인 경제개발위원회를 두고 추진한다. 경제개발위원회에서는 외국 기업이 필요로 하는 시설 및 사회간접자본에 관한 사항들의 업무를 처리한다.

경제발전청(EDB)은 투자 유치 및 인센티브 관련 업무뿐만 아니라 전반적인 경제 발전 계획까지 수립해, 대상 기업을 선정 · 연구하고 해당 기업에 먼저 접촉해 투자를 유치하는 업무까지 담당하고 있다. 싱가포르 정부는 EDB에 높은 자율성을 부여해, 투자 지원에 관한 사항은 법률이 아니라 EDB 또는 산하기관의 자체 지침에 따라 결정된다. 특히 중요한 프로젝트의 경우 EDB가 비공개로 인센티브 등의 지원 폭을 결정하고 있다.

싱가포르의 EDB는 세계 시장을 무대로 사업하는 글로벌 기업의 조직과 비슷하다. 해외의 기업 고객 유치를 위해 조직이 최적화돼 있기 때문이다. 약 500여 명의 투자 유치 전문가가 근무하는 EDB는 해외 기업이 찾아오기 전에 한 발 앞서 움직인다. 세계 21곳의 해외 사무소를 운영하는 글로벌 운영그룹이 해당 지역의 투자 유치 유망 기업을 선정하면 업종별 전문성을 보유한 10개의 산업그룹이 맞춤형 지원 방안을 마련해 목표 기업의 문을 두드리는 식이다. 이는 지역별 담당 부서와 사업별 담당 부서가 유기적으로 협력해 성과를 높이는 '매트릭스(matrix) 구조'로 일하기 때문에 가능한 일이다. EDB의 해외 사무소에만 100여 명이 근무한다.

기업의 전략기획실처럼 장기 전략을 고민하는 '두뇌집단(think tank)'도 있다. 싱가포르의 성장 동력을 고민하고 투자 유치 전략을 수립하는 신사업그룹, 관련 정부기관과 협력해 투자 유치에 필요한 각종 정책을 수립하고 다듬는 기획정책그룹이 EDB의 핵심 브레인들이다. 싱가포르 EDB는 최상위 의사 결정 기구인 이사회에 민간기업 현직 임원을 참여시킨다.

외국인 투자 인센티브는 여러 관할 부서에서 책임지고 있지만 핵심적 인센티브는 주로 EDB가 담당하고 있다. EDB는 외국 기업으로부터 투자 인센티브에 대한 신청을 받고, 심사를 통해 수혜 여부 및 조건을 결정한다. 법률상으로는 인센티브 혜택을 주기 위한 자격 요건을 규정하고 있으며, 구체적인 인센티브 관련 운영 절차나 내부 심사 기준은 EDB가 유연하게 처리하고 있다. 이는 인센티브를 효율적으로 운영하는 국가에서 공통적으로 나타나는 운영 방식이다(전삼현 · 함택동, 2010). 주요 평가 사항은 산업 분석을 토대로 한 투자 프로젝트의 기술적 우월성과 실행 가능성, 싱가포르 경제에 대한 공헌 등이다. 외국 기업은 EDB와의 투자 상담 과정부터 결정 및 인센티브 혜택까지 EDB 내 산업별 전문가의 투자 관련 서비스를 제공받을 수 있다. 그 밖에 무역개발청(TBD), 국립과학기술청(NSTB), 통화청(MAS) 등도 인센티브를 독자적으로 제공하고 있다.

제 3 절 주요 시사점

싱가포르의 FDI 실적에 관한 요인으로는 첫째, 시장경제 원칙에 입각한 개방경제의 지향이다. 싱가포르 정부는 무기·탄약 제조업, 전기, 가스, 통신, 방송, 항공 등 공공산업을 제외하고는 외국 기업의 진출에 아무런 제약을 두지 않고 있다. 따라서 외국 기업은 지분 소유 비율, 국산 원자재 사용 비율, 기타 외환 거래 등에서 자유로이 경영하며, 관련 부처 및 경제발전청에 신고만 하면 된다.

둘째, 안정적인 투자환경이다. 싱가포르는 안정적인 정치와 평화로운 노동환경이 정착돼 있고, 특히 외국인 투자에 대한 정부 정책의 일관성과 예측 가능성은 최적의 투자환경이 제공되고 있다.

셋째, 외국인 투자 유치를 위한 각종 인센티브 제도다. 외국인 투자가 경제성장에 많은 역할을 차지하는 싱가포르는 세금 경감 및 금융 지원 등의 제도가 잘 갖춰져 있다. 특히 단순한 세제 혜택이 아닌 안심하고 투자할 수 있는 환경 조성에 주력하고 있다.

싱가포르 경제특구의 장점은 일부 품목(주류, 담배, 유류, 자동차)에 대해서만 제한적인 관세와 특별소비세를 부과할 뿐, 거의 대부분의 제품에 대해 무관세를 적용하는 자유무역을 장려하고 있다는 점이다. 기업 입장에서 지정학적 위치와 더불어 자유무역정책에 대한 신뢰를 확보할 수 있으므로 인기가 높으며, 특히 수출입 관련 사업의 유인 동기가 매우 높다. 즉, 비교 우위의 규제 완화 및 철폐가 싱가포르 경제특구의 장점이자 높은 외국인 투자 유치 실적을 거둘 수 있는 기반이라 할 수 있다. 도시국가인 싱가포르와 경제적 여건이 다르긴 하지만, 한국 경제자유구역도 규제 완화가 글로벌 스탠더드에 부합 또는 비교 우위에 있는가를 객관적으로 진단해야 할 필요가 있다.

제 3 장

아일랜드와 폴란드

개 관

제3장에서는 유럽 경제특구의 사례로서 아일랜드와 폴란드 사례를 살펴보고자 한다. 아일랜드는 한때 외자 유치를 통해 경제 성장을 이끈 모범 사례로서 널리 알려졌다. 아일랜드 사례에서 주목할 점은 유연한 특구 운영 방식에 있다. 폴란드는 중·동부 유럽 핵심 국가로서 공산주의 경제에서 자본주의로 전환에 성공한 대표적인 경제모델로 꼽히고 있다. 특히 공산주의 체제 하에서 콤비나트가 발전한 특구모형을 가지고 있다.

제 1 절 아일랜드

1 현황 및 특징

지금은 경제 위기로 어려움을 겪고 있지만, 아일랜드는 외자 유치를 통해 경제 성장을 이룩한 가장 모범적인 사례로 꼽히며 세계의 주목을 받아 왔다. 아일랜드의 경제 성장은 주로 동구권과 아시아 국가들의 벤치마킹 대상이 됐는데, 우리나라에서도 2003년 지방자치단체, 방송, 학계 등 여러 단체에서 아일랜드를 방문해 투자 유치 전략에 대해 연구한 바 있다.

일반적으로 아일랜드의 기본적인 성공 요인으로는 낮은 법인세율(기존 10%에서 2003년 이후 12.5%로 상향됐으나 유럽에서 가장 낮은 수준임), 영어를 사용하는 젊고 숙련된 노동력, 노동시장의 유연성 및 사회연대 협약을 통한 산업 평화, 기업 친화적인 경제정책의 일관성, 유럽과 미국을 잇는 지정학적 위치, EU 가입(1973년) 및 유럽시장 통합 등을 들 수 있다(경제자유구역기획단, 2004).

아일랜드의 외국인 투자 인센티브는 지원 자격 요건 측면에서 간단한 것이 특징이다. 현금으로 지급되는 보조금은 장기적으로 안정된 고용을 창출하는 투자에 대해 지급되는데, 가장 중요한 산정 기준은 창출하는 고용(job)의 숫자이며, 10년간 지원이 가능하다.

제도적 인센티브 이외에 아일랜드 경제특구의 성공에 큰 영향을 미친 것에는 아일랜드 정부 및 국민의 해외 투자에 대한 확고한 철학이 있다. 아일랜드 국민들은 외국인 투자 유치에 적극적이며, 외국 기업의 국내 기업 활동에 대해 국부(國富)의 착취 또는 유출이 아니라, 고용 창출과 조세의 납부를 통한 재정 확충에의 기여라는 인식이 널리 공유돼 있다. 그 때문에 투자기업에 대해 조세 완전 삭감보다는 자국민이 향유할 수 있는 보조금 제도를 중시하고, 투자 금액보다는 고용 창출을 중시한다.

아일랜드의 GDP에서 외국 투자기업이 차지하는 비중은 35%이며, 아일랜드

표 3-3-1 IDA 개편 이후 아일랜드 외국인 직접 투자 유치 실적

연도	1998	1999	2000	2001	2002
투자 유치액 (EU 회원국) (기타 국가)	7,905 (4,640) (3,265)	17,365 (6,307) (11,058)	28,706 (40,936) (−12,231)	17,524 (17,284) (240)	20,223 (19,294) (928)
증감률	−	120%	65.3%	−39.0%	15.4%

출처: 경제자유구역기획단(2004).

제조업 생산에서 외국 투자기업이 차지하는 비중은 50%에 육박한다. 외국 투자기업의 고용 인원 비중은 전체 고용 인원의 8.4% 수준이며, 외국 투자기업이 아일랜드 총 수출에서 차지하는 비중은 75%다. 또한 아일랜드 공산품 수출에서 차지하는 비중은 80%에 이른다(경제자유구역기획단, 2004).

아일랜드는 한국의 경제자유구역과 같이 외국인 투자 유치를 위한 외국인 전용공단과 같은 특별구역은 없으나, International Financial Service Center(IFSC), Shannon Free Airport Industrial Zone 등 투자우대지역을 분류해 외국 기업이 이 지역에 투자할 경우 우대 조치를 취함으로써, 실질적인 외국인 투자 유치 특별구역과 같은 효과를 거두고 있다.

International Financial Service Center(IFSC)는 국제 금융 허브로 성장시키기 위한 지역으로, 국제 금융기관의 투자 유치를 위해 해당 지역에 입주하는 외국 금융기관에 대해 12.5%의 감면세율 혜택을 부여하고 있다. Shannon Free Airport Industrial Zone은 아일랜드 남서쪽의 국제공항 Shannon Airport 지역을 개발하기 위해 해당 지역에 투자하는 외국 기업에 대해 12.5%의 감면세율을 부여하고 있다.

2 거버넌스(지배구조)

아일랜드의 투자 유치 전담기관은 Investment and Development Agency of Ireland(IDA Ireland)다. IDA는 1949년 산업통상부 산하에 설치됐고, 1969년 산업개발법(Industrial Development Act)에 의해 독립 법인이 됐다. 이 기구는 발족 초기에 아일랜드 자국 수출 주도 기업을 지원하기 위해 설치됐으나, 1994년 이후 3개의 기관으로 나뉘었다. 3개 기관은 각각 업무가 상이한데, 첫째 Forfas는 국가의 기업, 무역, 과학기술과 혁신에 관한 정책 및 자문기관의 역할을 한다. 둘째, IDA Ireland는 해외 직접 투자의 촉진과 개발에 관한 업무를 전담한다. 셋째로 Enterprise Ireland는 아일랜드 자국 기업과 관계되는 일을 담당하게 됐다. 이 가운데 IDA Ireland는 아일랜드로의 외국인 직접 투자(FDI) 촉진과 경제 개방에 초점을 두는 것에 중점을 둔다(지식경제부, 2009).

표 3-3-2 1994년 이후 IDA의 기능 구분

기관명	주요 업무
Forfas	기업 · 무역 · 과학기술 및 혁신에 관한 정책 및 자문기관
IDA Ireland	해외 직접 투자의 촉진과 개발에 관한 업무 전담
Enterprise Ireland	아일랜드 자국 기업과 관계된 업무

출처: 서울대학교 행정대학원(2004).

IDA는 기업 · 통상 및 고용부의 산하기구로 민간조직에 해당하나, 사업 운영에서 정부보조금에 의존하는 비중이 크기 때문에 우리나라의 공사와 유사한 성격을 가지고 있다. IDA의 조직구조 및 운영은 법인 형태로서 동산과 부동산 취득은 물론 보유 및 처분의 법적 지위를 가진다. 기본적으로 위원회 조직이므로 위원장을 포함해서 13명 이내의 위원을 두며, 위원회는 위원회 운영과 관련된 절차를 만든다.

IDA의 운영은 CEO를 포함한 위원들로 구성된 위원회로 운영되는데, 위원회 산하에는 회계 및 재정위원회(Audit & Finance Committee), 경영개발 및 보수위원회(Management Development & Wage Committee), 투자위원회(Investment Committee), 자산위원회(Property Committee)가 있다. 이 가운데 투자위원회는 투자 제안에 대한 정부 보조금을 결정하는데, IDA 위원회로부터 최대 1.5백만 유로까지의 보조금을 승인할 수 있도록 위임돼 있다(서울대학교 행정대학원, 2004).

IDA의 지배구조에 대해 국내 연구에서는 반관반민 조직이라고 정의하는 연구보고서가 있는가 하면(김윤형, 2002), 단순한 투자개발청이라고 언급한 연구도 있다(삼성경제연구소, 2002). IDA의 법적 근거가 되는 산업개발법에 의하면 IDA는 민간조직에 해당한다. 그러나 완전한 민간조직이라고 하기는 어려우며, 정부로부터 보조금을 받고 있다. 따라서 우리나라의 공사와 비슷한 지위와 성격을 가진다고 볼 수 있다. IDA의 직원 역시 공무원의 신분을 보유하지 않으며, 다만 직원들의 임금이나 연금 등의 보수 체계가 공무원과 비슷한 수준의 처우를 받고 있다.

IDA의 조직은 운영본부, 사업개발본부, 지원부서로 구성돼 있으며, 각 분야별로 국제 금융 서비스 · 의약 및 식품 · 지역 개발 및 재산관리 등 여섯 명의 과장

표 3-3-3 IDA의 조직 및 구성

대단위	부서
운영국 (2개과 6개 팀)	국제 금융 서비스, 의약 및 식품, Medical Technologies, ICT, International Services, I.T, and Marketing Services, Engineering
해외(Overseas)국	3개 지역(북미, 유럽, 아시아·태평양)의 해외사무소 14개소
지원부서(4개 과)	전략사업부(Strtegic Business), 지역 개발 및 재산관리(Regional Dev. and Property), 인사(ESR & Personnel), 기획(Planning)

출처: 서울대학교 행정대학원(2004).

들로 구성된 집행위원회가 있다.

3 주요 시사점

아일랜드의 사례가 한국 경제자유구역에 주는 주요 시사점은 다음과 같다.

첫째, 영어를 사용하는 젊고 숙련된 노동력과 노동시장의 유연성이 높아 다국적기업의 투자 유치에 용이했다는 평가다. 한국 경제자유구역의 성공을 위해서도 언어의 장벽과 노동시장의 유연성을 확보할 필요가 있다.

둘째, 기업 친화적인 경제정책의 일관성과 외국인 투자 유치에 대한 범국민적인 적극성이다. 아일랜드 국민들은 외국인 투자 유치에 적극적이며, 외국 기업의 국내 기업 활동에 대해 고용 창출과 조세 납부를 통한 재정 확충에 기여한다는 인식이 널리 공유돼 있다. 그 때문에 다국적기업 활동에 친화적인 정서가 성과에 일정한 기여를 했다는 것이다.

셋째, 특구 운영의 유연성이다. 아일랜드의 외국인 투자 인센티브는 지원 자격 요건 측면에서 간단한 것이 특징이다. 현금으로 지급되는 보조금은 장기적으로 안정된 고용을 창출하는 투자에 대해 지급되고, 그 산정 기준은 창출하는 고용 수로 하고 있다. 반면 한국 경제자유구역은 투자액, 고용 창출 등 자격 기준이 상대적으로 까다롭다.

제 2 절 폴란드

1 현황 및 특징

폴란드는 1989년 사회주의가 붕괴한 뒤 실업률이 무려 30~40%에 이르는 등 경제공황에 빠져들기도 했다. 폴란드 정부는 이러한 위기를 동유럽과 서유럽의 중간지대에 위치하고 있는 지리적 이점을 활용하고 EU라는 거대한 배후시장과 양질의 노동력에 비해 낮은 인건비를 활용한 경제특구를 추진함으로써 경제 위기를 돌파하는 전략을 구사하고 있다.

폴란드 경제특구의 특징은 국경 및 연안지대에 걸쳐 5~20㎢ 내외의 중소 경제자유구역 14개를 지정해 각 구역별로 산업을 특화하고 역할을 부여한 데 있다. 경제자유구역이 14개이지만 유치하고자 하는 기업이 원하는 경우에는 그 구역을 별도로 특구로 지정해 주는 '선(先) 투자 유치 후(後) 경제자유구역 지정' 원칙을 적용해 각 특구에 딸린 하위지역이 300개가 넘는다. 또한 중복 투자를 방지하기 위해 특구별로 주력산업을 선정하고 해당 분야의 대표기업을 앵커(anchor)기업으로 유치하는 방식으로 경제자유구역을 활용했다.[1)]

표 3-3-4 폴란드의 주요 경제자유구역 현황

경제자유구역	면적(㎢)	주요 산업	산업 지정 배경	대표적 외투 기업
Katowice	15.4	자동차	독일과의 지리적 인접성	GM, Delphi, Fiat 등
Lodz	9.1	소비재, 기타 제조	3백만 명 이상의 배후시장	P&G, Dell 등
Sopot	11.6	전자, 기타 제조	낮은 임금, 풍부한 노동력	Sharp, Flextronics, Bridgestone 등

출처: 정태옥(2013).

1) 앵커 기업이 '나 홀로 기업'이 되지 않고 경제특구에 뿌리를 내릴 수 있게 연관 기업을 유치해 산업 클러스터를 형성할 수 있도록 하는 점도 폴란드 경제자유구역의 독특한 전략이다.

실제로 2004년 폴란드가 EU에 가입하자 해외 직접 투자가 쇄도했으며, EU 내 국가들은 그리스, 포르투갈 등에 대한 투자를 줄이고 폴란드 등 동유럽 국가에 대한 투자를 확대했다. 미국 등 선진국도 유럽 진출을 위한 제조업 기지로 폴란드를 활용하고 있다. 폴란드는 2010년 현재 14개 경제특구에 1,200여 개 기업이 26조 원 이상 투자하고 있으며, GM, LG전자, 볼보, 휴맥스 등 유수의 다국적기업이 폴란드에 투자하고 있다.

표 3-3-5 폴란드 투자 유치(FDI) 현황

(단위: 백 만 USD)

연도	2010	2011	2012	2013	2014
투자 유입액	17,648	19,819	18,170	18,424	19,846

출처: 폴란드 국립은행. 산업통상자원부 · 외교부(2017). '2016 외국의 통상환경' 재인용.

폴란드는 외국인 투자 유치를 촉진하기 위해 2004년 8월 「경제활동자유법(Economic Freedom Act)」을 시행했다. 이 법은 기업 설립을 쉽게 하고 설립 절차를 간소화하며, 인 · 허가 분야를 축소하는 등의 조치를 취함으로써 비즈니스 환경을 개선하는 데 목적이 있다(산업통상자원부 · 외교부, 2017). 주요 투자 인센티브 제도로는 신규 투자에 대한 현금 보조, 법인세 감면 및 부동산세 감면 등의 형태로 지원되고 있다.

폴란드의 경제특구 정책은 경제부나 재무부 등 중앙정부가 개발계획을 수립하고 구역을 지정해 투자 유치 등을 주도하며, 각 경제자유구역청의 컨트롤 타워 기능을 수행한다. 경제부 산하의 폴란드 투자청은 국내 · 외 기업 투자 유치는 물론 투자기업과의 협상, 주요국에 대한 투자 상담팀 등을 운영하며, 경제자유구역관리청은 주요 인허가 업무를 담당하고 있다. 한편, 경제자유구역의 산업용지 및 인프라 구축 관련 업무는 재무부 산하 공단관리청이 맡고 있다.

주요 입주 요건으로는 총 투자 금액이 10만 유로 이상이며, 10만 유로 이상 투자하는 외국인 투자자에게 폴란드 투자청에서 전담 PM을 지정해 경제특구 등의 입주를 지원하고 있다. 각종 인센티브 관련 사항은 각 지방정부에서 관할하나 경제특구 입주 시, 각 지방 소재의 경제자유구역관리청에서 관리하고 있다. 각 지방정부별로 최대 지원 금액의 상한 범위 내에서 법인세 감면액, 지방세 감면액, 현금 지원액 등이 상이하며, 협상을 통해 제공된다는 점이 특기할 사항이다. 인센티브 내용은 외국인 투자 금액 및 고용 창출 효과가 높을수록 조세 감면 등의 수혜가 높은 방식이다.

폴란드 경제자유구역의 주요 특징은 다음과 같다.

첫째, 입지 면에서 그리 큰 규모는 아니지만, 넓은 배후지인 EU시장을 겨냥해 입지적 장점을 충분히 살릴 수 있도록 국경지대에 경제자유구역을 중점 배치하는 전략을 구사했다.

둘째, 중앙정부의 적극적인 역할과 이에 대한 정치·사회적 합의가 선행돼 있다. 후술하는 인도와 같이 경제자유구역이 정치·사회적으로 논란이 되지 않고, 중앙정부의 일관된 지원을 받으면서 진행되고 있다.

셋째, 경제특구 내에서 내·외국 기업 간 차별이 없이 대우하고 있으며, 외국 대기업 투자에 대한 내국 중소기업이 클러스터(cluster)를 형성하게 함으로써 시너지 효과를 거두고 있다. 폴란드 내국 중소기업의 입지는 경제자유구역 내 20% 수준이다.

2 주요 시사점

폴란드의 사례가 한국 경제자유구역에 주는 주요 시사점은 다음과 같다.

첫째, 넓은 배후시장을 장점으로 한 입지적 환경이 외국인 투자를 유인하는 데 주효한 성과 요인이 되고 있다는 점이다. 한국 경제자유구역의 경우에는 한·중·일에 연접하는 세계적인 규모의 무역지대를 포함하면서, 경제대국으로 성장한 중국 시장과 가깝다는 이점이 있다. 이를 적극적으로 활용할 수 있는 전략이 필요하다.

둘째, 경제특구 내에서 내·외국 기업 간 차별이 없다는 점이다. 한국 경제자유구역은 경제자유구역 내 입지를 위해서는 반드시 외국인 투자 유치 실적이 있어야 한다. 즉, 국내 기업이 경제자유구역 내에 입지하기 위해서는 외국 기업과 합작 형태에서만 가능하다는 것이다. 이는 본래 경제자유구역 이외에 입지한 국내 기업과의 차별 문제를 의식한 것이지만, 이 때문에 외국 자본과 국내 기업과의 시너지 효과를 거두는 데에는 다소 한계가 있을 것으로 보인다.

제 4 장

인 도

개 관

인도는 저렴한 노동력, 영어를 자유롭게 구사하며 높은 교육열에 기인한 고학력 인재가 많은 것이 장점으로 많은 다국적기업이 진출하고 있다. 그 가운데 이공계 인재를 많이 배출하고 있어 IT 기업의 진출이 활발하다. 인도의 경제특구는 기존의 수출가공구, 자유무역지역을 전환하는 형태로 추진됐다. 2005년에는 관련 법 제정을 통해 경제특별구역의 설치가 탄력을 받기도 했다. 제4장에서는 인도 경제특구의 현황과 특징에 대해 살펴보고자 한다.

제 1 절 현황 및 특징

인도는 이공계 졸업생 120만 명을 포함해 매년 200만 명의 대학 졸업자를 배출하고 그중에서 80%가 영어를 자유롭게 구사할 줄 아는 우수한 인적 자원을 가지고 있으면서도 인건비는 중국의 2/3 수준이다. 특히 이공계 졸업생들은 IBM 등 세계적인 IT 기업에서 활동하는 등 인력 충원 면에서 여러 가지로 매력적인 투자처다. 그럼에도 불구하고 워낙 많은 인구와 실업자 문제, 낮은 인프라 문제, 과도한 노동권 보장 등으로 외국 투자가 저조하고 경제 개발이 매우 더딘 나라이기도 하다. 이와 같은 이유로 인도는 2000년 이후 외자를 적극 도입해 경제 성장과 일자리를 창출하고자 경제특구를 추진했다(한국개발연구원, 2010: 41–42).

인도 정부는 기업 활동을 위한 자유로운 분위기 조성과 기업의 경쟁력 증진을 위해 특별경제구역을 적극적으로 활용했다. 기존의 수출가공구나 수출촉진지역 등 자유무역지역을 전환시켜 외자 유치와 수출입정책의 일환으로 활용했다. 그러나 특별경제구역 제도의 시행 과정에서 토지, 환경 문제 등의 부작용이 나타났다. 인프라 시설이 취약하고 여전히 노동법의 제약이 심해 외국 기업의 투자가 많지 않았다.[1] 인도 정부는 이에 대한 돌파구로서 2005년 좀 더 포괄적이고 강력한 특별경제구역법(Special Economic Zone Act: SEZ)을 시행하게 된다. 따라서 SEZ는 현재까지 인도의 외국인 투자 유치를 위한 가장 대표적인 정책이다(이규태・배지연・허율, 2010: 20–21).

인도는 경제특구 지정과 승인 과정에서 2단계 구조를 가지고 있다. 경제특구 신청 측면에서 경제특구 개발회사가 설립 신청을 해도 되지만 중앙정부나 주정부도 신청이 가능하다. 신청을 받을 수 있는 기관도 주정부와 중앙경제특구승인위원회 모두 가능하고 위원회에서 심사를 통해 특구 지정을 승인하고 중앙정부는 위원회의 승인 이후 상세 계획보고를 받을 수 있는 권한과 지정을 공포할 권한을 가지고 있다. 위원회가 지정을 심사할 때에는 추가적인 경제 활동 발생량, 상품과 수출에 미치는 효과, 국내외 투자와 고용 촉진 효과, 인프라 발전과 주권과 안보에 미치는 영향 등을 주요한 심사 기준으로 하고 있다.[2]

SEZ 입주 조건은 외화수취액이 외화지불액보다 커야 하는 조건 이외에 별도 조항이 없다. 즉, 원재료의 수입 등을 위해 지불하는 외화지불액보다 수출 등을 통해 받아들이는 외화수취액이 더 많기만 하면 된다. 주로 수출 위주의 기업이 대상이 된다. 또한 SEZ에 입주하는 기업에 대해서는 관세와 법인세 등 세금 감

1) 2000년 경제특구 제도를 도입했으나, 2004년까지 승인된 27개 경제특구는 자금 부족으로 건설이 지연된 반면, '수출진흥지역'에서 전환된 8개 특구만이 실제로 가동되는 등 운영 실적이 부진했다.
2) 경제특구법의 구체적인 내용은 인도경제특구법 시행령에 내용을 담고 있다.

면, 노동법 적용 완화 등 다양한 혜택이 주어지고 있다.

한편 인도 정부는 재정 악화에 따른 경제특구의 민간 개발을 장려하고 있다. 개발 업체에 대해서는 특구 개발·운영·관리에 필요한 물자의 구입·수입 시 면세와 경제특구 개발계획 수립의 자율성 보장, 서비스세 면제, 경제특구 내 자체 발전·송전·배전 허용, 개발 업체 투자 모기업에 대한 10년간 소득세 100% 면제 등의 혜택을 부여하고 있다.3)

경제특구 활성화 조치 이후, 정부는 2006년 3월 추가로 전국 148개소에 경제특구를 설치하기로 결정하는 등 경제특구 신청이 폭발적으로 증가했다. 경제특구는 주로 석유화학, 바이오 기술, IT 관련, 복합산업, 항만 및 화학 등 분야별로 특화해 육성했으며, 규모 면에서는 비교적 협소한 특구가 많다. 최소 1천 헥타르가 필요한 대규모 종합산업(multi－product)특구는 11개에 불과한 특징이 있다. 또한 제조업 중심의 경제특구로 이뤄진 중국과 달리 인도에서는 IT 부문에서의 경제특구도 상당수 활성화돼 있다.

인도의 경제특구는 2010년 5월 현재 746개의 경제특구가 흩어져 있으며, 2010년 3월 말까지 경제특구에 대한 투자액은 1조 4,840억 루피(38조 6천억 원)에 달한다. 경제특구에서 창출된 고용 인원은 약 50만 명 수준으로 최근 5년 동안 약 25만 명이 신규로 채용됐다.

수출 실적 또한 괄목할 만한 성장을 이뤘다. 2005년 중 경제특구에서의 수출

---

3) SEZ에 입주하는 업체에 제공되는 주요 혜택은 다음과 같다(김현아, 2006).
- 생산용 자본재·원재료·사무실 용품 등에 대한 관세 면제
- 인도 내에서 조달/구매한 물품, 동일 SEZ 또는 다른 SEZ 간 물품 판매 시 중앙정부의 판매세(Sales Tax) 면제
- 서비스세(Service Tax) 면제
- 일정 기간 법인세 면제/감면(최장 20년): 영업 개시 후 최초 5년간 수출 이윤에 대한 법인세 면제, 이후 5년간(영업 개시 후 5~10년 기간) 법인세 50% 면제, 이후 10년간(영업 개시 후 10~20년 기간) 영업이익의 재투자에 따른 이익에 대해 50% 법인세 면제
- 역외금융기관(Offshore Banking Units) 및 국제금융서비스센터에 대해서는 최초 5년간 법인세를 전액 면제하고, 이후부터 항구적으로 80% 면제
- SEZ 개발업자 또는 입주기업에 대해 중앙정부 및 지방정부의 각종 노동·기업 관련 법 적용을 완화·유예해 주고 있음.
- 공장설립법, 산업분쟁법, 계약노동법, 기타 고용 및 보험 관련 등의 적용을 완화하거나 유예할 수 있으며, 이에 대한 권한은 SEZ의 사업 승인권자(주로 중앙/지방정부)에게 부여

표 3-4-1 인도의 경제특구 승인 현황

	승인 유형	개수	면적 (헥타르)	투자 (십억 루피)	고용 인원
2006년 이전	국영(운영 중)	19	–	139.96	252,019
2006년 이후	공표	353 (111개 운영 중)	43,577	1,344.95	251,592
	공식 승인[4]	225	68,999		
	원칙적 승인[5]	149	125,704		
합계		746	194,703	1,484.89	503,611

출처: 인도 상공부(http://www.sezindia.nic.in). 정태옥(2013) 재인용.

실적은 인도 전체 수출액의 5% 미만이었으나 이후 경제특구에서의 수출액이 급증해 2007년에는 인도 전체 수출액에서 10%를 상회하는 수준에 도달했다. 특히 2009년에는 전년 대비 121% 증가해 인도 전체 수출액의 26% 수준으로 상승하는 등 인도 전체 경제에서 차지하는 경제특구의 비중은 양적으로 매우 증가했다.

그럼에도 불구하고 질적인 측면에서 경제특구의 효과에 대해서는 의문과 비판[6]이 제기되고 있는데 이는 한국의 경제자유구역의 특례 인정을 둘러싼 논쟁과 유사하다. 무분별한 경제특구 확산 및 특구 개발의 공정성 훼손이라는 문제에 직면해 있으며, 특히 외국 투자기업들이 입주하는 것보다 국내 기업들이 경제특구에 대해 주어지는 각종 혜택을 누리고자 대거 입주 신청을 하고 있어 세수가 줄어드는 등 실효성 및 인도 경제에 대한 파급 효과가 의문시되고 있다.

인도 정부는 당초 경제특구의 수를 150개로 제한했으나 계속되는 승인 절차 간소화로 인해 사실상 무제한으로 특구 수를 늘려 나갔다. 특히 경제특구법 시행 후에 약 700개 이상의 경제특구가 승인됐으며 특구에 투자한 대부분의 기업은

4) 필요한 토지를 확보하고 중앙정부의 공표를 남겨 두고 있는 상태.
5) 필요한 토지를 확보하지 못하고 공식 승인이 나지 않은 상태.
6) 인도 내 경제특구의 문제는 정치적 상황과도 관련돼 있다. 인도 정부가 경제특구를 적극적으로 추진해 도입한 반면, 주요 좌파 연합은 노동자와 농민의 권익 보호 등을 이유로 경제특구 실행을 반대하고 있다. 최근 들어 경제특구로 인해 외국 기업이 투자하기 조세 수입 등의 손해가 발생함에 따라, 인도 내 주요 정치인들도 경제특구의 실효성에 대한 의문을 제기하고 있다(이규태 · 배지연 · 허율, 2010).

인도 기업이다. 사실상 인도 정부가 제공하는 인센티브를 받기 위해 다른 지역에서 이전하는 기업이 늘어나면서, 당초 의도한 외국인 투자 유인으로서의 제도적 효과에 의문이 일어나기 시작했다. 이로 인해 일반 지역에 있던 기업들이 경제특구로 대거 이전함에 따라 국가 전체적인 세수가 줄어드는 요인이 됐다.[7)]

인도 경제특구의 또 다른 특징으로는 민간자본을 유치해 개발을 장려하고 있다는 것이다. 그러나 규모가 작은 경제특구는 인프라에 대한 민간자본의 투자가 이뤄지기 어렵다. 규모가 작다 보니 산업 클러스터로서의 생산 효과를 기대하기 어렵기 때문이다. 일부 경제특구의 민간 개발자들은 사실상 각종 세제 혜택만을 받고 있는 경우도 많다. 또한 무분별한 경제특구 지정으로 개발자들이 부동산 가격 차익을 노리는 경우도 발생하고 있으며, 토지 선정 및 수용, 토지 보상, 이주 등과 관련된 사회적 문제가 심화되고 있는 실정이다.[8)]

이처럼 경제특구의 규모도 영세할 뿐 아니라 정부가 주도하지 않음으로써 인프라가 받쳐 주지 않고, 노동·환경 등 규제 완화 수준이 높지 않아 중국의 경제특구에 비해 상대적으로 발전의 속도가 늦다고 평가받고 있다.

이러한 문제로 인해 인도 정부 내외에서 경제특구를 반대하는 목소리에 힘이 실리기 시작했다. 농민들의 농지 상실 문제, 세수 손실 문제 등 왜곡된 인센티브 제도 등에 대해 주로 좌파 정당들로부터 심한 반발이 있다. 그 결과 상당수 경제특구 관련 법안이 법제화되는 것이 무력화되기도 했고 지금은 경제특구가 확대되기 어려운 실정이다.

제 2 절 주요 시사점

인도의 사례가 한국 경제자유구역에 주는 주요 시사점은 다음과 같다.

7) 인도 재무부와 중앙은행은 경제특구에 대한 과도한 혜택으로 2010년까지 약 380억 달러의 세수 손실이 있었다고 추정했다.

8) 경제특구가 위치하는 곳이 대부분 농경지이기 때문에 이를 경제특구로 지정하면 농민은 손해를 보는 반면 특구로 지정받은 기업은 이익을 보기 때문에 농민과 기업 간의 갈등이 심하다.

첫째, 영어를 사용하는 값싼 노동력과 넓은 배후시장이 존재하고, 특히 유능한 이공계 인력을 보유하고 있는 장점이 있다. 유능한 인재와 넓은 배후시장이 경제특구에 대한 외국인 투자 유치의 강력한 유인 동기가 되고 있다.

둘째, 경제특구의 무분별한 지정과 난개발은 국내 시장뿐만 아니라 투자 유치 실적에도 악영향을 줄 수 있다는 점이다. 인도는 경제특구법 이후 경제특구만 약 700개가 지정될 만큼 특구 지정이 남발되고 있다. 이로 인한 문제로 불필요한 특구 간 경쟁이 국가적 비전과 전략 없이 난개발로 이어지고 있는 것이다.

한국 경제자유구역도 전국에 8개(새만금 포함)가 지정돼 운영되고 있다. 그 규모가 적절한지 세심한 재검토가 필요하다. 실재로 일부 지역(충남 등)의 지정 해제 사례를 보면 국가적 전략 없이 표류하고 있는 건 아닌지 의심스럽다.

제 5 장

북 한

개 관

국제무역 분업 질서라는 관점에서 보면, 북한은 그 어느 때보다 경제개방 정책을 펼치기 좋은 환경에 있다. 중국이 경제 성장으로 소득이 증가하면서, 과거와 같은 저임금 제조업의 유치 및 유지에 한계가 오고 있기 때문이다. 실제로 중국의 동북 3성－랴오닝(遼寧省), 헤이룽장(黑龍江省), 지린성(吉林省)－은 북한의 저임금 노동력을 활용한 합영회사 등의 형태로 대북 투자가 활발히 전개되고 있다. 북한 역시 중국의 경제특구모델을 벤치마킹해 무역 및 경제 재건 노력을 전개하고 있다.

북한의 경제특구는 우리에게도 잘 알려진 라진・선봉 자유경제무역지대가 대표적이다. 라선 자유경제무역지대는 경제 회생을 목적으로 대외 개방을 골자로 추진된 경제특구다. 사회주의 경제 체제인 만큼 기업 합영과 합작 중심의 제한적인 규제 완화가 이뤄져 있다. 그 이외에도 경제특구의 일환으로 개성공단, 경제개발구를 운영하고 있다. 제5장에서는 북한의 경제특구 제도와 현황을 살펴보고자 한다.

제 1 절 라진 · 선봉 자유경제무역지대

1 현황 및 특징

1) 라진 · 선봉 자유경제무역지대 개발 과정 및 연혁

북한은 1980년대부터 경제특구를 통한 경제 회생전략을 추진해 왔다. 1990년대 동구 사회주의의 붕괴와 함께 국제 사회에서 고립된 북한은 자립경제 노선을 강조하면서도 경제특구 정책을 통한 경제 위기 극복을 위해 노력해 왔다. 북한은 대표적인 대외개방 법률인 「합영법」(1984)을 제정한 이래 1992년과 1998년 「사회주의 헌법」을 개정하는 등 법 · 제도적 기반을 조성했다(유현정 · 정일영, 2016). 1992년 개정된 「사회주의 헌법」 제37조는 "국가는 우리나라 기관, 기업소, 단체와 다른 나라 법인 또는 개인들과의 기업 합영과 합작을 장려함"을 규정했으며, 1998년 개정된 헌법에서는 "특수경제지대에서의 여러 가지 기업 창설 운영을 장려한다."고 명문화함으로써 경제특구 정책을 위한 헌법적 근거를 마련했다.

1984년 9월 8일 최고인민회의 상설회의 명의로 제정된 합영법(合營法)은 외자 유치를 위한 것이었다. 북한의 합영법은 총 5장 26조로 구성되는데, 제1장 제1조에는 조선민주주의인민공화국 합영법은 우리나라와 세계 여러 나라 사이의 경제기술 협력과 교류를 확대 발전시키는 데 이바지한다고 기술돼 있다. 제2조에는 우리나라 기관, 기업소, 단체는 다른 나라 법인 또는 개인과 기업을 합영할 수 있음을 명시했다.

북한은 라진 · 선봉 자유경제무역지대를 설치하는 것에 대해 "조선민주주의공화국 주권 하에 이 령역을 특혜적인 무역 및 중계 수송과 수출 가공, 금융, 봉사지역으로 만드는 것이다. 이 지대에서는 공화국 정부가 특별히 세운 제도와 질서에 따라 경제무역 활동을 진행하며 투자가는 기업 관리와 경영 방법의 자유로운 선택권을 가진다. 또한 투자가가 투자한 자본과 경영 활동을 하여 얻은 소득, 그에게 부여된 권리를 법적으로 보호한다."(김일성종합대학출판사, 1995)라고 설명하고 있다.

1980년대 중국과 베트남 등의 사회주의 국가들은 경제 발전과 산업화를 위한 방법으로 경제특구 건설을 중심으로 한 해외 자본과 기술을 유치하는 전략을 취했다. 반면 북한은 경제특구를 기반으로 한 개발 방식에 소극적인 태도를 보였다(유현정·정일영, 2016). 이 시기의 외자 유치는 중국이 초기 화교 자본 유치에 주력한 바와 같이 서방 국가와의 경제 협력보다는 일본 조총련계 기업 등 민족기업을 주요 대상으로 추진됐다. 실제로 합영법 제정 이후 1989년 말까지 북한의 합영사업의 실적을 살펴보면, 총 53건의 사업 가운데 일본 조총련 27건, 재미교포 3건, 소련 9건, 중국 2건, 프랑스 1건 등을 차지했다. 합영사업이 이뤄진 분야도 소규모의 경공업과 서비스업에 치중해 당초 기대했던 과학기술의 도입은 거의 이뤄지지 못했다(김광수, 1990).

표 3-5-1 북한 5개 경제특구 현황

구분	라진·선봉	신의주	개성	금강산	황금평·위화도
위치	함경북도	평안북도	황해남도	강원도	평안북도
면적	약 470㎢	132㎢	66㎢	약 100㎢	황금평: 16㎢ 위화도: 12.2㎢
지정일	1991. 12 특수경제지대	2002. 9 특수경제지대	2002. 11	2002. 11 국제관광지대	2010
유형	경제무역지대	특별행정구	공업지구	관광특구	경제무역지대
관련 법령	라선경제무역지대법	신의주특별행정구 기본법, 경제개발구법	개성공업지구법	금강산관광지구법	황금평·위화도 경제지대법
주요 기능	첨단기술산업, 국제물류업, 장비제조업, 무역 및 중계 수송, 수출가공, 금융, 서비스	금융, 무역, 상업, 공업, 첨단과학, 오락, 관광지구 개발	공업, 무역, 상업, 금융 관광지 개발	국제관광지	정보, 관광, 문화 현대농업, 경공업
자치권	행정	입법, 행정, 사법	독자적 관리	독자적 관리	행정

주: 라선경제무역지대와 황금평·위화도경제지대는 「조선민주주의인민공화국 정부와 중화인민공화국 정부 사이의 라선경제무역지대와 황금평·위화도경제지대 공동 개발 및 공동관리에 관한 협정」(2010)과 「조중 라선경제무역지대와 황금평경제지대 공동개발총계획 요강」(2011)의 규제를 받음.
출처: 유현정·정일영(2016).

1991년에는 '라진 · 선봉 자유경제무역지대'를 지정한 이후 신의주(2002), 개성(2002), 금강산(2002), 황금평과 위화도(2010) 등 5개 경제특구를 차례로 지정함에 따라 외자 유치 등 경제 도약을 위한 사업을 추진했다.

북한은 1991년 12월 28일 라진 · 선봉 자유경제무역지대를 건설하는 방안을 선포함과 동시에 청진항을 자유무역항으로 지정했다. 자유경제무역지대로 지정된 지역은 라진시의 14개 동 · 리와 선봉군의 10개 리를 포함하는 621㎢의 지역이었다. 이와 함께 라진시와 선봉군을 통합해 정무원 산하의 직할시로 승격시키는 한편, 은덕군 원정리, 훈융리를 포함하는 중국 국경 방면의 125㎢를 자유경제무역지대로 추가함으로써 총 면적 746㎢을 지정했다. 1993년 1월 31일에는 북한 최고인민회의 상설회의의 결정으로 「조선민주주의인민공화국 라선경제무역지대법」을 채택해 법적 근거를 마련했다(서태호, 2008).

2) 주요 현황

북한은 1993년 10월 라진 · 선봉 자유경제무역지대를 효율적으로 운영하기 위해 행정구역을 통합해 라진 · 선봉시를 설치했다(한국지방행정연구원 1999: 1315). 자유경제무역지대에 대한 관리 운영의 직접적인 담당자는 라진 · 선봉시행정경제위원회가 담당하게 됐다. 라진-선봉시행정경제위원회는 국가로부터 라진-선봉시의 746㎢에 대한 행정, 국토관리운영권과 사법권을 넘겨받은 지대 당국으로의 위상을 부여받았다. 북한 중앙정부는 지대 당국의 권능에 맞게 라진 · 선봉시를 직할시로 승격시켰다(김일성종합대학출판사, 1995).

북한은 라진 · 선봉지역의 행정구역의 변화와 함께 교통 인프라 건설계획을 추진해 외자 유치를 위한 기반사업을 추진했다. 건설 1단계는 당면 단계로 1993년도부터 2000년도까지 계획됐고, 2단계는 전망 단계로 2001년도부터 2010년까지로 계획이 수립됐다. 각 단계별 주요 사업으로는 1단계를 통해 국제화물 중계기지, 관광 · 금융 · 서비스 기지 및 수출가공 기지의 건설을 개발 목표로 했다. 2단계에서는 '종합적, 현대적 국제교류 거점도시' 건설을 목표로 계획했다(김경석 2008: 83).

각 분야별 주요한 단계별 사항과 현황은 <표 3-5-2>와 같다.

그림 3-5-1 라진 · 선봉 경제무역지대 개발도

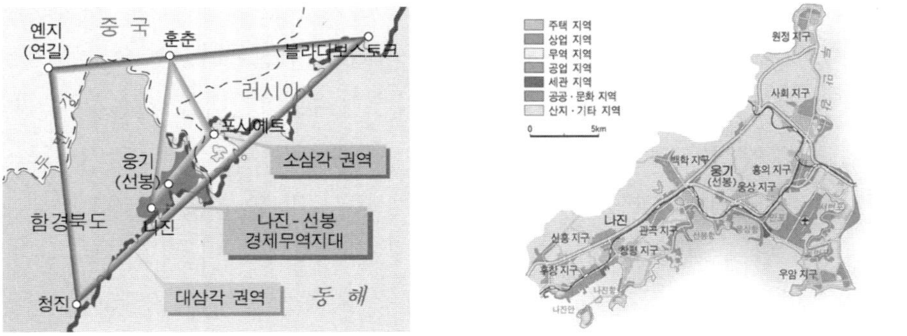

출처: 네이버 블로그(http://dennis202.blog.me/40113246521).

표 3-5-2 라진 · 선봉 교통 인프라 건설계획

분야	1단계 당면 단계(1993~2000년)	2단계 전망 단계(2001~2010년)	현황
항만	–라진항: 컨테이너 전문항 100만 톤 → 1,700만 톤 –청진항: 벌크화물 전문항 800만 톤 → 1,000만 톤 –선봉항: 원유 전문 취급항 통과 능력 200~300만 톤 → 400만 톤	–라진항: 컨테이너 전문항 1,700만 톤 → 5,000만 톤 * 2010년 이후 1억 톤 –청진항: 벌크화물 전문항 1,000만 톤 → 2,000만 톤 –선봉항: 원유 전문 취급항 400만 톤 → 1,500만 톤	–연 300만 톤 항내 16㎞, 표준, 광궤 –연 800만 톤 7개 부두 –200~300만 톤 원유 1만 톤급 2척 동시 접안
도로	–도로 확장폭: 폭 12m 확장 라진~원정(60㎞) 청진~회령(50㎞) 라진~어랑(188㎞) 라진~새별(70㎞)	–고속도로 신설 청진~회령(82㎞) 라진~청진(67㎞) 라진~새별(76㎞) –도로 개선 새별~회령(127㎞)	–청진~라진~새별~온성~ 회령~청진(384㎞) –라진~선봉~두만강~ 우암~홍의~원정(43㎞) –중국 연결 5개 교량(회령, 삼봉, 남양, 새별, 원정) –러시아 연결 두만강~핫산
철도	–현 통과 능력 1,200만 톤 제고 –두만강역 현대화 및 자동화 –라진~러시아 간 광궤 신설	–통과 능력 5~6,000만 톤 –라진~훈용 표준궤 복선 신설 –훈용~훈춘 복선철교 신설	–순환선 405㎞(복선 34㎞) –혼합선 134㎞(청진~두만강) –중국 투먼(圖們), 러시아 핫산 연결
공항	–선봉국제공항 건설 –평양, 청진, 백두산, 금강산 지역과 국제 항로 연결	–선봉국제공항 확장 –다양한 국제 항로 개설	–1995년 라진 헬기장 건설 –국제선: 순안비행장 경유

출처: 김경석(2008).

2 관련 제도 및 거버넌스

북한은 라진·선봉 자유경제무역지대를 지정하면서 외국인 투자관련법 및 규정을 제정·공포했다. 관련 법률은 「자유경제무역지대법」, 「외국인출입규정」, 「외국기업 상주 대표사무소에 관한 규정」, 「자유무역항 규정」, 「외국인 체류 및 거주 규정」 등이다. 이러한 법률이 제정된 배경에는 모든 외국 기업체가 제한과 통제 없이 자유경제무역지대 내에서 경제 활동을 하고 지역 내 기업들에 적용되는 소득세를 우대하기 위함이었다. 또한 기업의 이윤과 수입을 해외로 송금할 수 있도록 허용했다(김경석, 2000).

북한은 라진·선봉 자유경제무역지대를 효율적으로 통제·관리하기 위해 자유경제무역지대의 관리기관을 중앙대외경제기관과 무역지대 당국에 속한다고 규정했다. 여기서 중앙대외경제기관은 '대외경제위원회'를 의미하며, 지대 당국은 '라진·선봉시행정경제위원회'를 의미한다.

대외경제위원회의 주요 업무는 자유경제무역지대의 개발과 운영에 대한 지도사업이며, 투자사업에 대한 심의·비준 등의 기능을 수행한다. 총 투자액 1,000만 원 이상과 하부 구조 건설 부문에서 2,000만 원 이상의 사업에 대해서는 대외경제위원회의 심의를 반드시 거치도록 했다. 총 투자액 1,000만 원 미만의 사업에 대해서는 라진·선봉시행정경제위원회가 심사승인권, 토지 및 건물 임대권 등의 권한을 가진다. 이처럼 북한은 자유경제무역지대법을 통해 라진·선봉 자유경제무역지대의 운영을 중앙과 지방으로 이원화해서 각 역할에 따라 구분해 운영하고 있다.

북한은 2009년 12월 라선시를 특별시로 지정하면서 행정적 지위를 격상시켰다. 이를 통해 자유경제무역지대의 개발과 운영에 유리한 조건을 마련했으며, 최고인민회의 상임위원회 정령으로 「조선민주주의인민공화국 라선경제무역지대법」을 수정·공포했다. 2010년 9월 5일에는 「라선경제무역지대 외국 투자기업 및 외국인 세금규정 세칙」을 공포해 경제특구의 운영에 필요한 법률을 정비했다.

제 2 절 개성공단

1 현황 및 특징

1) 개성공단 개발 과정 및 연혁

1998년 취임한 김대중 대통령은 이른바 햇볕정책이라는 대북 포용정책을 적극적으로 추진하면서 남북 경제 협력이 본격화하기 시작했다. 그 가운데 가장 우선적으로 추진된 것은 금강산관광사업이었다. 금강산광광사업은 현대아산이 주도해 북한과의 경제협력사업을 전개한 것이었다. 현대아산은 북한과 '7대 경제협력사업'을 추진했는데, 그 가운데 하나가 서해안공단 건설사업이었으며, 그 연장선상에서 개발된 것이 개성공단이다(임강택 · 이강우, 2016).

2000년 8월 22일 현대아산은 북한의 '조선아시아태평양평화위원회'와 '공업지구 건설 · 운영에 관한 합의서'를 체결함으로써 개성지역에 2,000평 규모의 공단을 건설하는 데 합의했다. 이처럼 개성공단은 북한과 남한 기업 사이의 민간사업으로 시작했다(임강택 · 이강우, 2016). 하지만 남북한 간의 특수성과 현대아산의 자금 동원 능력 등 문제가 속출해 개성공단은 지지부진했다. 2001년 9월 제5차 남북장관급회담에서는 지지부진한 개선공단의 개발 문제가 처음으로 논의됐고, 2007년 7월 제20차 장관급회담까지 경제협력추진위원회, 개성공단건설실무협의회 등 다양한 수준에서 당국 간 협의가 진행됐다.

개성공단의 추진은 노무현 정부에 들어서 본격적인 착수에 들어갔다. 2007년 10월 2일~4일 노무현 대통령과 김정일 위원장 간의 정상회담에서 '남북관계 발전과 평화 번영을 위한 선언(10 · 4 선언)'이 채택됐다. 10 · 4선언 제5조에는 개성공단의 조기 착수와 2단계 개발을 위한 문산-봉동 간 철도 화물 수송, 통행 · 통신 · 통관 문제 등 제반 보장 조치들의 완비가 명시됐다. 2007년 11월 14일~16일에는 남북총리회담이 개최돼, 개성공단 2단계 사업을 2008년 안에 착수하는 것과 인터넷 무선전화 서비스의 개통, 근로자 숙소 건설 및 출퇴근 도로 건설에 대한 구체적인 일정이 명기됐다.

2007년 말까지 10·4선언의 이행을 위한 남북경제협력공동위원회, 제7차 남북장성급군사회담, 개성공단건설협력 분과위원회 등이 잇달아 개최되면서 개성공단 개발사업의 활성화를 위한 구체적인 방안들이 논의됐다. 이명박 정부의 출범 직전인 2007년 12월 20일과 21일에는 개성공단의 상시 통행과 통행 보장을 위한 전자출입 체계, 북한 측 근로자 숙소 건설 등에 관한 합의도 이뤄졌다. 이를 통해 오전 7시~오후 10시까지 상시 통행의 보장과 2008년 상반기 전자출입 체계의 운행, 통신센터 완공, 인터넷·유무선 전화 서비스 관련 실무협의, 북측 근로자의 숙소 착공, 개성·평양 고속도로 연결 진입로 건설을 위한 현지조사 등이 합의됐다.

순항하는 듯하던 개성공단은 이명박 정부 출범 직후 북한이 6·15선언 및 10·4선언의 무조건 이행, 비핵·개방 3000 구상 폐기 등을 요구하며 대남 비난을 전개해 위축됐다. 북한은 2008년 3월 27일 개성공단 내에 상주하고 있던 남북경제협력협의사무소 남한 측 인원의 철수를 주장했고, 3월 29일에는 남북 당국 간 대화·접촉의 일방적 중단을 선언했다. 또한 4월 1일부터는 이명박 대통령을 직접 거명해 한국 정부에 대한 비난을 지속했다. 남·북한이 다시 대결 구도를 견지하면서 개성공단 관련 남북 간의 합의는 실질적인 이행이 이뤄지지 못했다.

당초 민간 차원의 경제협력사업으로 추진됐던 개성공단은 현대아산의 재원조달, 북한 당국과의 직접적인 협상의 불가피성으로 인해 점차 남·북한 정부 간의 협상 국면으로 전개됐다. 그러면서 개성공단의 개발과 운영에 한국 정부가 주도적인 역할을 담당하는 사업으로 성격이 변했다. 자금력 부족으로 어려움을 겪던 현대아산의 사업 파트너로 한국토지공사가 참여했고, 공단 운영과 관련된 사항들은 남·북한 당국 간의 협상과 합의를 통해 추진하게 됐다. 이는 2016년 2월 폐쇄 이전까지 개성공단에 대한 전체 사업비 약 1조 원 가운데 정부와 공기업의 비중이 약 44%에 달하는 4,400억 원 수준이라는 점에서도 확인할 수 있다.

개성공단은 2016년 2월 10일 우리 정부의 조업 중단 결정으로 2004년 12월 본격적으로 가동한 지 만 11년여 만에 중단됐다. 중단 당시의 개성공단은 약 2,000만 평에 달하는 개발계획 중에서 5%에 해당하는 1단계 100만 평에 대한 개발이 완료된 상태였다. 입주기업은 125개로 계획 대비 40%가 입주해 공장을 가동하고 있었다. 100만 평의 공단에는 공장용지가 64.5만 평이었고, 그중 26.9만 평에 입주한 상태였다.

2) 주요 현황

개성공단의 개발에 투입된 투자액은 약 1조 210억 원 규모다. 이 가운데 정부가 2,587억 원을 투자했고, 한전·KT·토지공사·산업단지공단 등 공기업이 2,010억 원을 투자했다. 민간기업은 5,613억 원 수준이다.

표 3-5-3 주체별 개성공단 투자 규모

(단위: 억 원, 2015년 12월 말 기준)

계	정부	한국전력	KT	한국토지공사	한국산업단지공단	민간기업
10,210	2,587	480	94	1,226	210	5,613

주1: 민간기업 투자 규모 산정 기준은 기업창설등록원부상 투자 승인된 금액임.
주2: 한국산업단지공단은 2007년 한국산업단지공단이 개성공단에 건설한 아파트형 공장의 투자 비용을 의미함.
출처: 임강택·이강우(2016) 재인용.

2004년 6월 처음으로 개성공단 시범단지에 15개 사가 분양을 했다. 2005년 9월에는 본단지 1차 24개 사의 분양이 있었으며, 2007년 6월에는 본단지 2차 183개 사의 분양이 있었다. 이 분양이 사실상 마지막 분양이 됐다. 2차 분양은 당초 계획보다 상당히 지연된 것으로, 북한의 1차 핵실험으로 연기돼 시행된 것이다. 개성공단은 2006년 북한의 1차 핵실험으로 인해 분양이 지연되는 등 핵문제로 인한 사업의 안정성에 장애가 본격적으로 나타나기 시작했다. 2007년 2월 개최된 6자회담을 계기로 2차 분양이 성사된 것이었다.

분양은 이뤄졌으나 남북 관계로 좌우되는 불안감에 기업들의 안정성은 다소 취약했다. 2010년 천안함 침몰 사태로 취해진 '5·24 조치'[1)]로 개성공단에 대

1) '5·24 조치'는 천안함 폭침사건에 대한 대응으로 개성공단과 금강산 제외 방북 불허, 남북 교역 중단, 대북 신규 투자 금지, 북한 선박의 해역 운항 불허, 대북 지원사업의 원칙적 보류, 인도적 지원 차단 등을 주요 내용으로 한다. 정부의 5·24 조치는 시행 초기 엄격하게 적용하다가 이듬해부터 투자자산 점검 방북 허용, 밀가루·의약품 등 대북 지원 품목 확대, 종교·문화

표 3-5-4 1단계 분양 및 입주 현황

(단위: 만 평, 2015년 12월 말 기준)

생산 시설					상업 · 지원 시설	기반 시설	계
분양			미분양	계			
입주	미입주	계					
26.9 (125개 기업)	26.8 (97개 기업)	53.7 (222개 기업)	10.8	64.5	8.8	26.8	100

출처: 임강택 · 이강우(2016) 재인용.

한 우리 기업의 신규 진출이 금지됐다. 하지만 그 이전부터 개성공단에 실제 입주하는 기업은 감소하는 추세를 보여 왔다. 2007년까지 85개 기업이 입주했으나, 이명박 정부 출범 이후 현저히 감소해 2008년에는 7개, 2009년에는 14개, 이후 2010년 5 · 24 조치 이전까지 5개 기업만 추가로 입주하는 데 그쳤다. 결과적으로 2016년 폐쇄 이전까지 총 125개 기업이 입주했고, 분양받은 기업 중 나머지 97개 기업의 실제 입주는 이뤄지지 않았다.

2010년 3월 북한에 의한 천안함 폭침으로 정부는 '5 · 24 조치'를 발표하고 남북 경제 협력은 경색 국면으로 접어들었지만, 5 · 24 조치에도 불구하고 개성공단

표 3-5-5 남북교류협력 사업 현황

(단위: 건)

구분			1991~2001	2002	2003	2004	2005	2006	2007	2008	2009	2010	2011	2012	2013	2014	2015	계
경제	민간 경협		16	1	2	6	10	4	6	9	1	19	–	–	19	–	–	93
	개성공단	승인	–	–	–	17	26	15	163	53	10	6	1	6	5	3	3	308
		신고	–	–	–	–	–	–	–	–	12	11	18	22	10	2	7	82
사회문화			23	7	13	16	47	26	19	3	–	1	1	–	–	1	2	159
계			39	8	15	39	83	45	188	65	23	37	20	28	34	6	12	642

주: 정부 승인건을 기준으로 함.
출처: 통일부 홈페이지 통계자료(www.unikorea.go.kr).

인 방북 허용 등 유연성을 보였다.

사업 및 순수 인도적 지원사업은 지속할 수 있도록 허용했다. 박근혜 정부 시기에는 경색 국면이 더욱 심화됐다. 개성공단의 가동이 중단되는 등 남북 간의 직접적인 경제 협력의 규모와 내용이 중단 혹은 축소됐다.

개성공단을 포함한 남북 간의 경제 협력 현황을 살펴볼 수 있는 교역액을 보면, 1989년~2002년 기간 3,571백만 달러 수준에서 노무현 정부 기간인 2003년~2007년까지는 5,625백만 달러, 이명박 정부 기간에는 9,096백만 달러, 박근혜 정부 3년 기간(2013~2015)에는 6,193백만 달러 수준이었다. 흥미로운 것은 노무현 정부 기간에는 반입액보다 반출액의 비중이 더 높은 반면, 이명박 정부와 박근혜 정부 시기에는 반출액보다 반입액의 비중이 더 높아 정책 기조에 분명한 차이가 나타났다. 이러한 대북 강경정책은 남북 관광협력사업 현황에서 2009년 이후 왕래 관광객이 전혀 없는 것으로도 확인된다.

표 3-5-6 남북 교역액 현황

(단위: 백만 달러)

구분	1989~2002	2003	2004	2005	2006	2007	2008	2009	2010	2011	2012	2013	2014	2015	계
반입	2,066	289	258	340	520	765	932	934	1,044	914	1,074	615	1,206	1,452	12,411
반출	1,505	435	439	715	830	1,033	888	745	868	800	897	521	1,136	1,262	12,075
계	3,571	724	697	1,056	1,350	1,798	1,820	1,679	1,912	1,714	1,971	1,136	2,343	2,714	24,485

출처: 통일부 홈페이지 통계자료(www.unikorea.go.kr).

표 3-5-7 남북 관광협력사업 현황

(단위: 명)

구분		1998~2000	2001	2002	2003	2004	2005	2006	2007	2008	2009~2015	계
금강산 관광	해로	371,637	57,879	84,727	38,306	449	–	–	–	–	–	552,998
	육로	–	–	–	36,028	267,971	298,247	234,446	345,006	199,966	–	1,381,664
	합계	371,637	57,879	84,727	74,334	268,420	298,247	234,446	345,006	199,966	–	1,934,662
개성 관광		–	–	–	–	–	1,484	–	7,427	103,122	–	112,033
평양 관광		–	–	–	1,019	–	1,280	–	–	–	–	2,299

출처: 통일부 홈페이지 통계자료(www.unikorea.go.kr).

2 관련 제도 및 거버넌스

남 · 북한 간의 경제 협력은 분단 이후 1960년대까지 거의 이뤄지지 못하다가, 1970년대와 1980년대에 들어서 남북경제회담 등의 개최를 통해 전환기가 마련됐다. 1971년 8월 12일 남북적십자회담 이후 '남북조절위원회'[2]를 통해 경제인 및 물자 교류가 이뤄져 분단 이후 처음으로 화해의 국면을 맞았다. 1980년대 후반에는 동구 사회주의 체제가 붕괴되고 냉전 체제가 해체되는 국제 관계의 변화 속에서 남 · 북한의 교류도 새로운 국면으로 전환됐다. 1988년 7월 7일 이른바 '7 · 7 선언'[3] 이후 근본적인 정책 변화를 위해 '대북 경제 개방 조치(1988)', 「남북교류협력에 관한 법률」(1990), 「남북협력기금법(1990)」 등 남북 경제 협력을 기본으로 하는 관계 법령들이 제정됐다. 경제 협력을 위한 제도적인 기반들이 마련된 것이다.

이후 1993년 3월 북한이 '핵확산금지조약(NPT)'을 탈퇴함에 따라 남북 경제 협력이 일시 중단되기도 했으나, 큰 틀에서 남북 경제 협력은 지속적으로 유지돼 왔다. 2010년 6월 15일에는 김대중 대통령과 김정일 국방위원장의 남북정상회담 결과 '6 · 15 남북공동선언'[4]이 발표돼 이른바 햇볕정책이 본격화되고 남북 경제 협력이 강화됐다.

---

2) '남북조절위원회'는 1972년 7월 4일 발표된 남북공동성명에 따라 자주적 평화통일 실현, 남북 간의 정치적 교류, 경제 · 문화 · 사회 교류 및 협력, 긴장 완화 · 군사적 통일 방지 등의 구체적인 추진을 위한 남북한 협의기구로서 추진됐다. 그러나 3차례에 걸친 본회의에도 불구하고 남북한의 연석회의 방식에 대한 합의점을 찾지 못한 채 유명무실해졌다(노중선, 2000).

3) '7 · 7 선언'은 당시 노태우 대통령이 '민족 자존과 통일 번영을 위한 특별선언'을 일컫는 것으로, 북한과의 관계를 동반자 관계로 발전시키는 것을 골자로 한다. 남북한이 상호 교류를 통해 사회 · 경제 · 문화 부문에서 공동체로 통합하고 이를 바탕으로 통일을 추진한다는 것이다. 주요 내용으로는 ① 남북한 동포 간의 상호 교류 및 해외동포들의 자유로운 남북 왕래, ② 이산가족 교신 · 상호 방문 주선, ③ 남북한 간 물자 거래 · 문호 개방, ④ 비군사물자에 대한 우방국과 북한과의 교역 동의, ⑤ 남북 간 대결외교 지양 및 국제무대 협력, ⑥ 북한은 미국 · 일본, 한국은 중국 · 소련과의 관계 개선 등의 내용이 포함됐다(경향신문, 1989. 7. 7; 두산백과).

4) '6 · 15 남북공동선언'은 분단 55년 만에 남북의 최고위급 회담이 개최돼 5개 항의 합의 내용을 도출한 것을 주요 내용으로 한다. 6 · 15 남북공동선언 이후 이산가족방문단 교환, 남북장관급 회담, 남북 경제협력추진위원회의 구성 등이 이뤄졌으며, 남북 분단으로 단절됐던 경의선과 동해선 연결을 위한 복원공사가 추진됐다(김근식, 2006).

남·북한 경제 협력에 관해 규정하는 법률로는 1990년 8월에 제정된 「남북교류협력에 관한 법률(이하 남북교류협력법)」[5], 「남북협력기금법」[6] 이후 2005년 12월 「남북 관계 발전에 관한 법률(이하 남북관계발전법)」이 제정돼 남·북한의 기본적인 관계와 남북 관계 발전 원칙들을 규정하고 있다.

「남북교류협력법」은 남북 경제 협력의 기반이 되는 법률로서, 금강산 관광·개성공단 사업 등 남북한 간의 굵직한 경제협력사업이 추진될 때마다 관련한 규제와 절차를 간소화하는 방향으로 개정됐다. 또한 남북경제협력사업 증진을 위한 재원은 남북협력기금에서 지원할 수 있도록 했다.

「남북관계발전법」[7]은 남북 경제 협력 활성화를 위한 제도적 기반과 남북 공동의 경제적 이익을 증진시키는 것을 목적으로 하고 있으며, 평화 통일 추구·국민적 합의를 바탕으로 한 남북 관계 발전을 기본 방향으로 하고 있다. 남북관계발전법에서는 북한을 국가가 아닌 통일을 지향하는 대상으로서 국가 간 거래 관계가 아닌 민족 간의 거래를 명시했다. 즉, 통일을 지향하는 과정에서 잠정적으로 형성되는 특수 관계라는 것이다. 이는 남북의 무관세 교역에 관한 국제 사회의 문제 제기를 고려한 것으로 국제 사회의 압박에 의해 남·북한 경제 협력이 위축되는 것을 방지하기 위한 조치였다.

그 밖에 개성공단 정상화를 위해 2013년 '개성공단남북공동위원회'를 구성했고, 2014년에는 '통일준비위원회'가 출범해 민관 협력 거버넌스를 통한 통일 공감

5) 남북교류협력법은 남·북한 간의 왕래·접촉·교역·협력사업·통신 등의 교류를 다루고 있다. 남북교류 제17조에 따라 남북협력사업의 시행 및 변경을 위해서는 협력사업마다 통일부 장관의 승인을 받아야 하며, 제24조에 따라 정부는 남북 교류·협력사업을 시행하는 자에게 보조금을 지급하는 등의 지원을 할 수 있도록 하고 있다. 또한 남북 교류·협력에 관한 정책을 협의하기 위해 통일부 산하에 남북교류협력추진협의회를 두도록 하고 있다.

6) 남북협력기금법은 정부가 남북교류협력법에 따른 남북 교류와 협력을 지원하기 위해 남북협력기금을 설치·운영하도록 규정하고 있다. 기금의 재원은 정부 및 정부 외의 자의 출연금, 장기차입금(다른 기금 및 금융기관 등으로부터의 차입), 공공자금관리기금으로부터의 예수금, 기금운용수익금 등으로 마련한다(제4조).

7) 남북관계발전법은 평화적 통일을 목적으로 한 남·북한의 기본적 관계와 남북 관계 발전의 원칙들을 규정하고 있다. 특히 제7조에서 남북경제공동체 구현을 위한 정부의 책무를 규정하고 있다. 즉, 정부는 민족경제의 균형적 발전을 통해 남북 경제공동체를 건설하고, 남북 경제 협력을 활성화하기 위한 제도적 기반을 구축하는 등 남북 공동의 경제적 이익을 증진시키기 위한 시책을 시행해야 한다. 또한 제12조는 정부가 관련된 책무를 이행하기 위해 필요한 재원 확보에 노력할 것을 규정하고 있다.

대 확산 활동을 전개했다. 그러나 4 · 5차 핵실험, ICBM 발사 등 잇따른 북한의 도발과 이에 따른 유엔 안보리 결의 등으로 남북한 경제 협력은 크게 위축됐다. 2016년 2월 개성공단이 전면 중단 · 철수됐고, 동해선을 이용한 출입 통행도 전면 중단됐다. 정부의 북한산 물품의 위장 반입 차단 활동도 강화됐고, 석탄 · 철 · 철광 수출 및 항공유 등의 대외 교역 차단 조치가 취해졌다. 북한 기항 1년 이내 외국 선박 및 북한 선박의 국내 입항이 금지됐으며, 남북 항로 운항 또한 금지됐다(통일부, 2017).

제 3 절 경제개발구

1 현황 및 특징

1) 경제개발구 개발 과정 및 연혁

북한은 2013년 3월 노동당 중앙전체회의를 통해 경제개발구 설치를 의결했다. 김정은은 원산지구와 칠보산지구를 비롯해 관광지구를 개발해 자체의 실정에 맞는 경제개발구들을 특색 있게 발전시켜야 한다고 말하면서 관광 중심의 경제개발구 설치를 독려했다(동북아신문, 2013.3.22). 관광에 초점을 뒀지만 요지는 북한이 김정은 체제로 들어서면서 경제를 활성화하기 위해 경제특구를 활용하려는 것임을 알 수 있다. 북한은 2013년 11월 신의주 특수경제지대를 비롯해 13개의 경제개발구를 지정했는데, 경제개발구 4개, 공업개발구 3개, 농업개발구 2개, 관광개발구 2개, 수출가공구 2개 등이다.

2014년 7월 23일 조선중앙통신에 따르면 북한 당 지도부는 평양시, 황해남도, 남포시, 평안남도, 평안북도의 일부 지역들에 경제개발구들을 내오기로 결정했다(연합뉴스, 2014. 7. 23). 기존의 13개 경제개발구를 비롯해 6개의 경제개발구를 추가한 것이다. 이로써 북한의 경제특구는 라선경제무역지대, 황금평 · 위화도경제지대, 신의주국제경제지대와 19개 경제개발구가 됐다. 그 밖에 개성공업지구와 금강산국제관광특구가 포함되나 앞서 언급한 바와 같이 남·북한 관계에 의해 운영이 폐쇄됐다.

19개의 경제개발구는 1도(道) 1특구의 방침에 따라 지역 환경에 맞는 비교 우위산업을 선정해 지역경제 발전과 함께 주민 소득의 증대, 지역 균형 발전을 목적으로 하고 있다. 북한의 경제개발구(특수경제지대)는 일반적으로 7개의 유형으로 분류된다. 구체적으로 무역형, 공업형, 공업무역결합형, 종합형, 과학기술형, 금융형, 관광형이다. 또한 규제 완화 방식에 따라 자유항, 자유무역지대, 보세구, 수출공업가공구, 자유변강구, 중개구(중개항), 과학기술개발구, 종합형 특수경제지대 등으로 구분될 수 있다(김은순, 2014).

2) 주요 현황

앞서 언급한 바와 같이 북한은 2013년 11월 13개 지방급 경제개발구를 지정했다. 관련법의 개정을 통해 지방의 도(직할시)인민위원회가 일정한 역할을 하는 경제개발구가 창설된 것이다. 13개 경제개발구의 세부 내용을 살펴보면 다음과 같다.

표 3-5-8 13개 지방급 경제개발구 현황

개발구명	유형(유치 업종)	협력 방식	총 투자액	규모
압록강경제개발구	경제개발구 (현대농업·관광휴양·무역)	합영 또는 단독	2.4억 달러	약 6.6㎢
만포경제개발구	경제개발구 (현대농업·관광휴양·무역)	합영	1.2억 달러	약 3㎢
위원공업개발구	공업개발구 (광물자원·목재 가공·기계설비 제작·농토산물 가공 등)	합영 또는 합작	1.5억 달러	약 3㎢
신평관광개발구	관광개발구 (유람·휴양·체육·오락 등)	합영 또는 단독	1.4억 달러	약 8.1㎢
송림수출가공구	수출가공구 (수출 가공·창고 보관·화물 운송)	합영 또는 단독	0.8억 달러	약 2㎢

현동공업개발구	공업개발구 (정보산업 · 경공업 · 관광기념품)	합영 또는 단독	1.0억 달러	약 2㎢
흥남공업개발구	공업개발구 (보세 가공 · 화학 · 건재 · 기계설비)	합영 또는 단독	1.0억 달러	약 2㎢
북청농업개발구	농업개발구 (과수 · 과일 종합 가공 · 축산)	합영 또는 단독	1.0억 달러	약 3㎢
청진경제개발구	경제개발구 (금속 가공 · 기계 제작 · 건재 · 전자부품 · 경공업 · 수출 가공 · 중계 수송)	합영 또는 단독	2.0억 달러	약 5.4㎢
어랑농업개발구	농업개발구 (농축산 · 양어 · 연구개발기지)	합영 또는 단독	0.7억 달러	약 4㎢
은성섬관광개발구	관광개발구 (골프장 · 수영장 · 경마장 · 민속음식점 등)	합영 또는 단독	0.9억 달러	약 1.7㎢
혜산경제개발구	경제개발구 (수출 가공 · 현대농업 · 관광휴양 · 무역 등)	합영 또는 단독	1.0억 달러	약 2㎢
와우도수출가공구	수출가공구 (수출 지향 가공조립)	합영 또는 단독	1.0억 달러	약 1.5㎢

출처: 배종렬(2013).

그림 3-5-2 북한 경제개발구 위치

출처: 연합뉴스. 2013년 11월 21일자 보도 자료.

2 관련 제도 및 거버넌스

2013년 5월 29일에 제정된 「경제개발구법」은 북한 전역에 경제특구를 확대한다는 방침을 담고 있다. 북한의 경제특구정책이 과거 김정일 체제와는 다른 새로운 단계로 발전했으며, 중국의 경제특구 전략 점－선－면 확산 정책과 일정한 흐름을 같이하는 것으로 볼 수 있다(유욱, 2013). 경제개발구법의 제정은 경제특구의 전국적 확산을 가능하게 하는 법적인 기반이 되고, 특정 지역이라는 한계를 넘어 전국적 확산이 가능하게 한다는 데 의의가 있다. 북한의 경제개발구가 라선지대로 지정된 지 약 22년이 경과한 시점에서 중국의 경제특구 흐름과 유사하게 확산되고 있는 경향을 확인할 수 있다.

북한 경제개발구 지역을 선정하는 원칙(경제개발구법 제11조)은 ① 대외경제협력과 교류에 유리한 지역, ② 나라의 경제 및 과학 기술 발전에 이바지할 수 있는 지역, ③ 주민 지역과 일정하게 떨어진 지역, ④ 국가가 정한 보호구역을 침해하지 않는 지역을 기준으로 선정한다. 지역 선정의 원칙에서 볼 수 있듯이 경제개발구를 통해 투자 유치 및 대외경제 활성화를 추진하되, 주민들과의 접촉을 피하겠다는 것이다.

경제개발구법에 따른 북한 경제특구는 지방급과 중앙급으로 구분된다. 경제개발구 창설을 위해서는 각급 지도기관에 창설 신청 문건을 제출해야 한다. 지방급 경제개발구 창설 신청은 해당 도(직할시)인민위원회가 중앙 특수경제지대 지도기관에 제출해야 하고, 이 경우 도(직할시) 내의 해당 기관들과 합의 내용을 제출하도록 하고 있다. 반면 중앙급 경제개발구의 신청은 정해진 절차에 따라 사업 수행기관이 작성해 중앙 특수경제지대 지도기관에 제출한다. 즉, 지방급 경제개발구는 중앙기관과 협의를 거치지 않고, 지방의 기관들과 합의를 통해 창설이 가능하다는 것이다.

중앙의 특수경제지대 지도기관은 경제개발구를 관리하는 최고의결기구로서, 다음의 사업을 관장한다(경제개발구법 제33조). ① 경제개발구와 관련한 국가의 발전전략안 작성, ② 경제개발구와 관련한 다른 나라 정부들과의 협조 및 투자 유치, ③ 경제개발구와 관련한 위원회・성・중앙기관들과의 사업 연계, ④ 관리

기관의 사업 방조, ⑤ 경제개발구 기업 창설 심의 기준의 검토 및 승인, ⑥ 경제개발구의 세무관리, ⑦ 이 밖에 국가가 위임한 사업 등이다.

지방에서 경제개발구를 관할하는 도(직할시)인민위원회는 소속 경제개발구와 관련해 다음의 사무를 관장하고 있다(경제개발구법 제34조). ① 관리기관의 조직, ② 경제개발구법규의 시행세칙 같은 경제개발구사업과 관련된 국가관리 문건의 작성과 시달, ③ 관리기관의 사업 방조, ④ 경제개발구의 관리와 기업에 필요한 지원, ⑤ 이 밖에 국가가 위임한 사업 등이다.

북한은 경제개발구의 기반 시설인 건물, 도로, 전기, 통신 등의 계획은 경제개발구 관할 도(직할시) 인민위원회에서 작성하도록 했다. 경제개발구 운영을 위한 기반 시설을 지방의 특성과 자율에 맡겨 운영하겠다는 전략이다. 또한 외국인

표 3-5-9 북한 경제개발구법의 주요 내용

구분		주요 내용
제1장	경제개발구법의 기본	제5조(투자가에 대한 특혜), 제6조(투자 장려 및 금지, 제한 부문), 제7조(투자가의 권리와 권익 보호), 제8조(신변 안전의 보장) 등
제2장	경제개발구의 창설	제11조(경제개발구의 지역 선정 원칙), 제12조(경제개발구와 관련해 제기된 문제의 처리), 제13조(해당 나라 정부의 승인과 그 정형 통지)
제3장	경제개발구의 개발	제19조(경제개발구의 개발 원칙), 제22조(개발계획의 작성과 승인), 제24조(토지임대차계약), 제25조(토지 임대 기간 및 임대 기간 연장), 제29조(토지이용권과 건물의 매매, 재임대가격), 제30조(토지이용권, 건물소유권의 등록) 등
제4장	경제개발구의 관리	제31조(경제개발구관리기관), 제32조(경제개발구의 관리 원칙), 제33조(중앙특수경제지대 지도기관의 사업 내용), 제34조(도(직할시)인민위원회의 사업 내용), 제35조(관리기관의 구성과 책임자), 제36조(관리기관의 사업 내용), 제37조(관리기관의 예산편성과 집행)
제5장	경제개발구에서의 경제 활동	제42조(종업원 월 노임 최저 기준의 제정), 제45조(기업소득 세율), 제47조(외화・이윤・재산의 반출입), 제48조(지적소유권의 보호), 제50조(인원, 운수 수단의 출입과 물자의 반출입 조건 보장) 등
제6장	장려 및 특혜	제52조(토지 이용과 관련한 특혜), 제53조(기업소득세의 감면), 제54조(재투자분에 해당한 소득세 반환 특혜), 제55조(개발기업에 대한 특혜), 제56조(특혜관세제도와 관세면제 대상), 제57조(물자의 반출입신고제) 등
제7장	신소 및 분쟁 해결	제59조(신소와 그 처리), 제60조(조정에 의한 분쟁 해결), 제61조(국제중재에 의한 분쟁 해결), 제62조(재판에 의한 분쟁 해결)

출처: 유욱(2013).

투자 유치를 위한 방침으로 평양시, 라선시 등 자국에서 시행하는 설명회를 비롯해 각국의 전람회·전시회·박람회에 참여해 대외 홍보와 외자 유치를 추진했다(송진행, 2015 재인용). 북한의 외자 유치를 위한 대외 개방은 중국과 유사한 모습을 보이며, 특정하게 지정된 지역만을 대외 개방하는 전략을 취하고 있다.

경제개발구법 제3조(관리 소속에 따르는 경제개발구의 구분)을 보면, 국가는 경제개발구를 관리 소속에 따라 지방급 경제개발구와 중앙급 경제개발구로 구분해서 관리한다고 하고 있다. 이는 이전의 법과는 구별되는 것으로 지방정부 차원에서 개발하는 경제개발구의 설치 근거를 마련한 것이다. 경제개발구법 제정 이전의 경제특구 관련 법으로 개성공업지구법이나 금강산국제관광지구법, 신의주특별행정구법 어디에도 도(직할시)인민위원회가 어떠한 역할을 해야 한다는 근거나 조항이 없었기 때문이다. 다만, 라진-선봉 자유무역지대의 관계법(라선경제무역지대법)에서는 도(직할시)인민위원회가 시행세칙을 통해 노동력을 보장한다는 제한적인 사무가 부여됐다.

표 3-5-10 북한 대외경제 부문 관련 법규 수 변화

대외경제 부문 관련 주요 법규	개정 전(2012)	개정 후(2014)
외국인 투자 부문에 직접 적용되는 규정	16개 법규	14개 법규(2개 감소)
대외경제사업 관련 법규	30개 법규	26개 법규(4개 감소)
특수경제지대 관련 법규 (경제개발구, 라선특구, 금강산관광특구 등)	8개 법규	24개 법규(16개 증가)
계	54개 법규	64개 법규

출처: 임호열(2015).

2013년 경제개발구법의 개정 이전과 이후를 비교해 북한의 대외경제 관련 법규 수를 살펴보면 외국인 투자에 직접 적용되는 법규정은 개정 이전에 16개에서 이후 14개로 오히려 감소했고, 대외경제사업 관련 법규도 30개에서 26개로 감소했다. 반면 특수경제지대 관련 법규는 2012년 8개 법규에서 2014년 기준 24개로 증가했다(임호열, 2015).

제 6 장

각국 경제특구의 시사점

개 관

제6장에서는 앞서 살펴본 각국의 경제특구를 종합하고 그 시사점을 도출한다. 다만 북한 사례는 경제 체제 및 환경의 차이로 시사점 도출에서 제외했다. 그 구체적인 내용은 다음과 같다.

첫째, 경제특구의 입지를 선정하고 개발하는 데 전략적인 접근이 필요하다. 선택과 집중이라는 관점에서 외국인 투자 유치에 필요한 국내 자원을 전략적으로 이용해야 한다.

둘째, 중앙정부 차원의 강력한 지원과 정치적 지지가 필요하다. 한국 경제자유구역은 각국 경제특구와 경쟁 관계에 놓여있다고 볼 수 있다. 비교 우위의 자원을 통해 투자 실적을 제고하기 위해서는 단일 지방정부의 노력으로 접근하기 어려운 것이 많기 때문에 이에 대한 지원이 필요하다.

셋째, 경제특구 운영 거버넌스가 효율적인 것이어야 한다. 아일랜드나 싱가포르 사례에서 보듯이 자국의 실정에 부합하면서 국제시장을 무대로 효율적인 비즈니스를 할 수 있는 거버넌스가 필요하다.

넷째, 투자 유치기관의 전문성이 높아야 한다. 다섯째, 인센티브의 적절한 규모와 범위 설정이 필요하다. 인도의 경우와 같이 무분별한 인센티브는 국내 시장에 악영향을 미칠 수 있다.

여섯째, 외국인 정주 여건이 다국적기업의 중요한 투자 기준이 되고 있어, 이에 대한 국가적 차원의 전략이 필요하다.

앞서 살펴본 중국, 인도, 폴란드, 아일랜드, 싱가포르의 경제특구는 각각 나름대로 특색을 가지고 성장 발전했다. 먼저 중국의 경우, 국가 최고지도자의 리더십 등 중앙정부의 적극적인 정치적 지지, 단순 공업특구를 벗어나 교육, 주거, 금융 기능의 종합적 거점 개발 방식, 외국 기업을 유인하기에 충분한 내수시장, 연안지역에서 내륙으로 확대해 나가는 입지 전략, 세금 감면·토지 무상 제공, 정주 여건 조성을 위한 외국인 학교 설립 등 충분한 인센티브를 들 수 있다.

폴란드는 넓은 배후시장과 이를 활용하기 위한 국경지대 입지 전략, 중국과 같은 지역거점적·종합적인 성격이 아닌 공업단지적 특구 전략, 중앙정부의 적극적인 역할과 경제특구에 대한 사회적·정치적 합의, 내·외국 기업의 차별이 없고 중소기업과의 클러스터 형성을 위한 인센티브 전략을 성공 요인으로 꼽을 수 있다.

싱가포르는 도시국가적 성격으로 경제특구가 외자 유치 전략으로서 활용됐다는 점과 중앙정부의 경제발전청(EDB)에서 강력한 컨트롤 타워 역할을 했다는 것이 성공 요인으로 꼽힌다. 또한 영어에 능통한 노동시장과 안정된 노사관계를 비롯한 안정된 사회적 인프라가 외국 기업의 투자 유치에 용이했다는 평가다.

반면, 인도는 국가 총력적인 지원이 불충분하다는 것과 정치적·국민적 합의가 부족한 상태에서 사업이 추진됐다는 점이 문제점으로 지적됐다. 또한 민간기업 중심의 영세한 공업특구적 성격이 특구의 성과에 장애가 됐고, 인센티브를 국내 기업이 과도하게 독식했다는 한계가 지적되고 있다.

경제특구는 각국의 고유한 역사적·시대적 배경과 처한 상황에 따라 다양한 형태로 유지되고 있으며 그중에서도 성공하는 것과 앞으로 더욱 보완·발전해야 할 것들이 섞여 있다. 따라서 이 책에서는 중국, 인도, 폴란드, 싱가포르의 경제특구에 대한 해외 사례를 검토하고, 해외 사례에 관한 국내 선행 연구를 검토했다. 이를 통해 한국 경제자유구역의 성공 요인을 정리하면 다음과 같이 종합할 수 있다.

첫째, 경제자유구역의 입지를 전략적으로 설계하는 것이 매우 중요하다. 초기 중국 경제특구는 수도에서 멀리 떨어져 있되 홍콩, 대만, 마카오 등 기존 자본주의 체제와 시너지 효과를 낼 수 있는 곳에 입지하도록 했다. 그 성과가 상당히 가시화되기 시작할 때부터는 전략적으로 중국 내륙 개발을 위한 특구를 지정하고 형태도 초기의 경제특구에서 기술개발구, 내륙개방도시 등 다양한 형태로 변화를 보였다. 폴란드의 경우 투자자들이 EU시장을 넓은 배후 시장으로 활용할 수 있도록 하기 위해 경제특구의 위치를 국경 지역을 따라 선정해 배후지 효과를 보고 있다. 반면 한국의 경우는 선택과 집중이 되지 못하고, 너무 여러 곳을 경제자유구역으로 지정하고 사업 내용도 중복이 많다는 비판이 있다.

둘째, 중앙정부 차원의 강력한 지지와 정치적 지원이 있어야 하며, 때때로 시의적절한 정책적 판단이 선행돼야 한다. 중국 경제특구의 설계와 시행 과정을 보면 덩샤오핑(鄧小平)과 같은 탁월한 지도자에 의한 강력한 정치적 지지가 있었기 때문에 성공할 수 있었다. 이에 반해 인도는 특구에 대한 정치적 합의가 부족하고, 개발 자체를 민간에 의해 추진하는 사례도 있기 때문에 특구에 필요한 인프라 시설과 규제 완화를 위한 리더십이 부재하다는 평가를 받고 있다. 오히려 인센티브로 주어지는 세금 감면이 외자 유치의 효과보다는 자국 기업이 다른 지역에서 경제특구로 이전하는 효과를 가져오는 부작용을 초래했다는 평가와 함께 경제특구에 대한 추가적 규제의 움직임까지 있다.

셋째, 정부 내 경제자유구역을 담당하는 기관의 거버넌스 적정성이다. 거버넌스의 핵심은 중앙 차원에서 경제특구를 지원할 전담기관의 문제와 일선 집행기관의 유연한 행정 업무의 문제다. 해외 사례에 관한 선행 연구에서 가장 이상적인 기관으로 거론되는 것은 싱가포르의 경제발전청(EDB)을 들고 있다. 중앙정부기관이되 구성과 운영은 반관반민(半官半民) 형태로 운영되고 있으며, 업무 처리에서 상당한 전문성과 독립성을 가지고 있다. 또한 의결 기능과 집행 기능을 통합한 형태로 운영되고 있다.

넷째, 각 특구에서 투자 유치 실무를 담당하는 기관이나 직원의 역량이 중요한 성과 요인으로 거론되고 있다. 각 특구의 업무를 관할하는 기관(한국은 경제자유구역청)이 중앙정부로부터 또는 지방자치단체로부터 얼마나 독립성과 자율성을 가지며, 직원들의 경우는 얼마나 전문성과 열정을 가지고 있는가가 성과 요인의 중요한 변수다. 중국의 경우 각 특구를 관할하는 기관들은 중앙정부로부터 상당한 자율성을 가지고 운영되고 있으며, 경제특구 개발의 이익의 일부를 현지 운영 재원으로 사용할 수 있기도 하기 때문에 자발적 참여를 보장하는 수단이 되고 있다.

다섯째, 각국의 경제특구들이 투자자에게 줄 수 있는 인센티브와 인센티브를 얼마나 적정하게 배분하는가, 내국 기업과 외국 기업을 차별적으로 대우하는 것이 좋은가에 대한 것이 성공 요인으로 들고 있다. 특히 국내 연구들에 내·외국인 기업 간 차별을 없애는 것을 경제자유구역 활성화의 주요한 요인으로 꼽은 경우가 많았다. 그러나 인도 사례에서 보는 바와 같이 내국인에 대한 인센티브가 때로 외국 기업 유치보다 내국의 다른 지역에 있는 기업이 특구로 들어오는 현상이 심화될 수도 있다. 따라서 성공 요인으로서의 인센티브는 많고 적음의 문제보다 적절성이 중요한 요인이라 할 수 있다.

여섯째, 경제자유구역의 정주 여건도 매우 중요한 성공 요인이다. 경제특구가 단순 공업단지 규모를 벗어나 대규모 도시를 형성하고 나아가 지역거점 개발 방식으로 진행됨에 따라 그 지역에 사는 사람들의 종합적 정주 여건이 투자 유치의 중요한 관건이 되고 있다. 외국인을 위한 외국 교육기관, 적절한 의료기관의 존재, 공원이나 쇼핑시설의 적절성 등은 물론 치안 수준, 교통의 편리성 등 총체적인 도시경쟁력이 경제자유구역의 성패를 좌우할 수 있다.

다음의 <표 3-6-1>은 해외 사례의 시사점과 주요 성공 요인을 정리한 것이다.

표 3-6-1 해외 사례의 시사점과 주요 성공 요인

	입지, 인프라	리더십	규제 완화 및 분권	PR 및 행정 지원 서비스	주거환경 및 정주 편의성	기타
중국	• 넓은 내수시장 • 값싼 노동력 • 토지 무상 제공	• 국가주석의 정치적 지지	• 노동제약 규제 완화 • '개발구관리위원회'에 재정권 위임	• 세금 감면	• 외국인학교 설립 장려	• 전담기관의 독립성
싱가포르	• 지정학적 위치로 인한 물류거점	• 외국인 투자 관련 정책의 투명성과 일관성이 잘 유지됨.	• EDB 내 특구 운영의 심의, 의결 기능과 집행 기능 겸비	• IT, BT 등 최첨단산업의 R&D 활동 소요 비용 지원	• 영리 학교법인 허용 • 내, 외국인의 차별적 입학제한 철폐	• 영어 구사 인력 풍부 • 국내 기업에 대한 차별 없음.

	• 안정된 노사관계		• EDB에서 외자 유치 정책 총괄		• 비영리 대학에 대한 보조금 • 외국인의 영주권 및 시민권 획득 용이	
아일랜드	• 언어, 교육 수준 경쟁력 높음. • EU의 배후시장		• 입지를 위한 투자액 기준 완화			• 반관반민 조직으로 탄력적 운영
폴란드	• 동, 서유럽의 중간지대로서 지정학적 위치 • EU의 넓은 배후시장 • 양질의 노동력	• 분야별 앵커(anchor)기업의 활용1)	• 인센티브 상한 내에서 지방정부가 자율적으로 제공	• 투자액 및 고용 창출 효과에 따른 차등적 인센티브 구조		• 국내 중소기업을 연계한 클러스터 전략
인도	• IT 분야 노동력 풍부 • 값싼 노동력 • 언어, 교육 수준 경쟁력 높음.	• 정부재정 악화로 인한 정부 지원 부족 • 정치적 이해관계로 인한 과도한 특구 난립	• 민간개발자의 활용	• 면세 혜택 확대		• 국내 기업의 경제특구 인센티브 악용

출처: 조강주(2012), 정태옥(2013)의 내용을 참조해 재작성.

1) 폴란드 정부는 특구별 주력산업을 정하고 해당 분야의 대표기업을 앵커(anchor)기업으로 유치하는 전략을 구사한다.

제 4 편

한국 경제자유구역의 지배구조 무엇이 문제인가?

제 1 장 경제자유구역 거버넌스(지배구조)
제 2 장 경제자유구역 지배구조 관련 이론
제 3 장 경제자유구역 지배구조의 문제점
제 4 장 경제자유구역 지배구조와 성과와의 관계

제 1 장

경제자유구역 거버넌스(지배구조)

개 관

한국 경제자유구역의 거버넌스는 중앙정부의 경제자유구역위원회와 기획단, 각종 인・허가권을 행사하는 각 부처, 광역지방자치단체 및 의회 기초지방자치단체 및 의회 그리고 일선 집행기관으로서 경제자유구역청 등 다양한 이해관계자가 존재한다. 경제자유구역에 관한 도시 개발, 도시관리, 투자 유치, 행정민원 등 전략 기능부터 단순 행정 업무까지 실질적인 업무를 담당하는 것은 경제자유구역청이다.

하지만 경제자유구역청은 복잡한 지배구조를 가지고 있기 때문에 이해관계자들의 협조 없이는 사업을 추진하는 데 어려움을 겪고 있다. 제1장에서는 경제자유구역의 복잡한 거버넌스를 자세히 살펴보고자 한다. 나아가 지배구조 요인과 성과와의 관계에 대해 인천경제자유구역을 사례로 실증분석하고자 한다.

제 1 절 경제자유구역 지배구조 개요

경제자유구역의 지배구조(거버넌스)는 중앙의 경우 경제자유구역위원회(심의 의결 기능)와 경제자유구역기획단(실무 지원)으로 구성돼 있다. 집행기관은 인천, 부산·진해, 광양만권, 황해, 대구·경북, 동해안, 충북의 7개 경제자유구역청이 있으며, 새만금은 「새만금사업 추진 및 지원에 관한 특별법」 제정 이후 새만금개발청이 담당하고 있다. 새만금개발청의 발족 이후 과거 전북·새만금은 실정법 상의 경제자유구역으로 분류되지 않고 있다.

그림 4-1-1 경제자유구역 추진조직

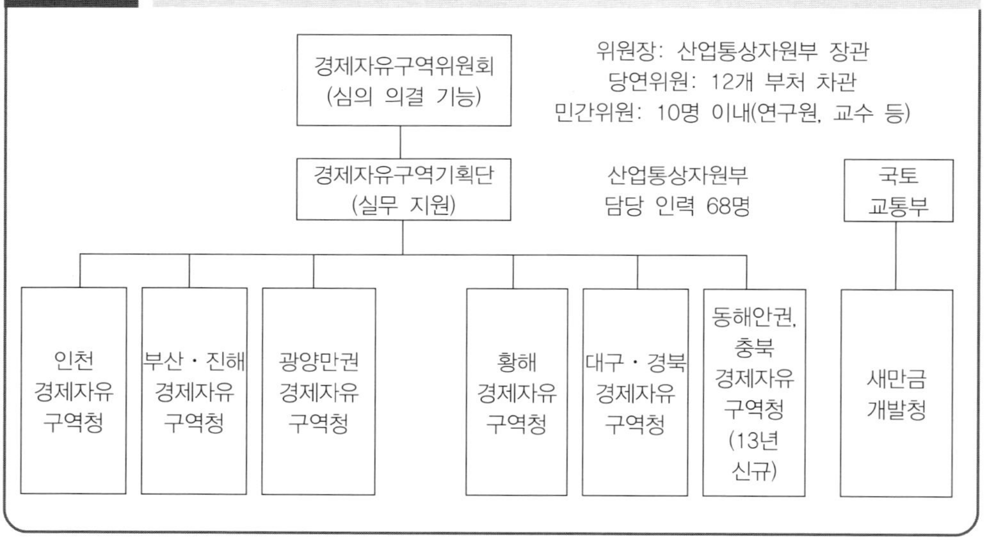

출처: 경제자유구역기획단 홈페이지(http://www.fez.go.kr)의 자료 재구성.

경제자유구역위원회는 경제자유구역 최고의 의사결정기구로서 경제자유구역의 기본 정책에 관한 사항, 경제자유구역의 지정·지정 해제 및 변경, 개발계획 승인, 외국인의 경영 환경 및 생활환경 개선 사항 등을 심의·의결한다. 위원장(산업통상자원부 장관), 당연직 위원(12개 부처 차관),[1] 민간 위촉위원(10명 이

1) 당연직 위원은 기획재정부, 미래창조과학부, 교육부, 외교부, 행정자치부, 문화체육관광부, 농

내) 등으로 구성되며, 산업통상자원부에 소속된 비상설 합의제 행정기관이다.

경제자유구역기획단은 경제자유구역에 관한 실무 업무를 담당하는 상설조직으로 단장을 중심으로 정책기획팀, 지식서비스투자팀, 산업물류투자팀, 개발지원1팀, 개발지원2팀, GCF유치지원팀으로 구성돼 있다. 주요 업무는 경제자유구역에 관한 정책 및 제도의 입안과 기획, 법제 운영, 개발계획 협의, 홍보 및 국제 협력, 경제자유구역위원회의 의안 작성 등 운영 보좌를 담당하도록 돼 있다. 위원회가 비상설이므로 사실상 위원회 업무를 기획단에서 모두 수행한다고 볼 수 있다.

그림 4-1-2 경제자유구역 관련 이해관계집단

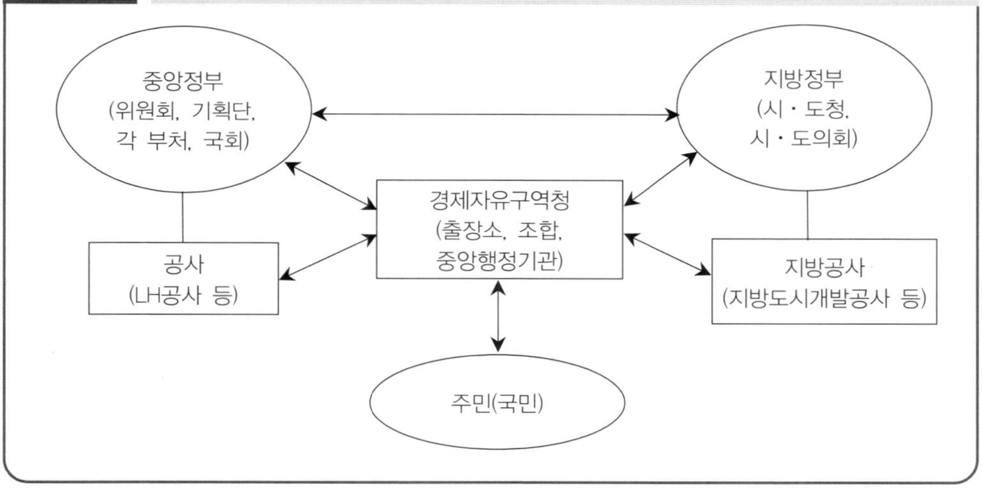

출처: 조강주(2010).

위원회와 기획단은 경제자유구역 정책에 대한 밑그림을 그리는 역할을 하지만, 경제자유구역의 개발, 투자 유치 등에 관한 사항은 실질적으로 각 지자체가 주도한다. 그런데 복수 지자체 구역에 걸쳐 있는 부산 · 진해, 광양만권, 대구 · 경북 등 3개 경제자유구역은 개발과 투자 유치를 탄력적으로 추진하기 어려운 구조적인 문제를 가지고 있다. 투자 유치와 행정 지원을 전담하는 경제자유구역

림축산식품부, 보건복지부, 환경부, 고용노동부, 국토교통부, 해양수산부 차관으로 구성된다. 위촉위원은 노동 · 환경 · 외국인 투자 · 물류 · 도시정책 등 경제자유구역 관련 분야 전문가 중에서 위촉하도록 돼 있다.

표 4-1-1 경제자유구역위원회와 경제자유구역기획단 주요 업무

	주요 업무
경제자유구역 위원회	1. 경제자유구역에 관한 기본 정책과 제도에 관한 사항 2. 경제자유구역의 지정, 지정 해제 및 변경에 관한 사항 3. 경제자유구역 개발계획에 관한 사항 4. 경제자유구역에서 외국인 투자기업이 사업하는 데 필요한 행정 서비스의 지원에 관한 사항 5. 경제자유구역의 개발에 관한 사항 6. 경제자유구역과 관련해 중앙행정기관의 장 및 시 · 도지사와의 의견 조정에 관한 사항 7. 그 밖에 경제자유구역의 지정 · 운영에 관해 필요한 사항으로서 대통령령이 정하는 사항
경제자유구역 기획단	1. 경제자유구역에 관한 정책 및 제도의 입안 · 기획 2. 경제자유구역에 관한 법제의 운영 3. 경제자유구역의 개발계획 협의 4. 경제자유구역위원회의 의안 작성 등 운영 보좌 5. 경제자유구역과 관련된 자료의 조사, 홍보 및 국제 협력 등

출처: 경제자유구역단 홈페이지(http://www.fez.go.kr)의 자료를 정리.

그림 4-1-3 경제자유구역기획단 조직도

출처: http://www.fez.go.kr/_html/pofez/organization.jsp(검색일 2015년 12월 10일).

청이 '자치단체조합'이라는 느슨한 지배구조로 돼 있기 때문이다.

경제자유구역기획단은 산업통상자원부에서 경제자유구역에 관한 실무 업무를 담당하는 상설조직으로 단장을 중심으로 정책기획팀, 지식서비스투자팀, 산업물류투자팀, 문화관광투자팀, 개발지원1팀, 개발지원2팀으로 구성돼 있다. 주요 업무는 경제자유구역의 운영과 관련된 시·도와의 실무협의, 경제자유구역의 경영 및 생활 여건 개선을 위한 제도 마련 및 관계 부처 협의, 경제자유구역의 외국인 투자에 관한 관계 부처 협의 및 애로 사항의 해소, 그 밖에 경제자유구역위원회를 효과적으로 보좌하기 위해 필요한 사항을 담당하도록 돼 있다. 위원회가 비상설인 관계로 사실상 위원회 업무를 기획단에서 모두 수행한다고 볼 수 있다.

제 2 절 지배구조 개선에 관한 논의

경제자유구역청의 지배구조 개선에 관한 연구는 학계에서 심도 있는 논의나 학술 연구가 부족한 실정이다. 일부 연구보고서에서 피상적으로 다룬 논의(서울대학교 행정대학원, 2004; 한국행정학회, 2005; 경북대학교, 2009, 한국개발연구원, 2010)와 부처이기주의에 입각해 일부 중앙부처에서 제도화를 검토(재정경제부, 2004; 행정안전부, 2006)한 정도다. 주요 연구에서는 경제자유구역청의 지배구조에 관한 논의로서 특별지방자치단체, 책임운영기관, 공사화 등이 대안으로 거론되고 있으나, 제도의 효율성이나 중앙-지방의 관계, 지방자치 제도 등을 복합적으로 심도 있게 고려하지는 못하고 있다. 여기서는 선행 연구에서 논의됐던 지배구조 문제와 대안에 대해 비판적으로 논의하고자 한다.

먼저, 경제자유구역청의 특별지방자치단체화의 논의가 화두에 선다. 경제자유구역청에 대한 특별지방자치단체화의 논의는 과거 재정경제부에서 실시한 경제자유구역청의 조직 안정화와 투자 유치 활성화 방안을 모색하기 위해 수차례의 연구용역 결과를 토대로 이뤄졌다. 이 연구 결과에서는 경제자유구역청의 투자 유치의 부진 사유를 경제자유구역청 관할 기관의 문제로 보고 있다. 즉, 외자 유치 실적과 개발 속도가 부진하고 조직, 인사, 재정의 자율성을 확보하기 위해서는 특별지방자치단체화를 추진하고 정부의 재정 지원을 확대함으로써 해결해야 한다는 것이다(재정경제부. 2004).

우리나라에서 특별지방자치단체의 유무에 관해서는 「지방자치법」 제2조 제3항의 규정에 따르면, 특정의 목적을 수행하기 위해 특별지방자치단체를 설치할 수 있고, 그에 따른 구체적 사항은 대통령령에 규정토록 하고 있으나, 현재까지 대통령령이 정한 바가 없으므로 우리나라에서 특별지방자치단체는 없는 것으로 봐야 할 것이다.

중앙정부에서 추진하고자 하는 특별지방자치단체는 조직 운영의 비효율성과 개발 속도 지연 등의 문제를 해결하기 위해 현재의 설립, 운영 주체인 지방자치단체의 권한을 배제하고, 경제자유구역청을 독립적인 기구로 전환하는 것이다(국가경쟁력강화위원회, 2008). 즉, 중앙행정기관과 관련 지자체를 설립 주체로 하고 규약으로서 인사, 재정, 조직 등을 구성한다는 것이다. 여기에서 중앙행정기관의 차관급 인사와 지방자치단체 부시장 및 민간위원 등으로 이사회를 구성하고 설립 주체의 추천과 이사회 의결로 구역청장을 선임하는 안을 추진한 바 있다.

그러나 일률적인 특별지방자치단체화는 한계가 있다. 중앙정부는 지난 2005년에도 지방자치법을 개정해 경제자유구역청을 특별지자체로 전환하려 했으나 반대 여론과 2007년 지방자치법 개정의 무산으로 인해 중단한 경험이 있다. 2009년 다시 중앙정부(지식경제부)는 지방자치법은 개정하지 않고 경제자유구역법만을 개정해 특별지방자치단체가 가능하도록 하는 방안을 추진하고자 했으나, 이 역시 무산된 바 있다.

특히 자주적으로 재원을 마련해 사업을 추진하고 있는 인천시의 경우에는 특별지방자치단체화에 대한 반발이 심하다. 그 이유는 특별지방자치단체화 논의가 처음 등장할 당시 재정경제부(2004)의 특별지방자치단체 구상안이 의결기구로서 이사회를 중앙부처 차관급·지자체 부단체장 등으로 구성하고 청장을 이사회 의결로 선임하며, 청 인력을 중앙 및 지자체의 파견 공무원으로 구성하는 등 중앙기관의 간섭 및 통제 강화 측면으로 설계했기 때문이다.

그 밖의 재정경제부(2004)에서 검토한 지배구조 개선안으로는 공사화 방안이 있었으나, 인·허가 및 제도 개선 등 행정관청 기능의 수행이 곤란하므로 배제됐

표 4-1-2 선행 연구의 지배구조 개편 검토

선행 연구	검토 대상
서울대학교 행정대학원(2004)	• 책임운영기관 • 특별지방행정기관
재정경제부(2004)	• 특별지방자치단체 • 공기업 • 중앙정부 직속기관화
경북대학교(2009)	• 책임운영기관 • 특별지방행정기관 • 지방공사 • 특별지방자치단체
한국개발연구원(2010)	• 총리실 주관 거버넌스 • 지자체 주관 거버넌스 • 지자체 외청 형태 • 중앙정부 공단, 공사 형태

출처: 조강주(2012).

고, 중앙정부 직속기관화 방안은 자율화 및 지방분권화 추세에 역행하는 것을 이유로 검토에서 배제됐다.

경북대학교(2009)의 보고서에서는 현행 지배구조에 대한 문제점에서 지방자치단체조합은 책임 소재의 불분명, 조직·운영에 관한 법적 규정 미비, 지자체 간 비협조 등의 이유로 신속하고 효율적인 업무 추진이 곤란할 수 있다고 지적하고 있다. 출장소의 경우에는 특수한 업무를 담당하는 경제자유구역청의 성격에 부합하지 않고, 소속 지방자치단체 파견공무원 형태가 근무 기피 현상을 낳을 수 있다는 점과 지방자치단체의 영향력에 좌우될 가능성이 많아 독립성 확보가 어렵다고 지적했다.

이에 대한 대안으로는 특별지방행정기관과 지방공사, 특별지방자치단체를 제시하고 있다. 먼저 특별지방행정기관은 명령 계통을 일원화해서 효율성을 높일 수는 있으나 지방자치 원리 및 민주성과의 충돌, 지자체와의 업무 중복 등을 문제점으로 지적했다. 지방공사는 경영의 자주성과 합리적·능률적 운영 및 수익성 확보가 가능하다는 장점이 있는 반면, 직원의 신분 문제와 공공성 확보, 서비스 공급 비용의 증가 등을 단점으로 지적했다. 끝으로 특별지방자치단체에 대해서는 지방자치단체 간 갈등의 해소, 광역행정 수요에 대한 용이성, 일반지방자치단체의 능력을 보완, 사무 · 조직 · 재정의 자율적인 운영을 통한 신속한 서비스 제공을 장점으로 지적했다. 결과적으로 경북대학교(2009) 연구보고서에서는 4개의 대안 가운데 특별지방자치단체를 가장 바람직한 대안으로 제시했다.

한국개발연구원(2010)에서는 중앙 차원의 지배구조에서 경제자유구역이 범부처적 차원의 사업 목표를 수립해야 한다는 점에 착안해 현재의 경제자유구역위원회를 총리 주관의 심의 의결기구로 전환하는 것을 검토해 중앙의 기능을 강화하는 대안을 제시했다. 지방 차원의 지배구조에서는 국토부에서 경제자유구역의 지정 및 관리 책임을 지고 지식경제부는 국가 전체적인 외국인 투자 유치 차원에서 지원 및 규제 완화를 담당하며, 지방자치단체가 사업을 주도하는 형태로 대안을 제시했다.

한편 경제자유구역청의 위상에 대해서는 중앙정부의 중기청과 같은 형태로서 조직의 독립성을 인정받을 수 있는 지방자치단체 외청 형태의 조직으로 운영하는 방안을 제시해, 예산 편성 · 집행 · 공채 발행 등의 권한을 부여해야 한다고 주장했다. 2안으로는 중앙정부 산하의 공단 또는 공기업 형태를 제시했다.

선행 연구들을 종합해 보면, 먼저 특별지방자치단체의 논의는 조합 형태의 경제자유구역에 대한 대안으로 적절해 보인다. 그러나 인천과 전북 · 새만금 지역과 같이 단일 광역지방자치단체가 관할하는 경제자유구역에서는 특별지방자치단체의 적용이 어렵다고 판단된다. 공단 · 공기업, 책임운영기관 형태는 운영의 효율성과 시장의 경영 기법 등을 적용하기에 적절한 것으로 평가할 수 있으나, 공공성 및 각종 규제와 인 · 허가 문제가 걸려 있어 적절치 않은 형태다. 그 밖에 특별지방행정기관이나 중앙정부 외청의 형태도 검토 대상에 있으나, 대체로 지방자치단체의 반발이나 지방분권화에 역행하는 방안이라 지양하고 있다.

제 2 장

경제자유구역 지배구조 관련 이론

개 관

앞서 경제자유구역청을 중심으로 한 복잡한 이해관계와 지배구조 개선에 관한 선행 연구들을 살펴봤다. 경제자유구역의 지배구조 개선을 논의하기 위해서는 이론적인 접근이 필요하다. 제2장에서는 경제자유구역 지배구조 관련 이론들을 다양한 시각에서 검토하고자 한다. 구체적으로 거래비용이론, 주인－대리인이론, 이해관계자모형, 차등적 분권이론을 적용해, 경제자유구역의 지배구조를 설명하고 그 문제점과 해법을 살펴보고자 한다.

제 1 절 거래비용이론

거래비용에 대한 논의(Coase, 1960; 1984; Williamson, 1975; 2000, North 1990a; 1990b)에 따르면, 조직은 거래 및 교환에서 발생하는 거래비용과 생산비용을 최소화하기 위해 제도를 내부화하게 된다. '제도의 내부화'란 조직이 시장을 통해 거래를 하는 경우 발생하는 거래비용을 절감하기 위해 시장을 통한 정상적

표 4-2-1 거래비용의 종류

구분	종류
사전 거래비용	–거래 조건에 대한 합의 사항의 작성 및 협상, 이행을 보장하는 비용
사후 거래비용	–거래가 계약 조건 이행 협력에서 벗어나 발생하는 부적합 조정 비용 –사후 부대등(不對等) 관계를 시정하기 위한 협상 비용 –분쟁 관련 비용 –확실한 계약 이행을 위한 보증 비용

출처: 정용덕(1999) 참조.

인 거래보다는 조직 내부에서 이뤄지는 내부 거래를 선호하게 된다는 것이다.

윌리엄슨(Williamson, 1975)은 거래비용이 발생하는 원인을 인간 행동적 요인, 환경적 요인, 기타 파생 요인으로 구분하고, 인간 행동적 요인으로 ① 제한된 합리성, ② 기회주의가 있으며, 환경적 요인으로 ③ 불확실성 및 복잡성, ④ 거래의 소수성, ⑤ 자산 특수성, 기타 파생적 요인으로 ⑥ 정보의 편재성 또는 비대칭이 작용한다고 구분했다(권자경, 2010).

이때 '제도'는 사회구성원들이 서로 편익을 증진할 수 있는 방향으로 교환과 협력이 이뤄지도록 거래비용을 결정하는 요소로서 이해된다(Tsebelis, 1990). 제도는 사회 구성원들 간의 행위의 규칙을 규정해 집합행동의 딜레마나 무임승차의 문제를 해결하기 위해 고안되며, 조직을 둘러싼 제도가 어떠한 형태를 띠는지의 여부는 거래비용의 통제를 통한 효율적인 조직 운영과 연결된다.

2개 이상의 자치단체가 참여해 지방자치단체조합의 형태로 운영되는 경제자유구역의 경우, 참여 지방자치단체 간 파트너십을 거래비용 관점으로 접근할 수 있다. 거래비용이론에 입각하면, 지방자치단체는 조직 내부 자원과 정보의 제한과 불확실성을 이유로 지방자치단체 간 교환 및 거래를 내부화하게 된다. 그러나 지방자치단체 조합의 느슨한 제도에 의해 운영되는 부산·진해, 광양만권 등 4개 경제자유구역청의 경우, 청의 조직이 상이한 정체성을 가지는 인력으로 구성되기 때문에 내부적으로 갈등 양상이 발생하고 있다. 또한 2개 지방자치단체·지방의회에 각각 보고를 해야 하는 절차상의 복잡성 문제도 있으며, 경제자유구역에 대한 목표 불일치로 인한 갈등도 조직의 거래비용을 증가시키는 요인이 될 수 있다.

거래비용 관점에서 이 같은 문제를 해결하기 위해 권자경(2010)은 지방자치단체 간 파트너십을 강조해, 파트너들 간의 서로 이해관계가 일치해야 하고 이를 강제할 수 있는 제도나 규칙의 보완이 필요하다고 지적한 바 있다. 파트너들 간 목표가 일치하고 이를 명확하게 규정하는 제도가 보완되면 파트너들의 기회주의적 행동이 나타날 여지는 적어지고 신뢰적 행동이 유인돼 상생(win－win) 효과가 발생한다는 것이다.

2개 이상의 지방자치단체가 참여하는 경제자유구역 사례의 경제자유구역청 운영에 관한 내용을 지방자치단체 조합에 관한 법률과 각 「경제자유구역조합회의 규정」에 근거하고 있다. 단일 지방자치단체가 운영하는 경제자유구역청이 자치 조례에 근거하고 있는 것과 비교해 파트너십을 위한 강제성이 취약하다. 절차상의 거래비용 측면에서도 조합의 형태에서는 각 지방자치단체와 지방의회에 보고를 하는 절차상의 복잡성을 해결할 방법이 없다. 따라서 거래비용을 감소시키기 위한 제도의 내부화 관점에서 지방자치단체조합은 바람직한 지배구조로 보기 어렵다.

거래비용은 거래당사자 간에 계약의 협상과 이행, 감독하는 데 소요되는 비용이다. 코즈(Coase, 1937)에 의하면, 교환경제에서 조직은 비용을 최소한 절감하려고 하는데, 이때 시장과 조직을 활용해 발생하는 각각의 비용을 비교해, 시장을 활용하는 비용이 더 크면 시장을 활용하지 않고 조직으로 내부화하려는 유인이 생긴다. 거래비용 접근의 내부화 이론에 따르면 조직이 사용하는 지배구조는 조직의 내부에서 과업을 수행하는 비용과 그 과업이 조직의 외부에서 수행될 경우에 거래를 관리하는 비용의 합계를 최소화시키는 지배구조가 돼야 한다.

윌리엄슨(Williamson, 1981)의 거래비용 체계에 거래비용의 환경적 요소는 거래의 소수성과 미래에 대한 불확실성, 자산의 특수성으로 구성된다. 불확실성(uncertainty)은 환경 변화의 예측 불가능성 내지는 복잡성을 말한다. 불확실성은 다시 내부 불확실성과 외부 불확실성으로 구분된다(Anderson & Gatigon, 1986). 내부 불확실성이란 조직이나 조직구성원이 거래자들을 비교해 어떤 거래자와 계약을 체결할지 결정할 능력이 부족할 때 발생하는 문제다. 외부 불확실성이란 외부 환경의 예측 불가능성과 관련된 것으로 제도나 사회환경 등의 요소다.

경제자유구역청이 놓여 있는 내부 불확실성은 먼저 청장 교체에 따른 리더십의 차이를 들 수 있다. 경제자유구역청장은 시·도지사에 의한 임명직이고 고유의 권한이 매우 제한적이기 때문에 청장의 리더십은 지방자치단체장과의 관계에서 인식이 가능하다. 청장이 경제자유구역에 대한 개발·관리·투자 유치 등의 업무 수행에서 독자적인 리더십을 발휘하기 위해서는 자치단체장의 지지가 요구된다. 만약 자치단체장이 청장에게 경제자유구역에 대한 독자적인 지위를 보장하지 않고, 자치단체장이 직접 경제자유구역 관련 업무에 영향력을 행사한다면, 청장의 실질적인 권한과 위상은 저하되며 리더십을 발휘할 여지도 매우 제한적일 수밖에 없다. 이럴 경우 경제자유구역의 조직구성원은 과업을 수행할 때 청장보다는 자치단체장의 의지를 파악하는 것이 우선시되며, 청장의 지위는 의장(意匠)의 역할 정도밖에 될 수 없다. 반면에 자치단체장이 제도의 범위 안에서 청장의 지위를 확보해 주고 재량권을 부여한다면, 청장의 전문성과 역량에 따라 도시개발·투자 유치 등의 성과가 좌우될 수 있을 것이다.

또한 순환보직(파견근무)으로 인한 노하우 축적의 어려움과 계약직 처우 문제로 인한 유능한 인력 확보의 어려움이 있다. 현재 경제자유구역청의 위상은 지방자치단체 출장소 형태다. 따라서 경제자유구역청은 해당 지방자치단체의 지방직 공무원이 파견 형태로 근무하고 있다. 경제자유구역은 2020년 사업이 완료되는 시점까지 개발 단계~관리 단계에 따라 청의 역할이 달라지는 장기 사업이기 때문에 개발~관리 전 단계에 걸쳐 전략적·체계적인 경영을 위한 노하우가 필요하다. 그러나 파견된 공무원들은 일정 기간이 지나면 언제든지 시·도청으로 돌아갈 수 있기 때문에 지속적인 청의 노하우 축적을 어렵게 한다. 한편 경제자유구역청은 외국인 투자 유치 등을 위한 외국어 능력, 마케팅 등 청의 전문성을 확보하기 위해 개방형 임용제를 통한 계약직 공무원을 고용하고 있다. 개방형 임용직의 처우와 짧은 계약 기간은 유능한 인력의 확보를 어렵게 하며, 이 문제는 우리나라 개방형 임용제의 개선 과제와도 관계된다.

외부 불확실성은 경제자유구역의 제도적 환경, 정치·사회환경과 관련된 불확실성이다. 앞서 경제자유구역의 추진 경과에서도 언급했듯이, 경제자유구역은 김대중 정부의 임기 말기에 추진돼 노무현 정부를 거쳐 이명박 정부에 이르고 있다. 경제자유구역 사업이 장기간 이뤄지기 때문에 각 정권에 따라 경제자유구역을 어떤 시각에서 보느냐는 경제자유구역 사업의 법·제도적 지원과 사업재원의 확보에 상당한 영향을 미친다. 김대중 정부는 "동북아 비즈니스 중심국가 건설"이라는 공약을 실천하기 위해 임기 말, 경제자유구역을 지정하고 사업을 지원했다. 노무현 정부에서는 균형 발전을 핵심 공약으로 했기 때문에 경제자유구역법에 균형 발전을 명시하고, 전국 6개 지역에 경제자유구역을 지정했다. 이후 이명박 정부 시기에는 금융 위기, 글로벌 경제 위기 등의 시대적 국면에 직면했으며, 당초 국민소득 4만 달러 시대를 위한 견인차 역할을 제공하고자 했던 경제자유구역에 대한 여론의 관심과 정치적 지지는 쇠퇴하는 경향을 보이고 있다. 이러한 경향은 경제자유구역의 사업 추진을 위한 중앙의 재정 지원과 규제 완화 등의 제도적 지원을 어렵게 하는 요인이 된다.

한편 경제자유구역의 지배구조에서 중앙정부와 지방정부의 협조도 불확실성을 내포하고 있다. 중앙정부는 각종 사업에 대한 인·허가 권한 및 규제 권한을 가지고 있기 때문에 경제자유구역청은 개발사업 및 투자 유치를 위해 각 부처와의 협조 체계를 유지해야 한다. 영리병원의 사례에서도 볼 수 있듯이 외국인 투자 유치와 국민 보건 체계 유지의 가치가 충돌하는 것처럼, 어떤 가치가 더 중요할 것인가의 불확실성과 무엇을 선택할 것인가의 문제는 경제자유구역 사업에 불확실성과 거래비용을 초래한다. 지방정부·의회도 경제자유구역과 관련된 정책 결정에 영향력을 행사하고 있다. 특히 경제자유구역청은 독자적인 재원 확보 구조를 갖추고 있지 않고, 지방정부의 특별회계로 운영되고 있기 때문에 지방정부와 의회의 지지에 따라 운영 재원 확보에 불확실성이 발생할 수 있다.

인간 행동적 요소는 제한된 합리성과 기회주의로 구성된다. 제한된 합리성(bounded rationality)은 제한된 능력 또는 정보로 인해 의사 결정 과정에서 혹은 거래 파트너의 성과 측정에 이성적이지 못하다는 것이다(Williamson, 1981). 이 같은 인간의 제한된 합리성은 불확실하고 복잡한 환경에서 거래를 어렵게 하거나 많은 거래비용을 초래한다. 기회주의(opportunism)는 속임수로 자기 이익을 추구하는 것으로 정의한다. 이러한 행태는 정보를 왜곡하거나, 거래 관련 정보를 제공하지 않거나, 계약 사항을 자신에게 유리하게 해석하는 행위, 책임 회피 등 다양하게 나타난다. 윌리엄슨(O. E. Williamson)을 비롯한 거래비용 이론가들은 인간은 기회주의적 행동이 실행 가능하거나 이익이 발생할 수 있을 때 누구나 기회주의적 행동에 노출되는 경향을 가지고 있다고 한다.

경제자유구역의 대표적인 성과지표라고 할 수 있는 외국인 투자 유치를 위해 경제자유구역청은 어떤 지역에 어떤 산업 및 기업을 유치할 것인지 정보를 습득하고 희망하는 기업들을 평가·비교해야 한다. 그러기 위해서 경제자유구역청은 충분한 역량을 갖추고 있어야 하는데, 출장소 형태의 현 지배구조에서는 제한된 권한과 부족한 재원으로 이를 어렵게 한다. 특히 제한된 권한은 투자 유치 활동을 제약하는 요인이 되기도 한다. 예컨대 투자 유치 희망 기업과의 협상 과정에서 청의 권한 범위를 넘어서는 사업의 인·허가나 규제 완화, 지원 제도 등을 기업이 요구할 수 있다. 특히 세계 유수의 경제특구가 다국적기업 유치를 경쟁하는 상황에서 경쟁력 있는 기업들은 대부분 많은 제도적 지원을 요구하기 마련이다. 이때 청은 해당 중앙부처나 자치단체장에게 이를 보고하고 협조를 얻어야만 하는 거래비용이 발생한다. 또한 제한된 권한 안에서 처리가 가능한 사항만을 요구하는 기업을 물색하는 것은 경제자유구역 투자기업을 최적화하는 데 제한된 합리성을 유발한다.

또 다른 인간 행동적 요소인 기회주의는 두 개 이상의 광역자치단체가 조합 형태로 운영하는 경제자유구역청에서 많이 나타난다. 자치단체조합의 법적 구속력이 현저히 낮고 운영과 관련해 세세한 부분까지 법제화돼 있지 않기 때문에

표 4-2-2 거래비용이론에 따른 경제자유구역의 문제점

구분		주요 내용
불확실성	내부 불확실성	–청장 교체에 따른 리더십의 차이 –순환보직(파견근무)로 인한 노하우 축적의 어려움. –개방형 임용직 처우 문제로 인한 유능한 인력 확보의 어려움.
	외부 불확실성	–정권에 따른 정치권 지지 확보의 불확실성 –글로벌 경제 위기에 따른 해외 투자 유치의 불확실성 –각종 사업에 대한 인·허가 부서의 협조에 대한 불확실성 –지방정부·의회의 협조 및 지지에 대한 불확실성
제한된 합리성		–투자 유치 기업의 물색을 위한 정보 및 역량 부족 –제한된 권한에서의 지원만을 요구하는 기업을 유치
기회주의		–지방자치단체 간 기회주의(조합 형태의 경제자유구역청 해당) –각 부처의 규제 및 사업 인·허가 관련 이기주의

출처: 저자 작성.

자신들에게 유리한 개발사업을 추진하거나 자신들에게 이익이 되지 않는 사업을 반대하려는 기회주의적 행동이 발생할 수 있다. 반면 인천과 새만금과 같이 단일 자치단체에는 이 같은 기회주의에 의한 거래비용은 발생할 여지가 없다.

불확실성은 조직이 수행해야 할 과업의 설정과 수행 방법을 결정하기 어렵게 만드는 요인이 된다. 불확실한 환경 하에서 조직은 내부화를 통해 거래 상대방에 대한 통제력을 발휘하려고 하며, 기회주의를 최소화하려고 한다. 거래비용이론의 관점에서 보면 조직은 경영상의 노하우, 기술, 마케팅 상의 노하우 등의 형태로 된 자산 혹은 무형자산은 시장에서의 거래가 부적절하며 무형의 자산을 매매하는 데 대한 계약 체결의 어려움 등으로 인해 시장의 거래를 내부화하게 된다.

경제자유구역청 역시도 내부 불확실성과 외부 불확실성을 내부화해야 한다. 그러나 현 지배구조에서는 많은 제약이 있기 때문에 지배구조를 개선해 거래비용을 내부화해야 한다. 먼저 순환보직(파견근무), 개방형 임용직의 처우로 인한 내부 불확실성은 청장에게 조직 · 인사권을 부여해 내부화할 수 있을 것이다. 청장의 교체에 따른 리더십의 차이는 시 · 도지사의 인선과 관련된 문제이기 때문에 정치적으로 무능력한 청장을 임명할 수 있다. 따라서 이를 보완할 수 있는 제도가 뒷받침돼야 할 것이다. 현재 법령(시행령 28조)에는 '경제자유구역 관련 업무를 담당한 경력이 있는 자', '도시, 물류 또는 사회기반시설 개발에 경험이 있는 자', '외국인 투자기업 유치 또는 외국 자본 유치에 경험이 있는 자' 가운데 어느 각 호에 해당하는 자를 우선적으로 고려해야 한다고 돼 있으나, 시 · 도지사의 재량이 너무 많기 때문에 전문성 확보 차원으로 적절히 제한할 필요가 있다. 인간행동적 요인에서는 경제자유구역청의 제한된 합리성을 최대한 줄이기 위해 기업지원을 위한 재원 확보, 인센티브 재량의 확대가 필요하고, 각 부처의 이기주의를 극복하기 위한 경제자유구역위원회의 위상이 강화돼야 할 것이다.

제 2 절 주인-대리인이론

주인－대리인이론은 오늘 경제학, 정치학, 행정학, 사회학 등 다양한 분야에서 적용되고 있다. 조직경제학에서의 주인-대리인이론은 로스(Ross, 1973)의 연구와 젠슨과 메클링(Jensen & Meckling, 1976)의 연구에서 비롯된 것으로, 기업의 이해관계자들의 문제는 기업 내의 계약 관계에 의해 이뤄진다는 전제에서 시작된다.

주인-대리인이론은 "주인(위임자)이 다른 당사자(대리인)에게 결정 권한을 위임함으로써 자신들을 대신해 서비스를 제공하도록 맺는 계약"으로 정의된다(Jensen & Meckling, 1976). 주인은 대리인에게 특정 형태의 보상을 지급하는 대신 그들로 하여금 자신을 대리해 서비스를 제공하도록 명시적 혹은 묵시적인 계약(implicit contract)을 통해 고용하며, 대리인은 주인의 이익에 봉사함으로써 약속된 보상을 받는다. 일단 양 당사자가 계약 조건에 합의하면 주인은 대리인에게 결정 권한을 위임한다(김기석, 2000). 주인은 대리인에게 일정 범위의 의사결정권을 계약을 통해 의뢰하는데, 주인과 대리인 간에는 정보의 불균형과 감시의 어려움 등으로 인해 대리인이 주인의 이익 또는 계약에 반하는 역선택(adverse selection)이나 도덕적 해이(moral hazard)의 문제를 야기한다는 것이다.

워터맨과 마이어(Waterman & Meier, 1998)는 주인-대리인이론의 가정을 완화해 관료제와 정치적 환경에 관한 포괄적인 일반이론을 제시했는데, 그들은 기존의 주인-대리인이론에서 상수로 취급돼 온 목표의 갈등과 정보의 비대칭성에 주목했다. 워터맨(R. W. Waterman)과 마이어(K. J. Meier)는 이 두 가지를 변수로 하는 관료제와 정치환경의 관계를 설명할 수 있는 일반적인 이론을 도출했다.

정보 비대칭성(information asymmetry)은 정보가 완전히 갖춰지지 않은 상황으로 일반적으로 과업의 일선에 있는 대리인은 주인에 비해 더 많은 정보를 습득할 수 있으며, 대리인이 주인에게 보고를 하지 않거나 일부러 정보를 은닉할 경우, 주인은 상대적으로 감춰진 특성(hidden characteristics)과 감춰진 행동(hidden action)을 파악할 수 없게 된다(이준구, 1996). 주인과 대리인의 계약 관계에서 정보의 비대칭은 역선택과 도덕적 해이를 야기하는데, 주인은 대리인에게 많은 지식과 능력이 있다고 생각해 대리인에게 필요 이상의 보수를 지급하거나 권한을 부여하게 되는 역선택이 나타날 수 있다. 또한 주인이 대리인의 행동을 관찰할 수 없거나, 대리인과 주인 간 정보 교환이 원활하지 않을 때, 대리인에 의한 도덕적 해이가 나타난다.

또한 젠슨과 메클링(Jensen & Meckling, 1976)은 대리비용이라는 개념을 지적했다. 대리비용은 대리인이 주인의 명령을 확실히 따르도록 하기 위해 주인이 지불해야 하는 비용을 일컫는다. 그들은 대리비용을 대리인의 행동을 감시하기 위해 수반되는 비용, 대리인을 결속시키는 데 드는 비용, 대리인이 기업의 이익에 반하는 행동을 할 때 발생하는 잔여 손실 등으로 구분했다(Fukuyama, 2005: 73-74 재인용).

주인-대리인이론이 민간기업에 대해 비교적 명쾌한 해석을 제공하게 되자, 공공 부문의 행동을 설명하기 위한 이론으로 적용하게 됐다. 민간 부문에서 주인은 주주이고, 대리인은 이사회이며, 고위 경영진은 이사회의 대리인 역할을 수행한다. 공공 부문에서의 주인은 일반 대중이고, 민주국가에서 대리인은 국민이 선출한 대표다. 또한 국회의 입법자는 자신들이 입법한 정책을 시행하는 행정부 소속 공무원들의 주인이 된다.

오늘날 지배구조를 개선하려는 다각적인 노력은, 대리인의 인센티브와 주인의 이익이 최대한 잘 맞아떨어지도록 하기 위한 노력으로 볼 수 있다. 그 노력으로는 대리인의 행동을 잘 감시할 수 있는 방법을 마련하고, 상벌 제도를 통해 대리인의 행동에 책임을 지도록 하며, 적절한 범위의 권한을 정함으로써 대리인의 도덕적 해이를 최소화하는 것이다. 이러한 노력은 주로 제도적·법적 장치를 마련하는 데 집중돼 있다.

그러나 후쿠야마(Fukuyama, 2005)는 주인-대리인이론에서 말하는 인센티브의 재배열 등의 노력을 통한 조직의 최적 형태, 특히 공공기관의 최적 형태는 존재할 수 없다고 주장한다. 그는 세 가지 측면에서 근거를 제시하는데 첫째, 대다수의 조직이 목표가 명확하지 않다는 점이다. 대리인은 주인 자신이 대리인에게 바라는 것이 무엇인지 분명히 인지할 때에만 주인의 의지를 받들 수 있다. 그러나 조직의 목표라는 것은 구성원 간의 복잡한 상호작용을 통해 생성돼 발전하거나, 구성원 각자에게 할당되는 역할에 따라 달라지기도 하기 때문에 매번 대리인이 주인의 의지를 잘 알 수는 없다는 것이다. 특히 조직은 다양한 목표 중 하나를 선호하는 것이 당연하지만, 모든 목표를 동시에 추구할 수는 없다고 주장한다.

둘째, 감시 활동 및 책임과 관련된 공식 시스템은 상당한 거래비용을 야기하거나 내재적 행동이 지닌 특이성(specificity) 부족 때문에 그 시스템의 확립 자체가 불가능하다는 점이다. 이 같은 상황은 공공조직에서 더욱 분명하게 나타나는데, 주인은 비공식적 규범을 통해서라도 대리인의 행동을 통제해야 하지만, 그 경우에도 상당한 거래비용이 발생한다. 따라서 조직이 공식 통제 메커니즘과 비공식 통제 메커니즘 중 어떤 것을 선택하느냐 하는 것은, 조직이 처한 독특한 상황에 달려 있다고 한다.

셋째, 위임 재량권의 적정 수준은 조직이 장기간에 걸쳐 직면하는 내생적 조건과 외생적 조건에 따라 달라진다. 모든 위임에는 능률과 리스크 간의 트레이드오프(trade off)[1] 관계가 불가피하다. 때로는 조직이 리스크 정도와 위임 적정 수준을 결정하기 어려운 상황에 봉착하기도 하며, 동일한 수준으로 위임한다 하더라도 조직마다 그 효과는 다르게 나타날 수 있고, 하물며 시기에 따라서도 효과가 다르게 나타날 수 있다(Fukuyama, 2005: 76−77).

이상에서 살펴본 주인−대리인이론을 경제자유구역에 적용할 때, 경제자유구역의 목표를 무엇으로 볼 것이냐에 따라 두 가지의 주인−대리인 관계가 상정된다. 먼저 경제자유구역을 지역 개발을 통해 지역 경제를 활성화하기 위한 사업이라고 생각한다면, 경제자유구역의 주인은 지역 주민이 되고, 대리인은 지방정부·의회가 된다. 반면 경제자유구역의 목표를 "동북아 비즈니스 중심국가 건설"을 위한 초석으로 여기고 국가적 차원의 경제활성화로 한다면, 경제자유구역의 주인은 국민이 되고, 대리인은 중앙정부·국회가 된다.

그런데 현재 경제자유구역은 이러한 목표의 정립이 모호하다. 「경제자유구역의 지정 및 운영에 관한 특별법」 제1조(목적)에 따르면 경제자유구역은 "(중략) 외국인 생활 여건을 개선하여 외국인 투자를 촉진하고 나아가 국가경쟁력의 강화와 지역 간의 균형 발전을 도모함을 목적으로 한다."라고 하고 있다. 외국인 투자 유치를 촉진해 무엇을 달성할 것인가의 목표 설정이 이중구조다. 국가경쟁력 강화의 측면을 강조한다면, 적어도 법률상 경제자유구역은 국가적 차원의 사업이라고 볼 수 있다. 반면 균형 발전 도모의 측면을 강조한다면, 경제자유구역의 위상은 지역·지방 차원의 사업으로 규정할 수 있다.

현실을 들여다보면, 경제자유구역에 대한 중앙정부 혹은 정치권의 관심은 저

1) trade off: 이 경우에는 능률이 높아지면 리스크 또한 높아지고 능률이 낮으면 리스크도 낮아진다는 뜻이다.

조한 편이다. 영리병원이나 외국 교육기관 인·허가 등의 문제에 당면해서는 여론이나 국회에서 관심을 가지는 편이지만, 경제자유구역 개발에 관한 행·재정적, 정치적 지원은 미비하다. 하물며 경제자유구역위원회의 위상이 강력한 정치적 지원을 받을 수 있는 청와대나 총리실 산하가 아닌 지식경제부 산하의 비상설 기구인 것만 봐도 경제자유구역에 대한 중앙의 지원이 저조하다는 것을 알 수 있다.

실질적으로도 경제자유구역에 관한 개발·관리 등의 문제나 거버넌스에서 지역 언론이나 지역 시민단체, 지역 주민 등이 더욱 적극적으로 관여하고 있다. 이 같은 이유는 경제자유구역이 대규모 부동산 사업을 수반하기 때문으로 판단된다. 인천경제자유구역 같은 경우에도 지역 신문에서 연일 인천경제자유구역청장의 행보나 개발 관련 이슈들을 1면에 보도하고 있다.

경제자유구역이 추구하는 최종적 이상(理想)이 “동북아 비즈니스 중심국가 건설”을 위한 초석이 되는 것이라 하더라도, 1차적으로는 지역 개발 및 발전과 지역 경제 활성화가 수반돼야 할 것이다. 따라서 경제자유구역의 목표와 경제자

그림 4-2-1 경제자유구역 목표의 중첩성과 주인-대리인 문제

	국가적 차원	지역적 차원
목표	동북아 비즈니스 중심국가 건설, 국가경쟁력 강화	지역 개발 및 지역 경제 활성화
주인	국민	지역 주민
대리인	중앙정부·국회	지방정부·의회
복대리인	지방정부	경제자유구역청

출처: 조강주(2012).

유구역청의 미션에서 국가적 차원과 지역적 차원의 이중구조를 발견할 수 있다. 이러한 목표의 중첩성은 경제자유구역의 지배구조에 문제점을 야기하는데, 이를 주인-대리인이론으로 설명할 수 있다.

먼저 국가적 차원에서 접근하면, 경제자유구역은 "동북아 비즈니스 중심국가 건설"을 이상(理想)으로 하고, 외국인 투자 유치 활성화를 통해 국가경쟁력 강화를 도모하는 경제특구사업으로 볼 수 있다. 이 경우 국가경쟁력 강화는 모든 국민이 당사자가 되는 사안이기 때문에 목표와 권한을 부여하는 주인은 국민이 된다. 또한 국민이 선출한 최상위 대리인은 대통령을 위시한 중앙정부와 국회로 볼 수 있다. 그 근거는 경제자유구역 특별법에서도 찾아볼 수 있다. 「경제자유구역의 지정 및 운영에 관한 특별법(이하 경제자유구역법)」 제2장 제3조의 2(경제자유구역 기본 계획의 수립)에서 지식경제부 장관은 경제자유구역의 체계적인 발전을 위해 기본 계획을 수립해야 한다고 명시돼 있어, 경제자유구역이 중앙정부의 계획을 요하는 사업으로 규정하고 있다. 기본 계획의 내용은 경제자유구역의 기본 목표 및 중장기 발전 방향, 개발·외국인 투자 유치에 관한 사항, 차별화된 발전 전략, 입주기업 지원 등에 관한 사항 등이 포함된다.

한편 경제자유구역법은 개발사업의 시행에 관해서는 지방자치단체에 권한을 이양하고 있다. 여기서 복대리인 관계가 성립한다. 중앙정부가 국민으로부터 받은 권한을 지방정부에 일부 이양해 복대리인에 대한 주인이 된 것이다. 복대리인인 지방정부가 이양받은 권한은 경제자유구역 개발계획의 수립과 사업 시행이다. 이때 개발계획은 구체적으로 경제자유구역의 인구·토지 이용·교통 처리·산업 유치·보건의료·교육·복지시설 계획 등 도시계획에 대한 내용이 포함된다.

실질적인 도시계획은 시·도지사에 의하지만 경제자유구역 지정을 위해서는 시·도지사가 개발계획을 작성해 경제자유구역위원회의 심의·의결을 거쳐야 하고, 계획 변경 등의 사항은 지식경제부 장관의 승인을 얻어야 하기 때문에 경제자유구역이 국가적 차원의 계획에 의한 도시 개발임을 재확인할 수 있다.

다음으로 경제자유구역을 지역적 차원으로 인식하고 목표를 지역 개발 및 지역 경제 활성화로 볼 경우, 경제자유구역의 주인은 지역 주민이고 대리인은 지방정부·의회라고 생각할 수 있다. 경제자유구역법에서는 개발사업 시행자에 관한 지정을 시·도지사의 권한으로 위임하고 있다. 즉, 경제자유구역의 단위 사업지구의 개발사업과 관련된 사항은 시·도지사가 결정하는 것이다. 이는 경제자유구역의 지역개발사업적 성격의 근거이기도 하다.

또한 경제자유구역법에서는 경제자유구역의 사무를 처리하기 위한 전담 행정기구를 설치하도록 하고 있는데, 바로 경제자유구역청이다. 경제자유구역청의 사무는 경제자유구역법 제27조(지방자치단체 등의 사무처리 특례)에 의한 사무와 제30조(권한의 위임 및 위탁)에서 중앙행정기관의 장이 경제자유구역법에 따른 권한의 일부를 대통령령에 따라 시·도지사에게 위임한 사무를 포함한다. 즉, 중앙으로부터 위임된 권한 및 사무를 시·도지사의 위임에 따라 경제자유구역청이 수행하는 것이다. 이로써 지방정부·의회와 경제자유구역청 사이에는 또 다른 주인-대리인 관계가 성립하며, 지역적 차원으로 볼 때, 복대리인 관계가 성립된다.

경제자유구역을 지역적 차원으로 접근하면, 지역 개발 및 지역 경제 활성화의 목표 달성을 위해 노력해야 할 대리인은 지방정부·의회다. 그런데 중앙정부에서 경제자유구역에 대한 각종 개발사업(영리병원, 카지노, 외국인 교육기관)의 인·허가권과 규제 권한을 가지고 있기 때문에 경제자유구역에 대한 지방정부·의회의 권한은 매우 제한적일 수밖에 없다. 특히 주인인 지역 주민으로부터 권한의 위임이 발생해야 하는데, 중앙정부 및 국회는 국민 전체의 대리인이기 때문에 지역 주민의 의사나 이익을 정확하게 대변할 위치에 있지 않다. 따라서 경제자유구역을 지역 개발 및 지역 경제 활성화라는 목표를 달성하는 지역적 차원의 사업으로 치부한다면, 현 지배구조의 권한위임 관계는 불합리한 상태에 놓여 있는 것이다.

또한 지방정부·의회와 경제자유구역청의 복대리인 관계에서는 시·도지사가 경제자유구역청장에게 실질적으로 얼마나 많은 자율성과 권한을 부여하느냐에 따라 경제자유구역청의 위상과 역할이 달라진다. 시·도지사가 청장에게 경제자유구역에 대한 의사 결정 과정에 권한과 자율성을 담보한다면, 경제자유구역은 청장과 청의 조직구성원들의 역량에 따라 성과가 좌우될 것이다. 반면, 일선 집행기관으로서의 지위만 주고, 단순한 행정처리 역할만 맡긴다면 경제자유구역청의 역할은 제한적일 수밖에 없다. 양자 간 선택의 문제를 시·도지사의 개인적 성향에만 맡길 수 없고, 경제자유구역은 개발사업·투자 유치 등의 업무에 특별한 전문성을 요하기 때문에 지방정부·의회와 경제자유구역청 간의 바람직한 주인-대리인 관계가 성립하도록 해야 한다. 주인-대리인 관계의 바람직한 형태는 결국 지배구조의 문제로 귀결되며, 주인의 입장에서는 대리인을 감시하기 위한 제도적 장치와 인센티브 구조를 잘 설계해야 한다.

후쿠야마(Fukuyama, 2005)의 주장을 인용하면, 공공조직은 현실적으로 어느 한 가지의 목표만을 설정할 수 없으며, 경제자유구역 또한 국가적 차원의 목표와 지역적 차원의 목표를 모두 달성해야 하는 사업으로 볼 수 있다. 물론 지역 발전을 선(先) 달성하고 그 파급 효과로 국가 전체의 경쟁력을 달성한다면, 국가적 차원의 사업이냐 지역적 차원이냐의 문제는 무의미해질 수 있다. 그러나 대리인의 존재에 따라 권한이 위임되고 그 위임에 따라 최적의 지배구조를 설계해야 한다면, 경제자유구역과 경제자유구역청의 목표를 무엇으로 설정하는가에 대한 논의는 매우 중요한 의의를 갖는다.

경제자유구역의 목표가 무엇인지 명확히 하는 것은 경제자유구역 사업의 주인은 누구이며, 대리인은 누구인지를 분명히 하기 위한 선행 조건이다. 또한 그에 맞는 권한의 위임과 적합한 지배구조가 요구될 것이다. 만약 경제자유구역을 국가적 사업으로 인식하고 중앙정부가 주도해야 할 사업으로 판단한다면, 현행 지배구조에서 지방정부와의 복대리인 관계는 불필요한 행정 업무와 비효율을 발생시킬 수 있다. 따라서 이 경우에 경제자유구역은 중앙행정기관에서 맡는 것이 효율적일 수 있다. 반면 지역적 사업으로 인식한다면, 국민들 대표하는 중앙정부에서 경제자유구역 사업과 관련된 인·허가와 규제 권한을 행사하는 것보다 지역 주민을 대표하는 지방정부·의회가 행사하는 것이 주인의 이익을 더욱 효과적으로 관철시킬 수 있으리라 생각한다. 다만 경제자유구역이 국가적·지역적 차원이라는 이원적인 구조로 판단할 수 있는 사업인가에 대해서는 더욱 신중한 검토가 필요하다.

제 3 절 이해관계자 모형

기업 지배구조에 관한 이론들 가운데 가장 많이 연구되고 있는 이론이 주주

모형과 이해관계자 모형이다. 주주 모형에서는 지배구조를 이사회 내부의 문제로 간주해 지배구조 내 정치는 기껏해야 이사회에서 주주와 경영자가 경영권을 둘러싸고 경쟁하는 '이사회 정치(boardroom politics)'로 간주한다. 반면 이해관계자 모형에서는 기업 내부의 주주, 경영자, 이사뿐만 아니라 기업 외부의 이해관계자들로서 채권자, 소비자, 공급자, 노동자, 정부, 대중의 영향을 받는다는 이론이다(이왕휘, 2006).

그림 4-2-2 주주 모형과 이해관계자 모형

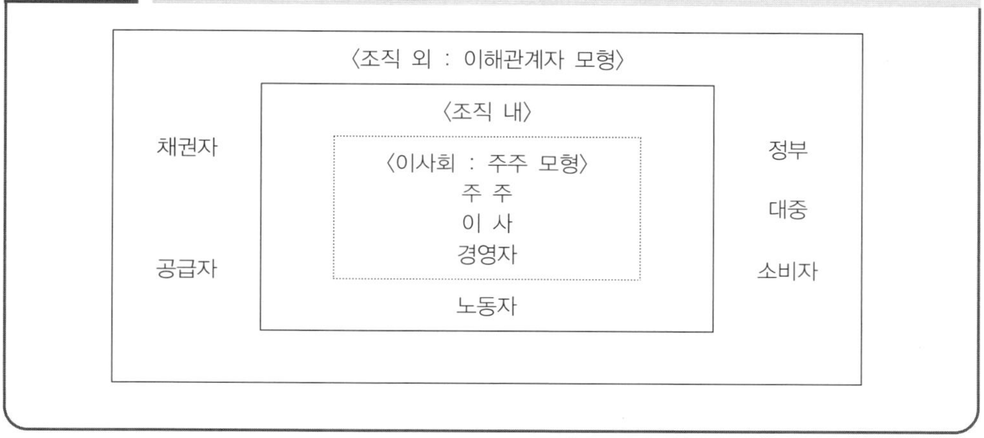

출처: 이왕휘(2006) 수정.

주주 모형과 달리 이해관계자 모형에서는 기업 지배구조를 다양한 이해관계자들과의 관계로 본다. 주주 모형이 기업의 목적을 주주 이익의 극대화로 보는 반면, 이해관계자 모형에서는 기업의 성장을 통한 사회적 부(富)의 증진까지 고려한다. 그 때문에 경영자는 주주도 많은 이해관계자들 가운데 하나이므로 주주의 이익보다 이해관계자 모두의 이익을 실현하는 것을 목표로 조직을 이끈다. 그리고 이해관계자 모형에서는 주주의 대표자뿐만 아니라 다른 이해관계자들의 이익을 고려하기 위한 대표들도 참여한다(Blair, 1995; Gillan, 2006).

그렇다고 이해관계자 모형에서 주주의 이익을 부정하지는 않는다. 이해관계자 모형에서도 주주의 이익은 여러 이해관계자들 중 가장 중요하게 생각한다. 그러나 주주 모형과 비교해 이해관계자 모형에서는 주주의 이익을 위해 다른 이해관계자의 이익을 무시해도 된다는 논리에는 동의하지 않는다.

이해관계자 모형은 다양한 학문 분야에서 발전돼 왔기 때문에 그 개념 정의를 둘러싼 논란도 있다(Stoney et al., 2001; Phillips et al., 2003). 경영학과 경제학에서는 이해관계자를 기업 활동에 직접적으로 영향을 주고받는 채권자, 고용자, 공급자, 소비자만 포함하는 반면, 정치학에서는 간접적으로 영향을 주고받는 국가, 시민단체까지 포괄한다.

이해관계자 모형 지지자들에 의하면, 이해관계자 모형은 세 가지 차원에서 설명이 가능하다(Donaldson et al., 1995; 이왕휘, 2006).

첫째, 묘사적 차원이다. 묘사적 차원이란 이해관계자 모형이 주주 모형으로는 설명할 수 없는 많은 문제점을 설명하는 데 요긴하다는 것이다. 이러한 관점은 주주가 단일한 실체가 아니라 개별적 이익을 추구하는 집단으로 구성된 복합체로 본다. 따라서 주주는 같은 기업의 주식을 보유하고 있더라도 서로 다른 이익을 추구할 개연성이 존재한다. 또한 경영에 영향을 미칠 수 있는 권한과 정당성을 가진 이해관계자들은 자신의 이익이 급속하게 손상되거나 증가될 때, 주주와 마찬가지로 기업 활동에 적극적으로 개입하게 된다. 주주 모형으로는 이런 특성들을 설명하기 어렵거나 무시하지만, 이해관계자 모형에서는 설명이 가능하다(Rowley et al., 2003).

둘째, 도구적 차원이다. 이해관계자 모형은 주주만을 중시하는 것이 아니라 이해관계자 전체를 포괄하는 이익을 고려하기 때문에 경영 성과가 더 높다는 것이다. 인지이론(cybernetic theory)에 따르면 다양한 환경에 대처하기 위해서는 정보통제 체제 속에 충분한 다양성이 존재해야 한다고 주장한다. 이 논리에 따르면, 다양한 이해관계자들이 경영에 참여하는 것은 기업이 당면하고 있는 불확실성을 낮춰 실적을 향상시킬 수 있다(Turnbull, 1997).

셋째, 규범적 차원이다. 이해관계자 모형은 기업 활동의 정치사회적 정당성 개념을 전제한다. 따라서 모든 이해관계자들의 이익에는 존중돼야 할 본질적 가치가 내재돼 있다는 것이다. 즉, 주주의 이익을 다른 이해관계자들의 이익과 비교해 우선적으로 존중해야 할 정당한 이유가 없다고 한다(Prahalad, 1994; Driver et al., 2002).

경제자유구역을 이해관계자 모형으로 접근하면, 세 가지 차원의 집단으로 범주화할 수 있다. 첫째, 중앙정부 차원이다. 경제자유구역에 관여하는 중앙정부 차원의 이해관계자들은 경제자유구역위원회, 경제자유구역기획단, 인·허가 관련 각 부처다. 둘째, 지역사회 차원이다. 지역사회 차원에서는 해당 광역지방자치단체, 광역지방의회, 기초지방자치단체와 기초지방의회, 지방공사 등 공공기관과 지역 언론, 지역 주민, 지역 시민단체 등을 들 수 있다. 셋째, 내부 이해관계자 차원이다. 내부 이해관계자는 경제자유구역청의 청장과 조직구성원, 고객, 투자자 등을 들 수 있다.

그림 4-2-3 경제자유구역의 차원별 이해관계자

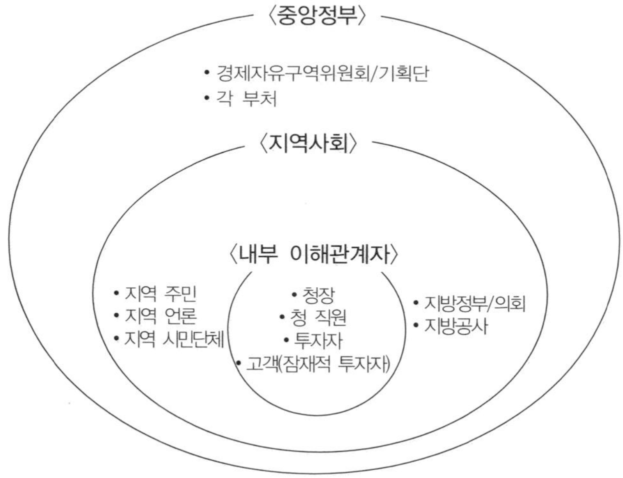

출처: 조강주(2010).

경제자유구역청의 관점에서 봤을 때, 경제자유구역 사업을 원활히 수행하기 위해서는 중앙정부 차원과 지역사회 차원의 이해관계자와 신뢰 관계를 잘 구축해야 한다. 중앙정부와는 인·허가 및 규제 완화 등의 사안을 해결할 때 중요한 이해관계자가 된다. 지역사회 차원의 지방정부·의회와는 예산·재원 마련 등 행정관리에서부터 투자 유치를 위한 협조까지 개발사업에 요구되는 사안들에 실질적으로 관여하므로 협조 체계를 유지해야 한다. 또한 지역 언론, 지역 주민, 지역 시민단체와는 사업 집행 과정에서 발생할 수 있는 민원이나 마찰을 최소화하고 정책 순응도를 높이기 위해 노력해야 할 입장에 있다. 따라서 이들과의 갈등과 조정을 원만히 해결하는 것은 경제자유구역 사업 성과와 관련 깊다. 그 밖에도 내부 이해관계자 차원에서 청장과 조직구성원과의 관계는 경제자유구역청의 행정력・사업 역량과 연관되며, 고객(잠재적 투자자), 투자자와의 의사소통은 투자 유치에 직・간접적으로 영향을 미치기 때문에 관계 유지가 필요하다.

제 4 절 차등적 분권이론

1 집권과 분권

민주주의를 시행하는 많은 나라에서 집권과 분권에 대해서는 오랜 논쟁을 해왔지만 뚜렷한 결론이 나지는 않았다. 원래 분권론은 18세기 이후 유럽 절대왕정에 대한 반성으로 주민 자치와 주민 자율에 의한 권한의 통제를 중요시하면서 발전한 개념이다. 그 내용에서도 영미계에서는 풀뿌리[2]로부터의 자치권의 개념이, 유럽 대륙의 경우에는 국가 권력에 의해 한정된 자치권을 지방에 나눠 준다는 분권론의 두 가지 논의가 주를 이뤄 왔다.

그러나 20세기 중엽이 넘어서면서 민주주의의 필수불가결한 수단 내지 제도로서 지방자치보다는 집권이나 분권 중 어느 쪽이 더 정책의 효율성에 도움이 되는가 하는 쪽에 논쟁의 중심이 이동하게 됐다. 분권론을 지지하는 입장에서는 중앙집권의 폐해를 지적하면서 지방 분권이 주민의 창의성과 자발성을 가져오는데 더 유용하다고 한다. 스미스(Adam Smith)는 분권화의 필요성에 대해 지방적 수용에 효과적 대응, 형평성 제고, 시민의 접근성 제고, 시민교육적 효과 등을 제

2) 풀뿌리 민주주의 개념은 프랑스 정치학자 토크빌(Alexis－Charles－Henri Maurice Clérel de Tocquevill)이 1835년 『미국의 민주주의』를 저술하면서 미국의 민주주의는 프랑스 등 대륙의 그것과는 다르게 주민자치조직→주정부→연방정부로 이어지는 아래로부터의 민주주의기 때문에 성공하고 있다고 지적하면서 시작됐다.

시하고 있다.

한편 집권론을 지지하는 입장에서는 분권은 지역 이기주의의 만연과 국가 역량의 집합을 방해하며 재정적 비효율을 가져올 수 있다고 지적하고 국가 통합성을 지지하는 입장을 보이고 있다. 한편 절충론으로는 분권을 통해 지방의 자율성과 창의성도 필요하지만 국정의 통합성도 필요하다고 한다(이승종, 1996: 37–54).

2 차등적 분권의 의의 및 사례

분권과 집권의 논리의 첨예한 대립에도 불구하고 분권의 필요성이 인정된다고 할 때, 지방정부의 자치 능력에 관계 없이 모든 지방정부에게 권한을 획일적으로 이양하는 것은 분권의 본질과 이점을 충분히 살리지 못할 것이다. 한국의 경우에도 기존의 인구 기준에 의한 획일적인 분권 방식을 지양하고, 자치단체의 자치 능력과 정책 의지 등을 고려해 권한 이양의 정도를 달리하는 차등적 분권 제도의 적실성에 대해 검토돼야 한다. 차등적 분권의 실익은 정책의 성과, 지역 주민의 서비스 질 향상, 그리고 국가 전체적인 경쟁력의 제고 측면에서도 바람직한 일이다(하혜수, 2004).

차등적 분권의 논의는 하향적 측면에서 접근하면, 첫째, 앞서 언급한 바와 같이 지방정부의 자치 능력이 고려되지 않은 획일적인 권한 이양의 부작용에 관한 문제다. 둘째, 도시화 등의 환경 변화에 따라 기존의 행정 제도에서는 해결하기 어려운 특유의 행정 문제를 해결하기 위해 행정·재정·제도상의 특례를 주기 위한 문제다. 반면 상향적 측면에서 접근하면, 특정 분야에서 역량을 갖춘 지방정부가 중앙의 간섭과 통제로부터 자유롭게 서비스를 제공하기 위한 제도적 장치로 볼 수 있다.

선진국의 제도를 살펴보면 차등적 분권을 제도화한 사례가 발견된다. 이 연구에서는 영국과 일본의 사례를 자세히 검토하고자 한다. 영국의 모범자치단체 제도(beacon council)는 지방정부의 신청과 혁신적 아이디어에 의존한다는 점에서 상향식의 특징이 강하다. 모범자치단체 제도는 1999년 처음 도입돼, 주요 서비스 분야에 대해 지방정부로부터 매년 신청을 받고 그 결과에 대한 평가를 통해 우수자치단체를 선정, 보조금과 조세 혜택 등의 인센티브를 제공하는 제도다(Office for National Statistics, 2001). 처음 도입했을 때에는 7개의 서비스 분야에 대해 실시하다가, 이후 2000년부터는 지역사회 안전, 교육, 경쟁력과 기업, 계획, 사회복지, 지역의 환경 수준, 건강, 문화-스포츠-관광, 청소년 문제, 노인 문제, 현대적 서비스 공급 등 11개의 서비스 분야로 확대됐다. 모범자치단체에 선정되면 해당 자치단체는 선정된 분야에 대한 중앙정부의 명령과 지시, 회람 등의 행정 부담을 감면해 준다.

최고가치(best value) 제도는 중앙정부의 주도 하에 하향식으로 추진되고 있다. 최고가치 제도는 지방자치단체의 모든 서비스 부문에 대해 매년 성과평가를 받도록 함으로써 실패에 대한 제재와 성공에 대한 보상을 제공하는 방식이다(하혜수, 2004). 자치단체는 평가를 통해 일정 수준에 미달되면 중앙으로부터 간섭과 통제를 받거나 권한을 박탈당하기도 한다. 또한 성과가 우수한 자치단체에 대해서는 재정 지원과 서비스 책임 권한이 이양되는데, 자치단체는 서비스의 직접 제공, 경쟁입찰, 민간과 파트너십 등 서비스 공급 방식을 직접 선택할 수 있다.

모범자치단체 제도와 최고가치 제도는 두 제도 모두 정책 성과를 담보하고 있다는 점이 특징이다.

표 4-2-3 주요국의 차등적 분권 사례

주요국	사례	주요 내용
미국	부분선점제 (partial preemption)	연방정부가 규제 관련 정책 분야를 주정부에 차등적으로 권한을 이양
영국	모범자치단체(beacon council), 최고가치제(best value)	지방정부 정책 성과를 평가해 권한을 차등적으로 이양
일본	특례시 제도	행·재정적 능력을 고려해 간섭과 통제를 완화
	규제개혁특구 제도	특정 지역에 대한 관련 규제를 완화
스웨덴 (북유럽)	자유자치단체(free commune)	특정 요건을 충족하는 지방정부에게 일정한 기능 영역과 기간 동안 간섭과 제약을 면제
스페인	자치헌장과 조직법	자치헌장을 통해 자치공동체가 다양한 권한을 선택해 분권을 이행

출처: 조강주(2012).

일본의 차등적 분권 제도는 특례시 제도와 규제개혁특구 제도를 들 수 있다. 특례시 제도는 지방분권특례 제도에서 발전된 것으로서 일정한 수준의 행·재정적 능력을 갖춘 자치단체에 대해 중앙정부의 간섭과 통제를 완화해 주는 제도다(하혜수, 2004). 지방분권특례 제도는 1993년부터 인구 기준에 의한 전통적인 제도 외에 실험적으로 자치단체와 중앙정부의 협의에 의한 권한 이양을 내용으로 한다. 이후 지방분권특례 제도는 한시적으로 실시된 후에 1999년 특례시 제도로 발전했다.

특례시의 지정 요건은 인구 20만 명 이상일 것과 지정을 원하는 시의 신청과 시의회, 도도부현 의회의 의결을 거쳐야 한다. 2012년 4월 1일부로 마쓰에(宋江)시(시마네 현)가 특례시로 지정되면서, 일본의 특례시는 총 41개가 지정돼 있다(http://ko.wikipedia.org/wiki). 특례시 제도는 2015년에 폐지됐으며, 폐지 시에 특례시였던 시 가운데 중핵시(中核市)로 이행하지 못한 시는 시행 시 특례시(施行時 特例市)로 부르도록 경과 조치가 마련됐다.

규제개혁특구 제도는 자치단체가 스스로의 여건과 특성을 고려해 중앙정부에 규제 완화를 제안하는 제도다. 단독 또는 복수 자치단체의 정책 의지와 아이디어에 기초하며, 교육·물류·관광·사회복지 등의 분야에서 내각총리대신의 심사를 거쳐 중앙정부의 통제와 규제를 완화해 준다. 규제개혁특구로 지정되면 해당 정책 분야의 법률, 명령 등에 의해 가해지는 중앙정부의 통제와 규제를 받지 않게 된다. 다만 사업 추진에 소요되는 재원에 대해서 별도의 지원 제도는 없다. 일본의 차등적 분권 제도는 의지가 있는 지방정부가 직접 신청하는 방식을 취하기 때문에 상향식 방식으로 볼 수 있다.

하혜수(2004)는 영국과 일본의 차등적 분권 제도를 신제도주의적 관점에서 분석해, 차등적 분권 제도의 한국적 적실성을 검토했다. 그는 한국의 현실이 대통령의 강력한 권한, 중앙-지방 간 수직적 관계, 정치적 상황의 압박, 리더십의 전략적 선택 등의 측면에서 영국과 유사하나, 공정한 시스템의 결여, 가족주의적 집단주의, 정적 인간주의, 행정문화적 측면에서 일본과 유사하다고 판단했다. 결과적으로 대통령이 국회와 지방자치단체의 저항을 극복하고, 전략적 선택을 통해 성과평가에 기초한 영국식의 차등분권제를 도입할 수 있을 것으로 봤으며, 타협적으로 일본식의 차등분권제가 도입될 가능성이 높다고 봤다.

표 4-2-4 차등적 분권에 관한 주요 선행 연구 검토

저자	연구 대상	주요 내용
Rose(1990)	북유럽 자유자치단체 제도의 성과와 문제점 분석	지방정부의 재량권 증대, 중앙의 통제 완화, 중앙-지방 간 협력 강화 등의 성과와 지방정부 역량 부족, 부담 가중 등 문제점 지적
Zimmerman (1993)	부분선점제의 성과와 한계 분석	연방정부의 규제 기준 달성 및 집행효율성 확보의 장점과 권한 이양과 재원의 비연계, 연방의 권한 집권화 효과 초래의 문제점 지적
문태훈 · 김종래(2000)	환경규제 분야를 중심으로 부분선점제의 도입 검토	환경부 공무원, 연구기관, 시민단체, 학계를 대상으로 부분선점제의 도입 및 가능 분야 등을 실증 분석
홍준현(2001)	사무의 차등 이양 방식에 대한 검토	부분적 차등 이양 방식과 개별 차등 이양 방식으로 구분해, 권한 이양의 추진에 있어, 자치단체가 재정력과 인력 부족으로 인해 권한 이양을 회피하는 것을 지적
하혜수 · 최영출(2002)	미국, 영국, 일본, 북유럽의 차등권 분권 제도를 검토	각국 제도의 채택 배경, 내용, 성과, 한계 등을 비교
채원호 · 오영균 (2003)	일본의 특례도시 제도에 대한 사례 연구	우리나라의 지정도시 제도 도입에 대한 차등적 분권 제도의 제시
이규환 · 이종수(2004)	대도시행정의 차등적 분권화에 관한 연구	차등적 분권의 특례 허용 범위에 대해 일본의 사례를 중심으로 특정시 행정특례 부여 방안 검토
하혜수(2004)	차등적 분권 제도의 한국적 적실성에 관한 연구	신제도주의적 관점에서 구조적, 제도적, 전략적, 문화적 요인에 따라 차등적 분권 제도의 한국적 적실성 검토
형시형(2006)	대도시행정의 차등적 분권화에 관한 연구	일본 대도시행정 제도의 검토를 통해 '특례도시 제도'의 도입 방향 검토
양영철 · 이기우(2011)	스페인 분권 제도에 대한 역사적 검토와 차등적 분권에 대한 연구	스페인의 차등적 분권 사례를 검토해 한국의 차등적 지방분권에 대한 제언, 스페인 자치헌장 수준으로 권한과 책임을 연계한 권한의 선택과 자유를 제시

출처: 저자 작성.

형시형(2006)은 일본의 대도시특례(지정시, 중핵시, 특례시 등) 사례를 고찰해, '특례도시 제도'를 제안했다. 그는 '특례시'의 규정을 일반시와 광역시의 중간 개념으로 광역시처럼 모든 행정이 광역자치단체(도)와 분리되지는 않는다고 했다. 다만 ① 위임사무의 경우 도가 아닌 담당 중앙부처의 감독을 받고, ② 시장이 구(區)를 설치할 수 있는 등 행정 개편이 가능하며, ③ 지방세 배정 등 재정과 관련해 도와 대등한 위치에 놓여 예산수입이 늘어나고, ④ 시장이 독자적인 인사권

등을 갖는 점에서 일반시와 다르다.

현재 우리나라의 지방분권 현실은 매우 저조하다. 단계적으로 지방분권이 이뤄져야 하겠지만, 인구 규모나 재정자립도가 현저히 떨어지는 군소 지방자치단체의 현실을 고려할 때, 일괄적인 분권도 검토의 필요성이 있다. 그러나 역량 있는 지방자치단체의 경우에는 상황이 다르다. 특히 수도권에 위치한 수원, 인천과 같은 대도시들은 인구 규모, 산업구조 등 충분한 역량을 가지고 있다. 따라서 이러한 자치단체들을 인구 2~3만 규모의 군소 지방자치단체와 동일한 권한을 부여한다는 것은 현실성이 없다. 그 때문에 일정한 기준을 제도화해, 요건을 충족하는 지방자치단체에 권한을 이양하는 것이 필요하다.

3 차등적 분권과 경제자유구역의 지배구조

집권과 분권에 대한 논의의 다른 한 측면에서 집권이냐 분권이냐는 어느 한 축이 아니라 어떤 권한을 얼마나 나눠 주느냐, 분권의 대상자에 따라 필요한 권한을 차등적으로 나눠 주는 것이 바람직하다는 논의가 나오고 있다. 차등적 분권은 지방자치단체의 자치 능력, 의지에 따라 중앙으로부터의 권한 이양의 정도를 달리하는 것을 말한다(하혜수, 2004: 109-127). 중앙정부가 모든 지방정부에 대해 획일적인 권한 이양 방식을 지양하고 재정 능력, 성과, 지방정부의 의지 등 지방정부의 자치 능력을 고려해 차등적으로 권한을 배분하자는 것이다.

차등적 분권을 실시하게 된 배경에는 각국마다 다른 역사적 배경을 가지고 추진 내용에서도 매우 다른 양상을 가지고 있으나 차등적 분권론이 본격적으로 관심을 끌게 된 것은 1990년대 신공공관리론에 의해 이념적 목표보다 현실적이고 성과 지향적 관점에서 지방의 재량과 자율성을 제고할 필요성이 있다는 입장에서 관심이 제고됐다.

차등의 기준에 대해서는 한국의 「인구 50만 이상의 시에 대한 사무배분에 있어서의 특례 제도」와 같은 인구에 의한 차별 방식, 「서울특별시 행정특례에 관한 법률」이나 미국의 자치헌장 제도(home rule charter)[3]와 같은 특별법에 의한 특례제도 방식, 미국의 부분선점(partial preemption) 제도와 같이 특정 사업별로 권한을 나눠 주는 방식과 같이 세 가지 유형으로 나눌 수 있다.

차등적 분권 사례는 주요 선진국에서 나타나는데, 영국의 경우 모범자치단체(beacon council) 제도를 들 수 있다. 모범자치단체 제도는 대처(Margaret Thatcher)의 보수당 정부가 과도하게 중앙집권화를 추진했다는 비판을 하면서 집권한 노동당이 지방정부의 권한과 지위를 강화하고 지방정부의 정책 성과를 제고하기 위해 선택성(selectivity)과 차등적 대우(differential treatment)를 추진한 지방 분권 정책 가운데 하나다.

이에 따라 2000년 지방정부법(Local Government Act)을 통해 지방정부 스스로 책임을 가지고 권한에 대해 책임을 질 수 있는 지방정부, 즉 모범자치단체에 대해 지방의 수요를 충족시킬 수 있는 권한과 새로운 서비스를 제공할 수 있는 권한을 부여한다는 것이다. 이러한 계획은 모두 지방의 자치 능력에 맞는 차등적인 권한 부여와 권한에 대한 책임 강화를 통해 정책과 서비스의 성과를 높이는 데 그 목적이 있다(전유정, 2008: 15-34).

영국 중앙정부는 주요 서비스 분야에 대해 지방정부로부터 매년 신청을 받고 그 결과에 대한 평가를 통해 모범자치단체를 선정, 보조금과 조세 혜택 등의 인센티브를 제공한다. 서비스 분야의 선정은 중앙정부의 의사 결정에 의존하지만, 지방정부가 기존의 서비스 전달을 혁신할 수 있는 아이디어와 의지를 가지고 신청한다는 측면에서 지방자치 강화에 의의가 있다. 서비스 분야는 지역사회 안전, 교육, 경쟁력과 기업, 계획, 사회복지, 지역의 환경 수준, 건강, 문화-스포츠-관광, 청소년 문제, 노인 문제, 현대적 서비스 공급 등 11개다. 모범자치단체에 선정되면 해당 자치단체는 선정된 분야에 대한 중앙정부의 명령과 지시, 회람 등의 행정 부담이 감면된다.[4)]

---

3) 미국의 각 주정부가 자치단체에 권한을 부여하는 방법으로 도시헌장(municipal charter)을 부여하는데 도시헌장에는 자치단체의 구역과 경계선, 자치조직과 운영 방식, 자치단체의 인사·재무행정에 관한 사항 등을 규정하고 있다. 자치헌장에는 그 도시의 규모나 특성에 관계 없이 모든 지자체에 동일한 권리를 부여하는 일반헌장제(general charter), 각 지자체의 규모나 능력에 따라 개별적으로 권한을 부여하는 개별헌장제(special charter)가 있으며, 개별 지자체 주민들이 스스로 헌장을 제정해 주의회에 청원해 허가를 받는 자치헌장제(home rule charter) 방식이 있다. 이 중에서 개별헌장제와 자치헌장제는 차등적 분권의 한 가지 예라고 할 수 있다.

4) 모범자치단체(beacon council) 제도에 대해서는 중앙정부가 지방정부에 대해 서비스의 성공적

미국의 경우 특별헌장제나 자치헌장 제도 사례라고 할 수 있으며 1990년에 본격적으로 시행하게 된 부분선점 제도를 들 수 있다. 부분선점 제도는 미국의 독특한 연방정부와 주정부의 관계에서 1990년대 이후 발전돼 온 제도로 연방정부가 주정부에 대해 특정 보조금을 지급하면서 일정한 정책적 조건을 부여하고 그 조건 충족을 조건으로 권한과 보조금을 교부하는 제도를 말한다. 주정부가 연방정부에 의해 설정된 기준과 동일하거나 더 강화된 기준을 채택하면 권한을 이양해 주고 반대일 경우에는 연방정부가 권한을 행사하는 제도다.

이는 연방정부 입장에서는 주정부로부터 언제든지 규제 권한을 이전받을 수 있도록 할 뿐 아니라 주정부의 규제정책의 성과를 높이는 데 목적이 있다. 한편 기능의 일부 이양에 따라 재원 부담도 일부를 주정부에 부담시키는 효과도 가지고 있다.

일본의 차등적 분권 제도는 1990년대 본격적으로 추진된 지방분권 개혁의 일환으로 도입됐다. 일본의 차등적 분권 제도인 특례자치단체(특례시) 제도는 지방분권의 실질화를 위해 행정적·재정적 능력과 정책 의지를 가진 지방정부에 더 많은 권한을 주고 중앙의 통제와 간섭을 줄임으로써 지방의 자율성을 높이고, 자치 역량에 부합하는 권한 부여를 통해 정책의 효과를 높이고자 했다.

이는 그 이전의 인구 기준에 의해 차등적 권한을 부여하던 제도(지정시, 중핵시 등)의 사례를 탈피해 주어진 권한을 효과적으로 행사할 수 있는 능력을 중시하고 있는 점과 지방의 자율성을 높이고 정책과 서비스의 성과 제고를 추진하고자 한 것이다(하혜수, 2004).

특례시의 지정 요건은 인구 20만 명 이상으로 특례시 지정을 원하는 자치단체는 지방의회의 의결을 거쳐 중앙정부에 신청한다. 2012년 4월 1일부로 마쓰에(松江)시(시마네 현)가 특례시로 지정되면서, 일본의 특례시는 총 41개가 지정돼 있다(http://ko.wikipedia.org/wiki).

일본의 구조개혁특구도 영국의 모범자치단체 제도와 유사한 차등적 분권 사례다. 지방정부가 스스로의 의지 및 아이디어를 가지고 중앙정부의 규제 완화를 제안하는데, 일련의 심사 절차에 통과하면, 지방정부는 해당 분야에 대한 자치

인 운영을 담보로 간섭을 줄이고 지원을 늘리는 효과를 가져왔다는 평가와 함께 모범자치단체 선정 시에 평가 절차의 공정성과 투명성 확보가 쉽지 않다는 평가를 받고 있다.

권한이 확대된다. 분야는 교육·물류·관광·사회복지 등이며, 사업 추진의 재원은 전부 지방정부가 부담하게 돼 있다. 특징으로는 단독 지방정부에 한정하지 않으며, 복수의 지방정부가 함께 신청할 수 있다는 점이다.

한국에서는 차등적 분권의 사례로 세종특별시의 사례와 50만 이상 대도시에 대한 특례를 들 수 있다. 세종시는 인구 규모와 면적 면에서 기초자치단체에 준하나, 「세종특별자치시 설치 등에 관한 특별법」 제7조(세종특별자치시의 설치에 따른 법령 준용상의 특례) 1항[5]에서 사실상 광역의 지위를 부여하고 있다. 행정복합도시라는 특수한 목적을 달성하기 위해 다른 기초자치단체와 달리 차별적으로 권한을 이양한 것이다.

경제자유구역도 차등적 분권의 한 형태로 볼 수 있다. 경제자유구역을 차등적 분권의 사례로 보는 시각은 해당 지역이 다른 지역과 비교해 조세 감면 등의 특혜와 각종 규제특례가 실현되기 때문이다. 이러한 관점에서 보면, 기존의 자유무역지역이나 외국인 투자지역, 산업단지, 연구개발특구도 차등적 분권의 형태로 볼 수 있다.

그 밖에 경제자유구역을 차등적 분권의 사례로 볼 수 있는 논리적 근거는 '특별법'화돼 있다는 점과 시·도지사에게 상당한 권한을 이양하고 있다는 점이다. 자유무역지역을 규정하는 「자유무역지역의 지정 및 운영에 관한 법률」이나 외국인 투자지역의 「외국인투자촉진법」 등은 일반법의 지위를 가진다. 반면 경제자유구역법은 특별법의 지위를 가지기 때문에 다른 법령 적용상에 우위를 가진다. 이는 경제자유구역의 특례를 법적으로 견고히 하는 데 기여한다.

또한 기존의 중앙이 가지고 있던 일정 범위의 권한을 지방에 이양하고 있다는 점에서도 차등적 분권으로서의 의의가 있다. 구체적으로 시·도지사는 경제자유구역 내의 도시계획 승인 및 변경(국토교통부 장관), 농지 전용 허가(농림축산식품부 장관) 등의 권한을 행사한다.

외국인 투자지역의 경우 상담·안내·홍보·조사·연구와 민원사무의 처리 및 대행 등 종합행정 지원 업무를 대한무역투자진흥공사의 외국인투자지원센터에서 담당하고, 지방정부에는 외국인투자진흥관실을 두고 있다. 행정 지원 업무

5) "다른 법령에서 지방자치단체, 시·도 또는 시·군·구를 인용하고 있는 경우에는 각각 세종특별자치시를 포함하는 것으로 보아 해당 법령을 적용한다."

를 중앙과 지방에서 이원화하고 있는 셈이다. 자유무역지역의 경우에는 관할 권역의 관리권자가 산업통상자원부와 국토교통부 장관으로 돼 있으며, 해당 권역에 입주를 희망할 경우 해당 관리권자의 허가를 받아야 한다.

반면 경제자유구역은 행정 업무를 전담하는 경제자유구역청이 시·도의 출장소 혹은 조합 형태이기 때문에 행정 지원 업무 역시 지방정부가 주도하고 있다. 자치단체장의 의지와 역량이 경제자유구역에 반영될 법적·제도적 권한이 부여돼 있는 셈이다. 즉, 경제자유구역은 외국인 투자지역이나 자유무역지역에 비해 차등적 분권을 이론적으로 적용할 여지가 더 많다고 볼 수 있다.

앞에서 외국의 경제특구 사례에서 보는 바와 같이 경제특구가 얼마나 권한을 가지고 있는가는 그 특구의 성패와 밀접한 관련을 갖고 있음을 봤다. 따라서 집권과 분권, 차등적으로 경제자유구역청이 가지고 있는 특례의 양과 질에 의해 경제자유구역의 성패와 밀접한 관련을 가지고 있기 때문에 경제자유구역의 성과에 영향을 미치는 요인으로 볼 수 있다.

제 3 장

경제자유구역 지배구조의 문제점

개 관

경제자유구역 지배구조에 대한 이론적 검토를 토대로 경제자유구역의 문제점을 몇 가지 도출했다. 구체적으로 보면 다음과 같다.

첫째, 분권 및 규제 완화 미흡 문제다. 경제자유구역 개발에 필요한 실질적이고 전사적(全社的)인 권한이 부족하다.

둘째, 이해관계자의 복잡성이다. 이해관계자 모형으로 접근할 때, 경제자유구역청을 둘러싼 복잡한 이해관계는 청의 효율적인 사업 추진을 어렵게 할 수 있다.

셋째, 중앙정부 거버넌스의 낮은 위상 문제다. 경제자유구역위원회가 산업통상부 산하 위원회로 위상이 낮아 부처 간의 협의가 원만하지 않다는 점이다.

넷째, 경제자유구역청(장)의 낮은 권한과 위상 문제다. 일선기관장의 권한과 리더십은 사업 추진의 성패를 좌우하는 중요한 요인임에도 불구하고 낮은 위상으로 인해 탄력적인 사업 추진이 어려울 수 있다.

제3장에서는 이러한 문제점들을 좀 더 세부적으로 검토하고자 한다.

제 1 절 분권 및 규제 완화 미흡

경제자유구역은 국내의 다른 지역과 차별적으로 규제를 완화하고 권한을 이양하는 실험의 장이다. 그러나 분권과 규제 완화의 수준이 미흡해 경제자유구역의 투자 유치에 걸림돌이 되고 있다는 지적이 많다.

첫째, 중앙－지방 간의 분권 문제를 들 수 있다. 현행 경제자유구역 지배구조에서는 개발 및 각종 사업을 위한 지방자치단체의 인·허가, 규제 권한이 거의 없다. 이는 경제자유구역 개발 및 경제적 성과를 제약하는 큰 요인이다.

표 4-3-1 경제자유구역 개발계획 및 사업 권한

구분		권한
개발계획	토지이용계획, 인구수용계획, 교통처리계획, 산업유치계획, 산업단지 개발 등	국토해양부
	보건의료·교육·복지시설 설치계획	보건복지부
	환경보전계획	환경부
사업 시행	사업시행자 지정 및 취소·관리, 실시계획의 승인	시·도지사
	입주외국인 투자기업의 근로자 대우	고용노동부
	외국 교육기관 승인	교육과학기술부
	외국 의료기관 및 외국인 전용 약국	보건복지부
	외국인 전용 카지노업 허가	문화체육관광부

출처: 저자 작성.

영리병원 등 현안이 됐던 경제자유구역 관련 이슈들을 살펴보면, 대부분 정책의 가치가 충돌해 양자 중 어느 것을 선택하는 것이 바람직한가의 문제로 귀결된다. 그런데 가치의 충돌과 관련해 어느 것 하나도 뚜렷하게 옳다고 여겨지는 것이 없다는 점에서 선택을 어렵게 하고 있다. 예컨대 수도권에 입지하고 있는 인천경제자유구역의 경우 수도권 정비계획 및 수도권공장 총량제의 규제 완화가 문제가 됐던 적이 있다. 이 두 정책의 가치는 지역거점 발전이라는 경제자유구역 정책의 가치와 균형 발전·수도권 집중 완화라는 수도권 정비계획의 가치가 충돌하는 문제다.

이처럼 정책가치가 충돌하고, 어느 것 하나 소홀하기 어려운 문제에 봉착하면 우리는 결국 두 정책 사이에서 선택의 기로에 선다. 분권과 규제 권한의 지방이양 문제는 이런 선택을 누가 하는 것이 옳은 것인가의 문제다. 경제자유구역을 비롯한 대다수의 정책이 지역 주민들의 생활과 매우 밀접한 연관이 있다는 점에서 중앙정부가 모든 권한을 행사한다는 것이 적절한지 의문이다. 오히려 지방정부에 많은 권한과 재량을 이양하고 스스로 관리·감독하도록 함으로써 잘했을 때는 제도화하고 못했을 때는 권한을 다시 회수하는 분권이 필요할 수도 있다.

둘째, 중앙–경제자유구역청, 지방–경제자유구역청 간의 분권 및 규제 완화 문제다. 배후시장 등의 입지 조건을 갖추고 있더라도, 정부의 각종 규제와 복잡한 인·허가 절차상의 걸림돌이 존재한다면, 경제자유구역은 성공하기 어렵다. 한국에서는 경제자유구역법이 특별법으로 개정돼 경제자유구역의 개발 관련 절차가 일부 개선됐다. 그러나 경제자유구역은 여전히 많은 부분에서 다른 지역과 동일한 규제가 적용돼 투자 유치에 한계로 작용하고 있다.

또한 경제자유구역 개발 인·허가 권한 등이 여러 부처로 분할돼 있어 경제자유구역청으로의 위임이 미흡하다. 이로 인해 각종 인·허가 과정의 원스톱 서비스와 행정 서비스 개선에는 일정한 한계가 있을 수밖에 없다. 구체적으로 환경보전 대책, 환경영향평가, 건축 심의, 문화재 관련 조사 절차 등은 경제자유구역청에 규제 권한이 없으며, 해당 인·허가 담당기관이 상이해 원스톱 서비스가 어려운 실정이다.

셋째, 규제 완화 정책의 지역별 충돌 문제다. 수도권 규제를 받는 인천경제자유구역의 경우, 외국 투자기업은 수도권 규제 적용 대상에서 제외되지만, 국내기업은 경제자유구역이라는 명칭에 어울리지 않게 여전히 수도권 규제 대상이 된다. 수도권 규제는 권역별로 과밀억제권역, 성장관리권역, 자연보전권역으로 구분하고 과밀억제권역은 서울과 다수의 서울 인접 시 및 인천(일부) 지역이 포함되고 있다. 인구 및 산업이 과도하게 집중됐거나 그럴 우려가 있어, 이전 또는 정비가 필요하다는 이유로 규제의 강도는 높은 편이다. 다음의 <표 4–3–2>는 수도권 정비권역별 행위 제한의 개요다.

수도권 산업에 대한 규제로 인천 송도지구 1~6공구와 영종지구는 성장관리

표 4-3-2 수도권 정비권역별 행위 제한 개요

구분	과밀억제권역	성장관리권역
대형 건축물	과밀부담금 부과 (서울특별시에만 부과)	허용
대학	금지, 단 산업대학·전문대학 신설, 총량 내 입학 정원 증원, 심의를 거친 서울시 외부로의 이전 가능 또는 대학원 대학 신설 가능	금지, 단 산업대학·전문대학, 대학원대학 또는 총량 내 입학 정원이 50인(일부 100인) 이내 대학 신설, 총량 내 입학 정원 증원, 수도권 내 이전 가능
공장	총량규제	총량규제
공업지역 지정	금지, 단 기존 공업지역의 총면적을 증가시키지 않는 범위 내에서 위치 변경만 허용	수도권 정비계획에 반영된 공업지역 허용
공업용지 조성	금지	30만m^2 이상 심의 후 허용
관광지 조성	금지	10만m^2 이상 심의 후 허용

출처: 「수도권정비계획법」을 참조해 작성.

권역으로, 청라지구와 송도 7~12공구는 과밀억제권역으로 규제받다가 2009년 7~11공구가 성장관리권역으로 변경돼 규제의 강도가 낮아졌다.

과밀억제권역의 경우, 입주한 기업에는 취득세, 등록세가 3배 중과, 재산세의 경우 5년간 5배 중과된다. 다행히도 규제 완화로 인해 인천경제자유구역 모든 지역에서 공업지역 지정과 공업용지 및 관광지 조성이 가능해졌고 과밀부담금도 없어졌다. 그러나 인천경제자유구역은 여전히 공장총량규제 적용 대상이고 수도권 정비 심의를 거쳐야만 공업지역 지정과 공업용지 및 관광지 조성이 가능하다. 또한 국내 대기업 공장의 신·증설도 산업 집적 활성화 및 공장 설립에 관한 법률에 의해 제한되고 있다.

경제자유구역 성공의 밑거름은 국내·외 첨단기업과 외투 기업들의 집적 효과를 극대화해 세계적인 경쟁력을 갖추는 도시를 건설하는 데 있다. 외투 기업들을 유치할 수 있는 유인책은 여러 가지가 있지만, 국내 대기업과의 산업 연계 가능성 또한 배제할 수 없다. 실제로 외자 유치를 위한 외국 기업과의 투자 상담 과정에서, 삼성이나 LG와 같은 글로벌 기업들의 입주 여부를 중요한 요건으로

하고 있다. 즉, IT, BT 산업 등 국내 기업의 진출을 허용함으로써 해외 기업의 투자 촉매 역할을 하고, 국내 기업에 대한 역차별의 여건을 개선할 필요성이 제기된다. 따라서 경제자유구역이 국제 비즈니스의 중심이 되기 위해서는 경제자유구역은 수도권 정비계획법상 규제를 융통성 있게 적용할 필요가 있다.

표 4-3-3 각종 규제 및 부담 완화

규제 완화	주요 내용	관련 법령
노동 규제 완화	• 국가유공자, 장애인, 고령자 등 의무고용 배제 • 파견근로자 기간 및 대상 업무 규제 배제 • 무급휴일, 무급생리휴가 허용 등	• 경제법 제17조 1, 4, 5항
「수도권정비계획법」 적용 배제	• 입주 외투기업에 대해 「수도권정비계획법」 제7조(과밀억제권역의 행위 제한), 제8조(성장관리권역의 행위 제한), 제12조(과밀부담금의 부과 징수), 제18조(인구집중 유발시설 총량규제), 제19조(대규모 개발사업에 대한 규제)를 적용하지 아니함.	• 경제자유구역법 제17조 3항
외환 거래 자유	• 경상거래에 따른 대가를 외환으로 직접 지급할 수 있음.	• 경제자유구역법 제21조
외국 의료기관	• 외국 의료기관 개설 및 부대사업 특례 인정	• 경제자유구역법 제23조의 1, 2항
카지노업	• 카지노업 허가에 관한 특례 마련	• 경제자유구역법 제23조의 3항
외국인 임대주택	• 외국인 전용 임대주택에 관한 특례	• 경제자유구역법 제24조의 2항

주: 「경제자유구역에 지정 및 관리에 관한 특별법」 참조.
출처: 인천경제자유구역청 홈페이지(www.ifez.go.kr), 2012년 10월 26일 검색.

앞서 언급한 규제 문제 외에도 중앙-지자체-경제자유구역청 간 분권에 관한 문제가 있다. 사업에 직·간접적으로 관련되는 기관이 다수인 것은 관계 기관 간의 업무 중복과 혼선이 발생할 개연성을 높인다.

경제자유구역청이 일선 행정기관으로서 경제자유구역 개발을 주도적으로 추진하기 위해서는 상당한 권한의 이양이 불가피하다. 그러나 현재로서는 경제자유구역청이 경제자유구역 사업을 주체적으로 이끄는 전략적 기구인지, 단순한 행정 처리를 위한 기구인지 불분명하다(이창길, 2010). 이렇다 보니 경제자유구역청들은 직접적으로 관련 주무 부처(산업통상자원부, 국토교통부 등)는 물론이고 다른 중앙부처(환경부 등)에도 보고와 협의의 과정을 거쳐야 하는 등 업무 부담이 가중되고 있다.

제 2 절 이해관계자의 복잡성

경제자유구역을 이해관계자 모형으로 접근하면, 세 가지 차원의 집단으로 범주화할 수 있다. 첫째, 중앙정부 차원이다. 경제자유구역에 관여하는 중앙정부 차원의 이해관계자들은 경제자유구역위원회, 경제자유구역기획단, 인·허가 관련 각 부처다. 둘째, 지역사회 차원이다. 지역사회 차원에서는 해당 광역지방자치단체, 광역지방의회, 기초지방자치단체와 기초지방의회, 지방공사 등 공공기관과 지역 언론, 지역 주민, 지역 시민단체 등을 들 수 있다. 셋째, 내부 이해관계자 차원이다. 내부 이해관계자는 경제자유구역청의 청장과 조직구성원, 고객, 투자자 등을 들 수 있다.

경제자유구역청의 관점에서 봤을 때, 경제자유구역 사업을 원활히 수행하기 위해서는 중앙정부 차원과 지역사회 차원의 이해관계자와 신뢰 관계를 잘 구축해야 한다. 중앙정부와는 인·허가 및 규제 완화 등의 사안을 해결할 때 중요한 이해관계자가 된다. 지역사회 차원의 지방정부·의회와는 예산·재원 마련 등 행정관리에서부터 투자 유치를 위한 협조까지 개발 사업에 요구되는 사안들에 실질적으로 관여하므로 협조 체계를 유지해야 한다. 또한 지역 언론, 지역 주민, 지역 시민단체와는 사업 집행 과정에서 발생할 수 있는 민원이나 마찰을 최소화하고 정책 순응도를 높이기 위해 노력해야 할 입장에 있다.

따라서 이들과의 갈등과 조정을 완만히 해결하는 것은 경제자유구역 사업 성과와 관련 깊다. 그 밖에도 내부 이해관계자 차원에서 청장과 조직구성원과의 관계는 경제자유구역청의 행정력·사업 역량과 연관되며, 고객(잠재적 투자자), 투자자와의 의사소통은 투자 유치에 직·간접적으로 영향을 미치기 때문에 관계 유지가 필요하다.

제 3 절 중앙정부 거버넌스의 낮은 위상

일선 집행기관인 경제자유구역청의 공무원들이 지적하는 현 지배구조의 문제점 중의 하나가 강력한 컨트롤 타워(control tower) 기관의 부재다. 먼저 중앙정부에서는 경제자유구역위원회가 탄력적인 사업 시행을 위한 경제자유구역의 각종 인·허가 문제를 조율하는 중앙 컨트롤 타워로서의 역할을 수행하지 못하고 있다. 예컨대 지방자치단체가 투자 유치를 위한 기업과의 협상 과정에서 발생할 수 있는 비자 프리(visa free) 문제 하나도 경제자유구역위원회는 독자적으로 심의·결정할 권한이 없다. 이 같은 이유는 경제자유구역위원회가 산업통상부 산하 위원회로 그 위상이 낮기 때문에 발생한다. 물론 경제자유구역법이 특별법화되면서 제한적으로 나마 관련 부처의 소견 제출만으로 처리가 가능한 것들이 있지만, 투자 유치에 핵심적 이슈가 되는 사항은 여전히 각 부처 장관이 권한을 가지고 있다.

중국 푸둥경제특구의 경우 중앙에서는 지정 및 계획의 밑그림만 그리고, 사업 시행 전반의 권한을 지방정부가 행사하고 있기 때문에 투자 유치 기관과 규제기관 간의 불필요한 행정적 마찰이나 절차가 불필요해 효율적인 사업 시행이 가능하다. 우리나라의 지방자치 현실에서 중국과 같은 정도의 권한 부여가 어렵다면, 중앙규제기관 간의 불필요한 절차라도 간소화해야 할 것이다. 특히 중앙부처 간 이기주의에 의한 마찰을 피하기 위해서라도 청와대 및 국회 등의 정치권에서 강력한 의지를 반영한 심의·의결기관을 마련해야 한다.

강력한 컨트롤 타워 기관이 없는 문제는 투자 유치 기능을 수행하는 문제와도 연관된다. 경제자유구역에 대한 외국인 투자 유치 활동은 경제자유구역청의 자체적인 활동, 지방자치단체 차원의 해외 투자자 지역 유치 활동, 지식경제부, 국토해양부 등 중앙부처별로 진행되는 각종 해외 IR, Invest KOREA 등의 외국인 투자 유치 활동으로 다원화돼 있다. 이로 인해 재원의 낭비뿐만 아니라 대외 이미지의 손상, 효율적인 정보의 축적 및 관리 활동의 비효율성 등의 문제가 제기되고 있다(서문성, 2008). 또한, 투자 유치와 관련된 중앙부처 간의 업무 중복도 문제가 된다. 자유무역지역, 경제자유구역, 관세자유지역, 외국인 전용공단 등 여러 가지 형태의 투자 유치 관련 지정 지역이 중첩돼 있다.

경제자유구역은 외국인 투자 유치를 하는 데 국내에서 자유무역지역, 외국인 전용단지, 국제자유도시와의 법적 적용과 실질적인 적용 단계에서 차별성을 갖는다. 산업단지는 제조공장을, 외국인 전용공단은 외국 기업만을, 자유무역지역은 수출 지향 외국 기업을 대상으로 하여 목적과 범위가 제한적이다. 이에 반해, 경제자유구역은 거시적으로 국가경쟁력을 강화하기 위한 전략적 추진구역이라고 정의할 수 있다. 그러므로 물류산업과 그 밖의 다양한 첨단 산업단지를 이루기 위한 국가적 차원의 집중 지원이 필요하다. 그럼에도 관련 부처가 다양하고 집행 부처에 대한 권한 부족의 문제로 인해 탄력적인 사업 추진이 어렵고, 외국인 투자에 관한 규제 완화와 교육 · 의료 · 법 부문에서의 제한적 개방, 관련 규제 법령의 혼재, 기초 시설에 대한 투자의 미비 등이 문제시되고 있다. 따라서 경제자유구역이 성공하기 위해서는 중앙정부 차원에서 정치적 논리와 기존의 이해관계를 벗어나 경제자유구역 지정부터 지금까지 일관된 정부의 추진 의지를 보여줄 필요가 있다.

제 4 절 경제자유구역청(장)의 낮은 권한 및 위상

경제자유구역은 도시 개발 중심으로 이뤄지고 있는 점과 경제자유구역청의 자율성 부족, 외국인 투자 유치의 실적 저조 등의 문제점이 지속적으로 지적돼 왔다. 이는 경제자유구역의 외국인 투자기업에게 세제 감면과 자금 지원이 이뤄지며, 사업 시행과 관련해서는 인 · 허가와 절차의 간소화 등의 규제 완화가 적용되고, 기반 시설 설치를 위한 국가와 지방정부의 재정 지원이 이뤄지도록 하는 계획 아래 사업이 추진됐으나, 중앙정부와 지방정부의 역할의 중복 및 이해관계의 갈등으로 인해 문제점이 지속적으로 발생하고 있기 때문이다(신춘수, 2009).

사업에 직 · 간접적으로 관련되는 기관이 다수이며 경제자유구역 사업 추진 중심기관이 불명확하면 관계 기관 간의 업무 중복과 혼선이 발생할 가능성이 있다. 경제자유구역 사업이 중앙정부(경제자유구역위원회 및 기획단)가 주도하는 사업인지, 지방자치단체(경제자유구역청)가 주도하는 사업인지 불분명하고, 경제자유구역청이 경제자유구역 사업을 주체적으로 이끄는 전략적 기구인지, 단순한 행정 처리를 위한 기구인지가 불분명해 보이기 때문이다. 특히 일선 경제자유구역청들은 직접적으로 관련된 주무부처(지식경제부, 국토해양부 등)는 물론이고 다른 중앙부처(환경부 등)에도 보고와 협의의 과정을 거쳐야 하는 업무 부담을 가지고 있으며 또한, 경제자유구역위원회의 전략적 기능이 취약해 절차적 기능만을 담당하고 있다(이창길, 2010).

그림 4-3-1 경제자유구역의 복잡한 지배구조

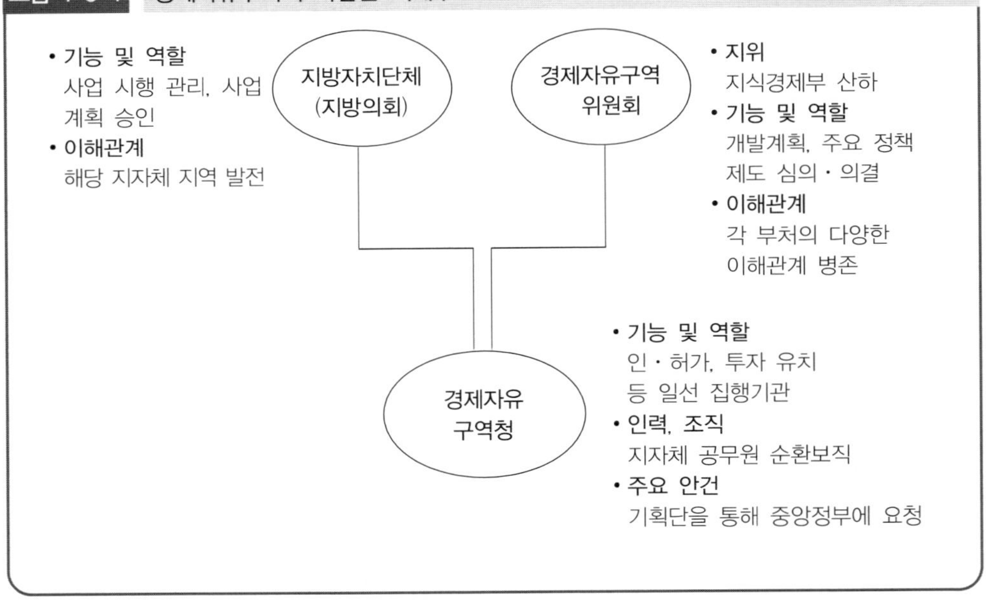

출처: 조강주(2012).

경제자유구역과 관련된 기관들을 살펴보면, 경제자유구역의 개발계획 수립, 주요 정책 및 제도에 관한 심의 · 의결 기능을 담당하는 경제자유구역위원회는 각 부처의 이해관계가 병존하는 형태다. 한편 지방자치단체 입장에서는 경제자유구역이 지역개발 사업을 병행하기 때문에 지역 발전 · 지역경제 활성화를 목적

표 4-3-4 경제자유구역 특별법의 주요 권한의 위임 내용

규제 완화 및 분권	주요 내용	근거
국토교통부 장관 → 시·도지사	도시 기본계획의 수립 및 변경 권한	제7조의2항
법률 → 조례	「국토의 계획 및 이용에 관한 법률」에서 정하는 건폐율 및 용적률의 최대 한도	제9조의2 1항
국토교통부 장관 → 시·도지사	「국토의 계획 및 이용에 관한 법률」의 도시·군 관리계획	제9조의2 2항
문화체육관광부 장관 → 개발사업 시행자	「체육시설의 설치·이용에 관한 법률」의 시설물의 설치 및 부지 면적	제9조의3
농림축산식품부 장관 → 시·도지사	「농지법」에 의한 농지의 전용(轉用)에 대한 허가	제9조의6
고용노동부 장관 → 위원회 심의·의결 필요	「파견근로자 보호 등에 관한 법률」의 근로자파견 대상 업무 및 파견 기간 연장	제17조
교육부 장관 → 위원회 심의·의결 필요	「사립학교법」의 외국 교육기관 설립	제22조
보건복지부 장관 → 위원회 심의·의결 필요	「의료법」의 외국 의료기관 및 외국인 전용 약국 제한	제23조

출처: 「경제자유구역의 지정 및 관리에 관한 특별법」 참조.

으로 하는 유인이 강하다. 그 때문에 경제자유구역 카지노, 영리병원 등 일부 사업은 중앙정부와 지방정부의 이해관계가 대립되는 상황도 발생한다.

일선 집행기관인 경자자유구역청은 인력·조직 면에서 해당 지자체의 지방직 공무원이 순환보직을 하기 때문에, 지자체에 대한 충성심이 강하다. 그럼에도 경제자유구역의 사업이 국가사업의 성격도 지니기 때문에 외국인 투자 유치, 개발사업 등 주요 업무를 중앙정부와 협의하고, 중앙과 지방 사이에서 경제자유구역 관련 사무를 처리해야 부담이 있다. 더욱이 중앙의 주요 의사결정기관인 경제자유구역위원회는 산업통상자원부 산하의 위원회로 지위가 낮기 때문에 중앙의 입장도 일관되지 못하고 다수의 이해관계에 얽혀 있는 복잡한 형태다. 특히 다른 중앙부처와의 협의를 요하는 업무의 경우에는 처리가 어렵고, 상당한 기간도 소요된다. 이런 문제는 경제자유구역청의 위상이 매우 낮기 때문에 발생하는 문제로 볼 수 있다.

경제자유구역청의 위상은 경제자유구역청장의 리더십과도 연결된다. 경제자

유구역청장이 수행하는 업무의 범위는 개발, 행정, 투자 유치로 구분할 수 있다. 행정 영역에서는 기존 기초자치구 업무 중 거주민의 국민의 지위에 관한 업무와 사회복지 업무를 제외한 모든 행정 및 민원 처리 기능을 수행한다. 반면 개발에 관해서는 지방자치단체장의 의지와 영향력이 더 많이 작용하고 있어 청장의 위상과 권한은 제한적이다. 투자 유치에서도 각종 인·허가 권한이 없기 때문에 경제자유구역청장의 역량이 발휘될 여지는 매우 적다. 경제자유구역청의 설립 취지가 행정 편의 제공, 잠재적 외국인 투자자에 대한 마케팅 활동, 경제자유구역에 거주할 내·외국인 거주자의 주거환경 개선임에도 불구하고 실질적으로는 현장관리형 행정 업무에 상당 부분을 할애하고 있다.

제 4 장

경제자유구역 지배구조와 성과와의 관계

개 관

제4장에서는 앞서 논의한 경제자유구역 지배구조 문제점이 실무에서 얼마나 나타나는지 실증적으로 살펴보기 위해 설문조사에 의한 계량분석을 했다. 설문조사는 인천경제자유구역으로 한정했으며, 본청 공무원과 경제자유구역청 직원들을 대상으로 했다. 분석 방법은 다중회귀모형과 구조방정식 모형을 적용했다. 분석모형에서 독립변수에 해당하는 지배구조 요인은 청장의 권한 요인, 규제 완화 요인, 분권 강화 요인, 이해관계자 요인, 거버넌스 내 중앙정부 위상 요인으로 설정했다. 종속변수는 경제자유구역의 성과로 측정했다.

제 1 절 실증분석을 위한 연구모형

앞서 논의한 바와 같이 현재의 경제자유구역의 지배구조는 거래비용이론, 주인-대리인이론, 이해관계자 모형, 차등적 분권이론 등으로 한계점을 설명했다. 하지만 경제자유구역 지배구조가 성과를 제약하고 있는 것인지에 대한 실증적인 접근이 필요하다. 이 장에서는 경제자유구역 지배구조 요인이 경제자유구역 성과에 어떠한 영향을 미치는지 실증분석했다. 분석은 인천경제자유구역을 대상으로 했으며, 이론적 검토를 통해 경제자유구역의 지배구조 요인으로 독립변수 5개와 성과 요인을 종속변수를 설정했다.

첫째, 청장의 권한은 경제자유구역 내의 도시 개발 및 관리에 관한 권한, 경제자유구역 관련 조직 · 인사에 관한 권한, 경제자유구역 관련 예산에 관한 권한, 경제자유구역 투자 유치 활동에 관한 권한으로 설정했다.

둘째, 규제 완화는 도시개발사업 제한 규제(수도권 정비계획, 환경영향평가, 공장총량제 등)의 완화, 각종 사업을 위한 규제(영리병원, 교육기관, 카지노 등)의 완화, 외국 경제특구와 비교해 규제 완화 수준으로 설정했다.

셋째, 분권 강화는 경제자유구역의 도시 개발 관리에 관한 권한, 경제자유구역 사업 추진을 위한 중앙 인 · 허가 권한의 이양, 경제자유구역청의 독자적인 투자 유치 활동 권한으로 설정했다.

넷째, 이해관계자는 이해관계자들(위원회, 각 부처, 광역 및 기초지자체) 간의 신뢰 관계 구축, 이해관계자들 간의 갈등 조정, 이해관계자들의 IFEZ 목표 공유, 고객 · 투자자 · 지역 주민들과의 의사소통, 고객 · 투자자와의 관계에서 행정 서비스 및 인센티브 제도의 완비, 경제자유구역청의 정책홍보(PR) 등으로 설정했다.

다섯째, 거버넌스 내 중앙정부의 위상은 위원회의 개발 인 · 허가 관련 심의 · 의결 기능, 위원회의 국비 지원 및 규모 결정에 대한 역할, 위원회의 각 부처 · 시/도 간 분쟁 및 갈등 해결 기능, 위원회의 외국인 투자 유치를 위한 지원 제도(행정절차, 인센티브) 심의 · 의결, 기획단의 경제자유구역 관련 정책 및 제도 입안 · 기획 기능, 기획단의 경제자유구역 관련 개발계획의 협의 기능, 기획단의 경제자유구역 관련 홍보 및 국제 협력 기능으로 설정했다.

끝으로 종속변수는 경제자유구역의 성과다. 분석변수는 투자 유치 성과, 도시 개발 및 관리 성과, 지역경제 활성화, 한국 경제 성장에 대한 기여 등으로 설정했다.

이 연구에서는 경제자유구역의 성과에 영향을 미치는 지배구조 요인들을 실증분석하기 위해 이론적 검토를 통해 도출된 변수들을 중심으로 다음과 같이 가설을 설정했다.

표 4-4-1 분석변수의 설정

구분	측정변수
청장의 권한	경제자유구역 내의 도시 개발 및 관리에 관한 권한
	경제자유구역 관련 조직·인사에 관한 권한
	경제자유구역 관련 예산에 관한 권한
	경제자유구역 투자 유치 활동에 관한 권한
규제 완화	도시개발사업 제한 규제(수도권정비계획, 환경영향평가, 공장총량제 등)의 완화
	각종 사업을 위한 규제(영리병원, 교육기관, 카지노 등)의 완화
	외국 경제특구와 비교해 규제 완화 수준
분권 강화	경제자유구역의 도시 개발 관리에 관한 권한
	경제자유구역 사업 추진을 위한 중앙 인·허가 권한의 이양
	경제자유구역청의 독자적인 투자 유치 활동 권한
이해 관계자	이해관계자들(위원회, 각 부처, 광역 및 기초지자체) 간의 신뢰 관계 구축
	이해관계자들 간 갈등의 조정
	이해관계자들의 IFEZ 목표 공유
	고객·투자자·지역 주민들과의 의사소통
	고객·투자자와의 관계에서 행정 서비스 및 인센티브 제도의 완비
	경제자유구역청의 정책홍보(PR)
중앙정부 기관의 위상	위원회의 개발 인·허가 관련 심의·의결 기능
	위원회의 국비 지원 및 규모 결정에 역할
	위원회의 각 부처·시/도 간 분쟁 및 갈등 해결 기능
	위원회의 외국인 투자 유치를 위한 지원 제도(행정절차, 인센티브) 심의·의결
	기획단의 경제자유구역 관련 정책 및 제도 입안·기획 기능
	기획단의 경제자유구역 관련 개발계획의 협의 기능
	기획단의 경제자유구역 관련 홍보 및 국제 협력 기능
성과 (종속 변수)	투자 유치 수행
	도시 개발 및 관리 수행
	지역경제 활성화에 기여
	한국 경제의 성장에 기여

가설 1. '청장의 권한'은 경제자유구역 성과에 영향을 미칠 것이다.
가설 2. '규제 완화' 및 '분권 강화'는 경제자유구역 성과에 영향을 미칠 것이다.
가설 3. '이해관계자 관계'는 경제자유구역 성과에 영향을 미칠 것이다.

가설 4. '거버넌스 내 중앙정부기관의 위상'은 경제자유구역 성과에 영향을 미칠 것이다.

분석변수와 가설을 도식화해서 지배구조 요인이 경제자유구역 성과에 미치는 영향의 회귀분석 모형을 작성하면 [그림 4-4-1]과 같다.

그림 4-4-1 회귀분석 모형

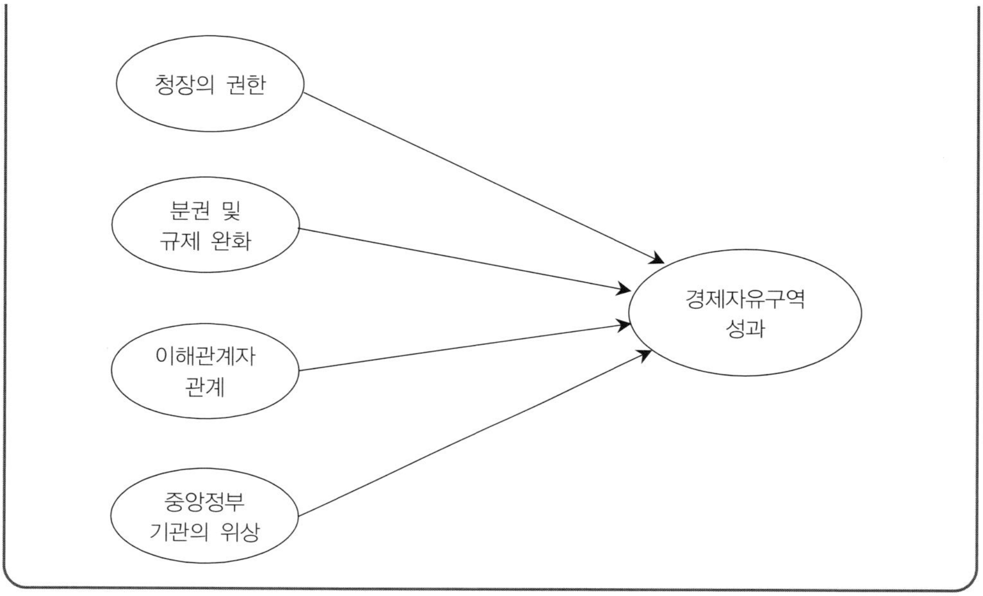

실증분석을 위해 설문지를 작성했으며, 조사 대상자는 인천경제자유구역청 공무원들과 인천시청 공무원을 대상으로 했다. 회귀분석을 위한 설문은 인천경제자유구역청과 인천시청을 직접 방문해 두 기관에 각각 300부씩 총 600부의 설문지를 배부했으며, 조사 기간은 2012년 6월 11일 ~ 6월 15일까지 약 5일간의 기간을 통해 진행했다. 회귀분석 설문지는 총 421부를 회수를 회수했는데 인천경제자유구역청이 215부, 인천시청이 206부가 회수됐으며, 총 421부 모두 분석에 활용했다.

제 2 절 실증분석 및 결과

1 전체 조사 대상자(본청+경제자유구역청)

우선 회귀분석의 선행 단계로서 상관관계 분석을 실시했다. 상관관계 분석은 피어슨(Pearson) 상관계수를 사용했으며, 양측검증(two-tailed)으로 분석이 이뤄졌다.

표 4-4-2 상관관계 분석 결과(전체 조사 대상자)

변수	성과	청장의 권한	규제 완화 및 분권 강화	이해관계자 관계	중앙정부기관 위상
성과	1	-.069*	-.011	.365***	.284***
청장의 권한		1	.589***	.296***	.331***
규제 완화 및 분권 강화			1	.448***	.483***
이해관계자 관계				1	.532***
중앙정부기관 위상					1

주: * p〈0.1, ** p〈0.05, *** p〈0.01

분석 결과 종속변수인 성과에 대해 청장의 권한은 음(−)의 상관계수를 가지는 것으로 나타났으며($p<0.1$), 이해관계자 관계와 중앙정부기관 위상은 양(+)의 상관계수를 가지는 것으로 나타났다($p<0.01$). 반면 규제 완화 및 분권 강화는 음(−)의 상관계수를 가지는 것으로 나타났으나, 통계적으로 유의미한 결과가 나타나지 않았다. 또한 독립변수 간 상관계수가 모두 0.9 이하로 나타나 다중공선성 문제가 발생할 여지는 낮은 것으로 판단된다.

앞서 설정한 가설 검증을 위해 다중회귀분석을 실시했다.

전체 조사 대상자의 경제자유구역 성과에 대한 지배구조 요인들의 다중회귀분석 결과, $R^2(adjR^2)$값은 0.215(0.206)의 모델 설명력을 가지는 것으로 나타났

표 4-4-3 회귀분석 결과(전체 조사 대상자)

회귀계수(Coefficients)

모델(model)	비표준화 계수		표준화 계수	통계량 (t)	유의 확률 (Sig.)	공선성 진단	
	B	표준 오차	Beta(β)			Tolerance	VIF
(상수)	2.284	.200		11.395	.000		
청장의 권한	-.127	.055	-.130	-2.312	.021**	.650	1.539
규제 완화 및 분권 강화	-.209	.061	-.215	-3.456	.001**	.534	1.871
이해관계자 관계	.455	.067	.377	6.790	.000**	.669	1.495
중앙정부기관 위상	.256	.063	.231	4.061	.000**	.641	1.561

주: p<0.1, ** p<0.05

모델 요약(Model Summary)

R	R 제곱 (R Square)	수정된 R 제곱 (Adjusted R Square)	추정값의 표준오차	Durbin-Watson
.463	.215	.206	.62634	1.720

통계량 변화량(Change Statistics)

R 제곱 변화량	F 변화량	자유도 1	자유도 2	유의확률 F 변화량
.215	25.970	4	380	.000

주 1: 종속변수(Dependent Variable): 성과
주 2: ANOVA : F = 25.970 (P = .000)

다. 공차 한곗값과 분산팽창 요인(VIF)값 또한 일반적 판단 기준에 수렴돼 다중공선성 문제는 존재하지 않는 것으로 나타났다.[1)]

종속변수 경제자유구역 성과에 대해 독립변수들이 미치는 영향은 '이해관계자 관계'(β=.377), '중앙정부기관 위상'(β=.231), '규제 완화 및 분권 강화'(β=-.215), '청장의 권한'(β=-.130) 순으로 나타났다. 전체 조사 대상자가 느끼

1) 일반적으로 공차 한계가 0.1 이하일 경우, 분산팽창 요인(VIF)이 10 이상일 경우 다중공선성이 존재하는 것으로 판단한다.

고 있는 경제자유구역 지배구조 요인들 중 성과에 가장 큰 영향을 미치고 있는 요인은 이해관계자 요인이었으며, 정(+)의 영향을 미치는 것으로 나타났다. 또한 중앙정부기관 위상도 정(+)의 영향을 미쳤다. 반면 현 지배구조에서 청장의 권한과 규제 완화 및 분권 강화 요인은 부(−)의 영향을 미치는 것으로 나타났다. 이 같은 결과는 경제자유구역에 관한 청장의 권한과 규제 완화 분권 실태가 경제자유구역 성과 향상을 방해하고 있는 것으로 판단할 수 있다.

2 본청 공무원

본청 공무원들이 인식하는 경제자유구역 성과에 대한 지배구조 요인의 영향을 검증하기 위해 다중회귀분석을 실시했다. 회귀분석의 선행 단계로서 상관관계 분석을 실시했다. 상관관계 분석은 피어슨(Pearson) 상관계수를 사용했으며, 양측검증(two−tailed)으로 분석이 이뤄졌다.

분석 결과 종속변수인 성과에 대해 청장의 권한은 음(−)의 상관계수를 가지는 것으로 나타났으나, 통계적으로 유의하지 않았다. 이해관계자 관계와 중앙정부기관 위상은 양(+)의 상관계수를 가지는 것으로 나타났다($p<0.01$). 또한 규제

표 4-4-4 상관관계 분석 결과(본청 공무원)

변수	성과	청장의 권한	이해관계자 관계	중앙정부기관 위상	규제 완화	분권 강화
성과	1	−.067	.382***	.313***	.151**	.006
청장의 권한		1	.251***	.282***	.325***	.610***
이해관계자 관계			1	.529***	.430***	.356***
중앙정부기관 위상				1	.582***	.364***
규제 완화					1	.546***
분권 강화						1

주: * p〈0.1, ** p〈0.05, *** p〈0.01

완화도 양(+)의 상관계수를 가지는 것으로 나타났으며($p<0.05$), 분권 강화도 양(+)의 상관계수를 가지는 것으로 나타났으나, 통계적으로 유의미하지 않았다. 또한 독립변수 간 상관계수가 모두 0.9 이하로 나타나 다중공선성 문제가 발생할 여지는 낮은 것으로 판단된다. 또한 앞서 설정한 가설 검증을 위해 다중회귀분석을 실시했다.

표 4-4-5 회귀분석 결과(본청 공무원)

회귀계수(Coefficients)

모델(model)	비표준화 계수		표준화 계수	통계량 (t)	유의 확률 (Sig.)	공선성 진단	
	B	표준 오차	Beta(β)			Tolerance	VIF
(상수)	2.534	.244		10.405	.000		
청장의 권한	-.023	.075	-.026	-.301	.764	.548	1.825
규제 완화	-.157	.070	-.205	-2.243	.026**	.489	2.045
분권 강화	-.049	.080	-.064	-.621	.535	.386	2.594
이해관계자 관계	.386	.085	.361	4.532	.000**	.643	1.556
중앙정부기관 위상	.206	.076	.215	2.717	.007**	.653	1.532

주: * $p<0.1$, ** $p<0.05$

모델 요약(Model Summary)

R	R 제곱 (R Square)	수정된 R 제곱 (Adjusted R Square)	추정값의 표준오차	Durbin-Watson
.432	.187	.166	.55134	2.021

통계량 변화량(Change Statistics)

R 제곱 변화량	F 변화량	자유도 1	자유도 2	유의확률 F 변화량
.187	9.128	5	199	.000

주 1: 종속변수(Dependent Variable): 성과
주 2: ANOVA : F = 9.128 (P = .000)

본청 공무원들의 경제자유구역 성과에 대한 지배구조 요인들의 다중회귀분석 결과, $R^2(adjR^2)$값은 0.187(0.166)의 모델 설명력을 가지는 것으로 나타났다. 공차 한곗값과 분산팽창 요인(VIF)값 또한 일반적 판단 기준에 수렴돼 다중공선성 문제는 존재하지 않는 것으로 나타났다.

본청 공무원들은 경제자유구역 성과에 대한 지배구조 요인의 영향 관계에서 '이해관계자 관계'(β=.361), '중앙정부기관 위상'(β=.215), '규제 완화'(β=−.205) 순으로 높게 나타났다. '청장의 위상'과 '분권 강화'는 통계적으로 유의미한 결과가 나타나지 않았다.

분석 결과 본청 공무원들은 독립변수 가운데 '이해관계자 관계'가 경제자유구역 성과에 가장 큰 정(+)의 영향을 미치는 요인으로 봤으며, '중앙정부기관 위상'을 두 번째로 정(+)의 영향을 미치는 요인으로 느끼고 있었다. 반면 '규제 완화' 요인은 부(−)의 영향을 미치고 있어, 현 지배구조의 규제 완화 수준이 경제자유구역 성과에 걸림돌이 되고 있는 것으로 나타났다.

3 경제자유구역청 공무원

다음으로 경제자유구역청 공무원들이 인식하는 경제자유구역 성과에 대한 지배구조 요인의 영향을 검증하기 위해 다중회귀분석을 실시했다. 회귀분석의 선행 단계로서 상관관계 분석을 실시했다. 상관관계 분석은 피어슨(Pearson) 상관계수를 사용했으며, 양측검증(two−tailed)으로 분석이 이뤄졌다.

분석 결과 종속변수인 성과에 대해 청장의 권한은 양(+)의 상관계수를 가지는 것으로 나타났으나, 통계적으로 유의하지 않았다. 이해관계자 관계와 중앙정부기관 위상은 양(+)의 상관계수를 가지는 것으로 나타났다($p<0.01$). 반면 규제 완화는 음(−)의 상관계수를 가지는 것으로 나타났으나, 통계적으로 유의미하지 않았으며, 분권 강화도 양(+)의 상관계수를 가지는 것으로 나타났으나, 통계적으로 유의미하지 않았다.

표 4-4-6 상관관계 분석 결과(경제자유구역청 공무원)

변수	성과	청장의 권한	이해관계자 관계	중앙정부기관 위상	규제 완화	분권 강화
성과	1	.049	.348***	.284***	-.013	.026
청장의 권한		1	.373***	.395***	.501***	.656***
이해관계자 관계			1	.532***	.438***	.445***
중앙정부기관 위상				1	.423***	.408***
규제 완화					1	.692***
분권 강화						1

주: * p<0.1, ** p<0.05, *** p<0.01

또한 앞서 설정한 가설 검증을 위해 다중회귀분석을 실시했다.

표 4-4-7 회귀분석 결과(경제자유구역청 공무원)

회귀계수(Coefficients)

모델(model)	비표준화 계수		표준화 계수	통계량 (t)	유의 확률 (Sig.)	공선성 진단	
	B	표준 오차	Beta(β)			Tolerance	VIF
(상수)	2.046	.277		7.394	.000		
청장의 권한	-.136	.076	-.153	-1.791	.075*	.621	1.609
규제 완화	-.024	.076	-.030	-.320	.749	.526	1.903
분권 강화	-.071	.078	-.088	-.914	.362	.487	2.055
이해관계자 관계	.381	.090	.347	4.250	.000**	.683	1.465
중앙정부기관 위상	.229	.093	.222	2.463	.015**	.562	1.781

주: * p<0.1, ** p<0.05

모델 요약(Model Summary)				
R	R 제곱 (R Square)	수정된 R 제곱 (Adjusted R Square)	추정값의 표준오차	Durbin-Watson
.455	.207	.184	.59350	2.053

통계량 변화량(Change Statistics)				
R 제곱 변화량	F 변화량	자유도 1	자유도 2	유의확률 F 변화량
.207	9.097	5	174	.000

주 1: 종속변수(Dependent Variable) : 성과
주 2: ANOVA : F = 9.097 (P = .000)

경제자유구역청 공무원들의 경제자유구역 성과에 대한 지배구조 요인들의 다중회귀분석 결과, $R^2(adjR^2)$값은 0.207(0.184)의 모델 설명력을 가지는 것으로 나타났다. 공차 한곗값과 분산팽창 요인(VIF)값 또한 일반적 판단 기준에 수렴돼 다중공선성 문제는 존재하지 않는 것으로 나타났다.

경제자유구역청 공무원들은 경제자유구역 성과에 대한 지배구조 요인의 영향관계에서 '이해관계자 관계'(β=.347), '중앙정부기관 위상'(β=.222), '청장의 권한'(β=−.153) 순으로 높게 나타났다. '규제 완화'와 '분권 강화'는 통계적으로 유의미한 결과가 나타나지 않았다.

경제자유구역청 공무원들은 지배구조 독립변수 가운데 '이해관계자 관계'가 경제자유구역 성과에 가장 큰 정(+)의 영향을 미치는 요인으로 봤으며, '중앙정부기관 위상'을 두 번째로 정(+)의 영향을 미치는 요인으로 느끼고 있었다. 반면 '청장의 위상' 요인은 부(−)의 영향을 미치고 있어, 현 지배구조에서 청장의 권한 수준이 경제자유구역 성과에 부정적 영향을 미치고 있는 것으로 나타났다.

4 실증분석의 종합 및 논의

실증분석은 경제자유구역 성과에 미치는 지배구조 요인의 영향을 분석했다. 분석 결과 전체 조사 대상자들은 '청장의 권한', '규제 완화 및 분권 강화', '이해

관계자 관계', '중앙정부기관 위상' 등 4개 독립변수 모두가 유의 수준 0.05 이하에서 통계적으로 유의미한 결과가 나타나 모든 가설이 채택됐다.

본청 공무원들의 경우에는 '청장의 권한'과 '분권 강화' 요인이 통계적으로 유의미하지 않아, 두 가설이 기각됐다.

경제자유구역청 공무원들의 경우 '규제 완화'와 '분권 강화'가 통계적으로 유의미하지 않아 두 가설이 기각됐다. 앞서 설정한 가설의 검증 결과를 정리하면 <표 4-4-8>과 같다.

표 4-4-8 다중회귀분석 결과 가설 검증 결과

전체 조사 대상자		본청		경제자유구역청	
가설	결과	가설	결과	가설	결과
가설 1-1(청장 권한)	채택	가설 2-1(청장 권한)	기각	가설 3-1(청장 권한)	채택
가설 1-2(규제, 분권)		가설 2-2(규제 완화)	채택	가설 3-2(규제 완화)	기각
가설 1-3(이해관계자)		가설 2-3(분권 강화)	기각	가설 3-3(분권 강화)	기각
가설 1-4(중앙정부기관)		가설 2-4(이해관계자)	채택	가설 3-4(이해관계자)	채택
		가설 2-5(중앙정부기관)	채택	가설 3-5(중앙정부기관)	채택

우선 전체 조사 대상자의 경우 경제자유구역 성과에 대해, '청장의 권한'(β=−.130), '규제 완화 및 분권 강화'(β=−.215), '이해관계자 관계'(β=.377), '중앙정부기관 위상'(β=.231)이 유의 수준 0.05 이하에서 통계적 유의미성을 나타냈다.

또한 본청 공무원들의 경우 '이해관계자 관계'(β=.361), '중앙정부기관 위상'(β=.215), '규제 완화'(β=−.205)가 유의 수준 0.05 이하에서 통계적 유의미성을 나타냈다.

경제자유구역청 공무원들의 경우에는 '청장의 권한'(β=−.153)이 유의 수준 0.1 이하에서 통계적 유의미성이 나타났으며, '이해관계자 관계'(β=.347), '중앙정부기관 위상'(β=.222)이 유의 수준 0.05 이하에서 통계적으로 유의미했다. 이들 결과를 비교하면 다음의 <표 4-4-9>와 같다.

표 4-4-9 회귀분석 요약

<table>
<tr><th colspan="2">구분</th><th>청장의 권한</th><th>규제 완화</th><th>분권 강화</th><th>이해관계자 관계</th><th>중앙정부기관 위상</th></tr>
<tr><td rowspan="3">성과</td><td>전체 조사 대상자</td><td>−.130**</td><td colspan="2">−.215**</td><td>.377**</td><td>.231**</td></tr>
<tr><td>본청</td><td>−</td><td>−.205**</td><td>−</td><td>.361**</td><td>.215**</td></tr>
<tr><td>경제자유구역청</td><td>−.153*</td><td>−</td><td>−</td><td>.347**</td><td>.222**</td></tr>
</table>

주: * $p<0.1$, ** $p<0.05$, 통계적으로 유의미한 결과만 제시함.

먼저 전체 조사 대상자들은 청장의 권한과 규제 완화 및 분권 수준이 경제자유구역 성과에 부정적인 영향을 미치는 것으로 인식하고 있었다. 이는 경제자유구역에 관한 경제자유구역청의 권한이 매우 제한적인 것을 감안하면, 규제 권한이나 각종 사업들에 관한 인·허가 권한, 조직·예산 등에 관한 청장 권한의 부재가 경제자유구역의 성과를 제약하는 요인으로 판단할 수 있다.

흥미로운 것은 본청 공무원들의 경우 청장의 권한 제약이 경제자유구역 성과에 미치는 영향이 통계적으로 유의미하지 않았고, 오히려 규제 완화 수준이 경제자유구역 성과에 부정적인 영향을 미치는 것으로 인식하고 있었다. 반면, 경제자유구역청 공무원들은 청장의 권한이 성과에 부정적인 영향을 미치는 것은 통계적으로 유의했으나, 본청 공무원들과는 반대로 규제 완화는 통계적인 유의미성이 발견되지 않았다. 즉, 본청 공무원들과 경제자유구역청 공무원들 사이에 인식의 차이가 있음을 발견할 수 있었다.

이해관계자와의 관계는 전체 조사 대상자와 본청, 경제자유구역청 공무원 각각의 회귀분석에서 모두 가장 높은 정(+)의 영향을 미치는 요인으로 분석됐다. 이 같은 결과로 미뤄 고객·투자자·중앙정부(위원회 및 기획단, 각 부처)·지방정부(지자체, 의회), 지역 주민 등 이해관계자들과 신뢰 관계를 구축하고, 갈등을 조정하며, 의사소통을 활발히 하는 것이 경제자유구역 성과 향상에 기여하는 것으로 생각할 수 있다.

한편 현 지배구조의 문제점 검토에서 경제자유구역 위원회 및 기획단의 위상이 낮음으로써 발생하는 여러 가지 문제점에 대해 지적했다. 따라서 분석 결과에서도 중앙정부기관의 낮은 위상은 경제자유구역 성과의 제약 요인으로 생각했으나, 오히려 정(+)의 영향을 미치는 요인으로 나타났다. 이는 전체 조사 대상자뿐만 아니라 본청과 경제자유구역청 공무원들을 각각 회귀분석한 결과에서도 동일하게 나타났다. 분석 결과를 토대로 판단하면 위원회와 기획단의 위상으로 인한 경제자유구역 성과 제약은 없는 것으로 생각된다.

제 3 절 요인 간 경로분석

1 연구모형

앞서 이론적 논의에서 검토해 요인분석을 통해 검증한 경제자유구역 지배구조 요인들은 '청장의 권한', '중앙정부기관의 위상 강화', '규제 완화 및 분권', '이해관계자와의 관계' 등 네 가지가 있다. 이하에서는 경제자유구역 지배구조 영향 요인들이 경제자유구역청 성과에 미치는 영향 관계의 경로를 실증분석하고자 한다.

경제자유구역의 지배구조 요인들의 인과성을 추론하면 다음과 같다.

첫째, 규제 완화 및 분권의 수준은 중앙정부기관의 위상과 청장의 권한에 영향을 미칠 것이다. 규제 완화 및 분권이 강화되면 지자체나 경제자유구역청에 사업 권한이 이양되므로 상대적으로 중앙정부기관의 위상(역할・기능)은 축소되고 청장의 권한은 높아질 것이다. 반대로 규제 완화 및 분권 수준이 낮은 상태라면, 상대적으로 중앙정부기관의 위상은 높을 것이고 청장의 권한은 낮은 상태가 된다.

둘째, 중앙정부기관의 위상은 청장의 권한[2]에 영향을 미칠 것이다. 경제자유구역 개발에 중앙정부기관의 관여가 많으면, 상대적으로 경제자유구역청장의 권

2) 일반적으로 조직 성과의 영향 요인에는 기관장의 행태적 리더십 변수가 사용된다. 이 책에서는 청장의 행태적 변수보다는 제도적 변수로서 청장의 권한을 측정했다. 복잡한 지배구조 내에서는 청장의 개인적 행태 및 역량보다는 제도적으로 주어진 권한이 성과에 더 큰 영향을 미칠 것으로 판단했기 때문이다.

한은 제한될 것이다. 또는 중앙정부기관의 위상이 낮더라도 제한된 범위 내에서 가급적 경제자유구역청장에게 권한을 이양하려 한다면, 중앙정부기관의 위상은 청장의 권한에 긍정적인 영향을 미칠 수 있다.

셋째, 청장의 권한은 이해관계자와의 관계에 영향을 미칠 것이다. 청장의 권한 수준은 고객 및 투자자들에게 경제자유구역청이 발휘할 수 있는 행·재정적 지원과 협상 능력으로 귀결된다. 청장의 권한이 상대적으로 낮다면, 이해관계자와의 관계에서 적극적인 역할을 하기 어려울 것이다. 이는 위원회·기획단·지방정부 및 의회와의 갈등 조정에서도 마찬가지다. 반면, 청장의 권한이 강화되면 경제자유구역청을 둘러싼 이해관계자와의 관계에서 경제자유구역청의 역량은 한층 강화될 것이다.

그림 4-4-2 가설적 경로를 고려한 제안 모형의 도출

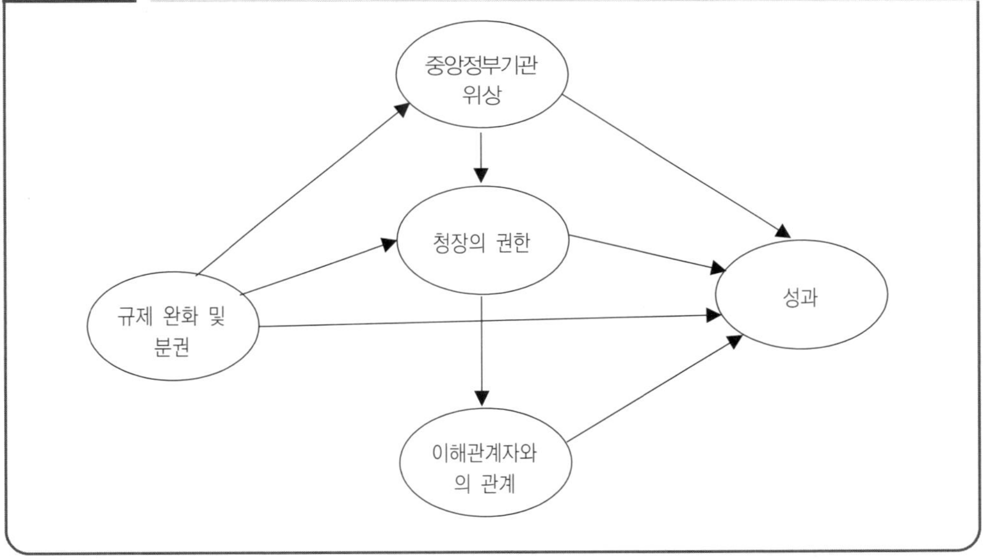

위의 [그림 4-4-2]는 전술한 경제자유구역 지배구조 요인들 간의 관계 및 경로를 도식화한 것이다. 구체적으로 '규제 완화 및 분권 수준'은 '중앙정부기관 위상'과 '청장의 권한'에 영향을 미친다. 또한 '중앙정부기관 위상 수준'에 따라 '청장의 권한'이 영향을 받고, 다시 '청장의 권한 수준'은 '이해관계자와의 관계'에

영향을 미치게 된다. 그리고 각각의 요인들은 경제자유구역청 성과에 영향을 미친다.

이상의 구조방정식 제안 모형의 경로에 대한 가설을 설정했다.

가설 1. '규제 완화 및 분권'은 '중앙정부기관의 위상'에 영향을 미친다.
가설 2. '규제 완화 및 분권'은 '청장의 권한'에 영향을 미친다.
가설 3. '중앙정부기관의 위상'은 '청장의 권한'에 영향을 미친다.
가설 4. '청장의 권한'은 '이해관계자와의 관계'에 영향을 미친다.
가설 5. '규제 완화 및 분권'은 '성과'에 영향을 미친다.
가설 6. '중앙정부기관의 위상'은 '성과'에 영향을 미친다.
가설 7. '청장의 권한'은 '성과'에 영향을 미친다.
가설 8. '이해관계자와의 관계'는 '성과'에 영향을 미친다.

2 분석 결과

이상의 가설을 검증하기 위해 AMOS를 이용해 제안 모형을 분석했다. 분석 결과 가설 1(β=.347), 가설 2(β=.618), 가설 4(β=.349), 가설 5(β=−.232), 가설 6(β=.445), 가설 8(β=.421)은 유의 수준 0.01 이하에서 통계적으로 유의한 것으로 나타났다. 또한 가설 7(β=−.188)은 유의 수준 0.05 이하에서 통계적으로 유의했다. 반면 가설 3(β=.060)은 Sig. 0.397로 통계적 유의성이 떨어지는 것으로 나타났다.

먼저 절대적합지수 가운데 χ^2(df)은 491.132로 나타났으며, p−value는 .000으로 나타나 수용 기준에 부합하지 못했다. 반면 적합지수(GFI)는 .911로 수용 기준에 부합했으며, 평균오차제곱근(RMR)도 .049로 수용 기준 .05 이하에 부합했다. 조정적합지수(AGFI)는 수용 기준에 조금 못 미치는 .873으로 나타났으며, 근사평균오차제곱근(RMSEA)는 .051로 수용 기준에 부합했다.

증분적합지수에서는 표준적합지수(NFI)와 비교적합지수(CFI)가 각각 .925와

표 4-4-10 제안 모형의 분석변수 간 경로계수

인과관계	비표준화 계수	표준화 계수	표준 오차	CR	유의 확률	가설 채택
규제 완화 및 분권 → 중앙정부기관 위상	.347	.509	.047	7.402	***	채택
규제 완화 및 분권 → 청장의 권한	.618	.693	.069	8.891	***	채택
중앙정부기관 위상 → 청장의 권한	.060	.046	.070	.847	.397	기각
청장의 권한 → 이해관계자와의 관계	.349	.454	.053	6.546	***	채택
중앙정부기관 위상 → 성과	.445	.334	.095	4.691	***	채택
청장의 위상 → 성과	−.188	−.185	.099	−1.907	.056*	채택
이해관계자와의 관계 → 성과	.421	.317	.092	4.565	***	채택
규제 완화 및 분권 → 성과	−.232	−.256	.086	−2.684	***	채택

주: *** p〈 .01, ** p〈 .05, * p〈 .1

표 4-4-11 수정 모형의 적합도 판단

비교 기준			수용 기준	제안 모형	적합 여부
적합도	절대 적합 지수	χ^2(df)	−	491.132	−
		p-value	p 〉0.05	.000	부적합
		적합지수(GFI)	〉0.9	.911	적합
		평균오차제곱근(RMR)	〈 0.05	.049	적합
		조정적합지수(AGFI)	〉0.9	.873	부적합
		근사평균오차제곱근(RMSEA)	〈0.08	.051	적합
	증분 적합 지수	표준적합지수(NFI)	〉0.9	.925	적합
		비교적합지수(CFI)	〉0.9	.961	적합
	간명 적합 지수	아카이케 정보 기준(AIC)	최솟값	697.132	−
		간명적합지수(PGFI)	최댓값	.643	−

.961로 수용 기준에 부합했고, 간명적합지수에서는 아카이케 정보 기준(Akaike Information Criterion: AIC) 값이 697.132, 간명적합지수(PGFI)가 .643으로 나타났다. 수정 모형의 적합도 판단 결과 7개의 수용 기준 가운데 5개가 적합했다. 따라서 수정 모형의 모형 적합도는 상당히 신뢰할 만한 수준으로 판단된다.

다음으로 수정 모형의 분석변수 간 경로계수는 <표 4-4-12>와 같다.

표 4-4-12 수정 모형의 분석변수 간 경로계수

인과관계	비표준화 계수	표준화 계수	표준 오차	CR	유의 확률	가설 채택
규제 완화 및 분권 → 중앙정부기관 위상	.372	.487	.054	6.825	***	채택
규제 완화 및 분권 → 청장의 권한	.734	.710	.081	9.009	***	채택
청장의 권한 → 이해관계자와의 관계	.711	.685	.099	7.167	***	채택
규제 완화 및 분권 → 성과	−.258	−.249	.093	−2.791	***	채택
중앙정부기관 위상 → 성과	.418	.308	.101	4.119	***	채택
청장의 위상 → 성과	−.162	−.162	.085	−1.922	.055*	채택
이해관계자와의 관계 → 성과	.267	.277	.075	3.583	***	채택

주: *** p< .01, ** p< .05, * p< .1

분석 결과 가설 1(β=.372), 가설 2(β=.734), 가설 4(β=.711), 가설 6(β=.418), 가설 8(β=.267)은 모두 유의 수준 0.01 이하에서 통계적으로 유의미한 결과로 나타났으며, 계수가 모두 양(+)의 값을 가지는 것으로 나타났다. 반면 가설 5(β=−.258)와 가설 7(β=−.163)은 계숫값이 모두 음(−)의 값을 가졌으며, 가설 5는 유의 수준 0.01 이하에서 통계적으로 유의했고, 가설 7은 유의 수준

그림 4-4-3 수정 모형의 공분산구조 분석 결과

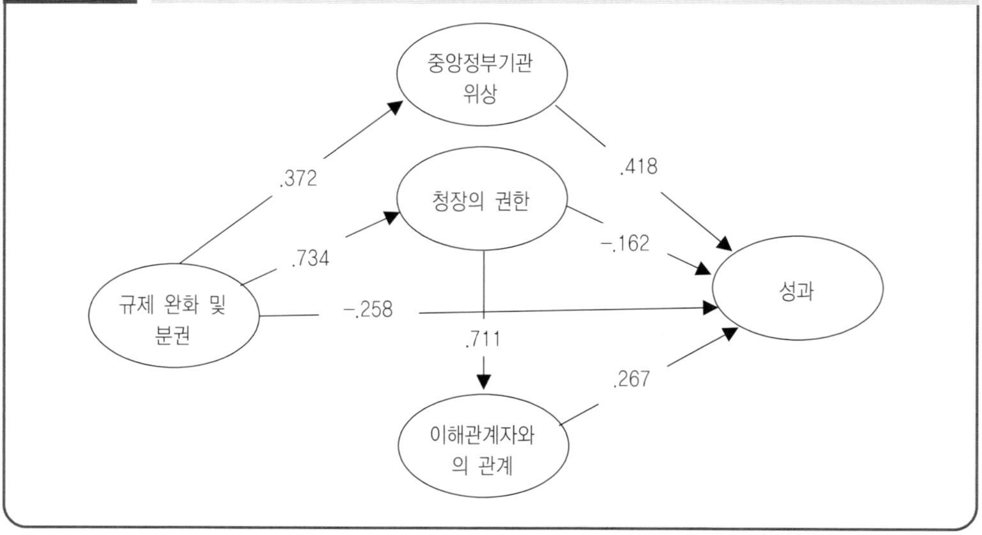

0.05 이하에서 통계적으로 유의했다. [그림 4-4-3]은 수정 모형의 공분산구조 분석 결과를 도식화한 것이다.

경제자유구역 지배구조 요인들이 경제자유구역청 성과에 미치는 직·간접 효과를 분석했다. 먼저 규제 완화 및 분권의 직접 효과는 −.258로 나타났다. 따라서 현 지배구조에서의 규제 완화 및 분권 수준은 경제자유구역청 성과 향상에 걸림돌이 되고 있는 것으로 나타났다. 청장의 권한 역시 직접 효과가 −.162로 경제자유구역청 성과 향상에 장애 요인으로 나타났다. 반면 중앙정부기관 위상의 직접 효과는 .418으로 나타났으며, 이해관계자와의 관계도 .267로 나타났다. 따라서 현 지배구조에서의 중앙정부기관 위상과 이해관계자와의 관계는 경제자유구역청 성과에 긍정적인 영향을 미치고 있는 것으로 나타났다.

규제 완화 및 분권의 간접 효과는 총 .175로 나타났다. 이 가운데 청장의 권한을 매개로 한 간접 효과는 −.119로 나타났으며, 중앙정부기관 위상을 매개로 한 간접 효과는 .155로 나타났다. 또한 청장의 권한 → 이해관계자와의 관계를 매개로 한 간접 효과는 .139로 나타났다. 따라서 규제 완화 및 분권의 간접 효과 중에서는 중앙정부기관 위상을 매개로 할 때 경제자유구역청 성과에 가장 큰 영향을 미치는 것으로 나타났다.

표 4-4-13 경제자유구역청 성과에 대한 직·간접 효과

독립변수	직접 효과	매개변수	간접 효과	총계	종속 변수	전체 효과
규제 완화 및 분권	−.258				성과	−.083
		청장의 권한	−.119	.175		
		중앙정부기관 위상	.155			
		청장의 권한 → 이해관계자와의 관계	.139			
청장의 권한	−.162					.028
		이해관계자와의 관계	.190			
중앙정부기관 위상	.418			.418		.418
이해관계자와의 관계	.267			.267		.267

반면 현 지배구조의 규제 완화 및 분권은 청장의 권한이 경제자유구역청 성과 부(−)의 영향을 미치는 것으로 나타났다. 즉, 현 규제 완화 및 분권 수준이 청장의 권한을 매우 제한해 성과 향상에 걸림돌이 되는 것이다. 이는 향후 규제 완화 및 분권이 청장의 권한을 강화하는 방향으로 개선돼야 한다는 함의를 제공함과 동시에 청장의 권한을 매개로 한 간접 효과를 정(+)의 방향으로 개선한다면, 성과 향상에 큰 도움이 될 것이라 판단할 수 있다. 특히 현 규제 완화 및 분권 수준에서도 청장의 권한과 이해관계자와의 관계를 매개로 한 간접 효과가 정(+)의 방향으로 .139의 효과를 미치고 있는 것은 청장의 권한 강화와 이해관계자 관계가 시너지 효과(synergy effect)를 낼 수 있다는 근거가 된다.

또한 현 지배구조에서 청장의 권한은 경제자유구역청 성과에 −.162로 부(−)의 직접 효과를 미치는 것으로 나타났다. 그럼에도 이해관계자 관계를 매개로 할 경우 오히려 .190으로 정(+)의 효과를 미치는 것으로 나타났다. 이는 현 경제자유구역청장이 이해관계자들과의 관계를 통해 낮은 권한 및 위상에서도 성과관리를 잘하고 있다는 것으로 판단할 수 있다. 따라서 이해관계자 관리가 경제자유구역청 성과 향상을 위해 중요한 매개 효과를 가진 요인임을 알 수 있다.

제 5 편

한국 경제자유구역의 성과 요인

제 1 장 경제자유구역 성과 관련 이론
제 2 장 경제자유구역의 성과 요인
제 3 장 경제자유구역의 성과 요인의 검증

제 1 장

경제자유구역 성과 관련 이론

개 관

경제자유구역과 관련된 이론으로는 산업입지이론, 리더십이론, PR이론 등을 들 수 있다. 산업입지이론은 특정 지역에 위치한 기업이 다른 지역으로 입지를 이동하게 되는 동기에 관한 이론으로 경제자유구역의 기업 유치를 위해 필요한 경제적·제도적 유인 동기를 설계하는 데 유용하다. 리더십이론은 경제자유구역을 추진하는 특정 정부(정권)의 정치적 과정을 이해하는 데 도움을 준다. 경험적으로 볼 때, 대표적인 성공 사례로 꼽히는 초기 중국의 4개 경제특구(선전, 주하이, 산터우, 샤먼)는 덩샤오핑(鄧小平)의 강력한 시장경제 도입 정책과 리더십에 영향을 받았다. 한국의 경제자유구역은 지방정부가 주도하는 사업이므로 경제자유구역에 대한 지방자치단체장의 의지와 역량에 따라 정치적 지지와 성과가 다를 수 있다. PR이론은 경제자유구역에 기업을 유치하기 위한 전략으로서 홍보·커뮤니케이션 등을 이해하는 데 활용된다. 외자 유치를 표방하는 경제자유구역은 다국적기업의 유치를 위해 타국과 경쟁적 상황에 놓여 있다. 이는 유리한 조건과 환경을 갖추는 것 이외에도 다양한 마케팅 전략과 홍보를 수반하게 한다.

제1장에서는 한국 경제자유구역을 이해하기 위해 산업입지이론, 리더십이론, PR이론 등 관련 이론을 적용해 살펴보고자 한다. 특히 경제자유구역의 성과 향상을 위해서는 관련 이론에 근거해 어떠한 정책들이 보완돼야 하는가를 검토한다. 앞서 언급한 이론 이외에도 경제자유구역과 관련된 이론은 다양할 수 있으며, 논의의 목적에 따라서 다르게 접근할 수 있음을 밝혀 둔다.

제 1 절 산업입지이론

외국인 투자 유치는 다양한 형태로 나타나지만, 핵심은 기업 유치에 있을 것이다. 기업이 어떠한 조건에서, 어떠한 유인 동기로 특정 지역(경제자유구역)에 입지하는지 살펴보는 것이 입지와 관련된 이론적 관심사다. 입지에 관한 이론적 관심을 통해 기업 유치에 필요한 다양한 유인 설계를 함으로써 경제적 성과를 제고할 수 있기 때문이다.

특정 지역에 위치한 기업이 다른 지역으로 입지를 이동하는 동기에 관한 연구 주제는 산업입지이론(industrial location theory)에서 자주 다뤄졌다. 시장 및 기업이 어떤 지역에 투자하는 자본의 수준과 유형이 무엇에 의해 결정되는지는 산업입지이론의 주된 관심사다. 산업입지 이론은 미시적인 수준에서 기업이 왜 그 지역에 입지하는지, 그 지역에서 투자의 수준과 유형이 왜 지금의 상태인지를 이해하는 것이다.

기업의 입지에 대한 이론은 크게 고전적 입지이론(classical theories of location)과 행태적 입지이론(behavior theories of location)으로 대별될 수 있지만 이 두 가지 이론은 상호보완적인 측면에서 발전해 왔다(김영구 외, 1996). 고전적 입지이론은 입지 결정 인자인 인간을 합리적인 경제인으로 간주하고 최소 비용 또는 최대 수요를 제공하는 공간을 입지로 선정한다는 가정 아래 경제적인 측면을 중시하고 있다. 이에 대해 행태적 입지이론은 의사결정자들이 제한된 합리성 하에서 행태적으로 의사를 결정한다고 가정한다. 개인적 선호, 정부의 정책, 지역 주민의 태도, 노동의 질적 측면 등을 주요한 의사 결정 인자로 본다. 그러나 실제 기업들은 완전 합리성에 기초한 의사 결정도, 점증적이고 제한적이고 주관적인 방법으로 의사 결정을 하는 것도 아니고 둘을 조화하는 방법으로 의사 결정을 내리기 때문에 이 두 개의 입지이론은 상호 보완적이라고 할 수 있다.

1 고전적 입지이론

고전적 입지이론(classical theories of location)은 최소비용이론(minimum cost theory) 및 최대비용이론(maximum demand theory), 최대수요이론(maximum demand theory), 비용과 수용의 통합이론으로 구분된다(김영구 외, 1996: 60). 산업 입지에 관해 처음으로 최소비용이론으로 체계화해 발표한 사람은 독일의 경제학자 베버(Alfred Weber)다. 베버(Weber, 1909)는 산업의 최적 입지를 수송비, 노동비, 집적경제를 고려해서 비용이 최소가 되는 지점으로 결정된다고 설명했다(태경섭, 2011: 12; 안영진 옮김, 2009: 19).

그에 따르면, 기업이 이윤을 극대화하기 위해서는 수송비를 최소화하는 지점에 입지하는 것이 가장 합리적이다. 이러한 가설에 입각해 수송비 최적점, 노동비 최적점, 집적의 이익지향점을 도출하고자 노력했다. 즉, 기업은 비용을 최소화하려고 노력하고 원료와 시장은 특정 장소에 편재돼 있으며, 생산 활동에서 수송비는 매우 중요한 요인이므로 이를 최소화하려는 유인이 생긴다는 것이다. 따라서 수송비용과 관련해 집적경제의 이익이 나타날 수 있다고 봤다. 또 베버는 수송비 이외에 노동비도 중요한 비용 요인이 되며, 수송비와 노동비의 최적점을 수학적으로 도출하기 위해 몇 가지 가설[1])을 제시했다.

베버는 생산비를 수송비, 노동비, 원료비로 구분했다. 제품을 생산하는 데 필요한 원료나 연료의 비용, 제품의 값은 수송비가 얼마나 드느냐에 따라 차이가 나기 때문에 장소에 따라 비용이 가장 큰 차이가 나는 것은 수송비라고 봤다. 즉, 모든 생산 요소에 대한 비용이 지역 간에 차이가 없을 때에는 총 수송비가 최소인 지점으로 공장의 위치가 결정된다는 것이다. 두 번째로 고려할 요인은 노동비다. 노동비에 의한 입지 변동은 지역 간에 노동비의 차이가 있으며, 어떤 지역의 노동비가 상대적으로 저렴할 때 발생한다. 즉, 수송비가 최소인 지점에서 노동비

1) 베버의 수송비 가설: ① 지형, 기후, 경제, 기술 조직 등은 모든 지역이 동일하다. ② 원료 산지, 동력 산지, 시장은 일정한 곳에 고정돼 있다. ③ 노동력은 충분히 공급되나 임금의 지역 차이가 있다. ④ 운송비는 화물의 중량과 운송 거리에 비례한다. ⑤ 생산자는 합리적 경제인으로 이윤의 극대화를 추구한다.

가 저렴한 지역으로 옮겨가는 데 드는 추가 수송비보다, 절감되는 노동비가 더 클 경우 노동비가 저렴한 지점이 최적 입지가 된다.

이때 베버는 이와 같은 수많은 균형점 중에 같은 비용을 연결해 얻은 곡선을 '등비용선(等費用線)'이란 개념으로 설명했다. 등비용선이란 최소 운송비 지점에서 일정 거리마다 상승하는 총수송비(원료와 제품의 수송비)의 동일 지점을 연결한 선을 말하며, 최소 수송비 지점을 중심으로 동심원으로 나타난다. 지역 간의 임금 격차에 따라 최적 입지가 변화될 수 있는 것처럼 최소 비용에 영향을 주는 또 다른 요소로 집적 이익도 최적 입지에 영향을 준다고 것이다. 만일 몇 개의 업체가 같은 지점에 입지할 경우 집적 경제의 효과가 나타나 생산비를 절감할 수 있게 된다고 한다면 이들은 한 지점에 입지하려고 할 것이다.[2] 그 이유는 한 지점에 집적함으로써 각 기업들은 생산비용을 절감시켜 더 많은 이윤을 얻을 수 있기 때문이다. 연관 산업이나 서로 다른 기업이 한 지점에 집적함으로써 발생하는 이익의 크기가 최소 운송비 지점에서의 이익보다 클 경우에는 집적이익이 큰 지점에 입지한다. 또한 추가로 드는 운송비보다 절감되는 노동비가 더 큰 지점과

그림 5-1-1 베버의 최소비용이론

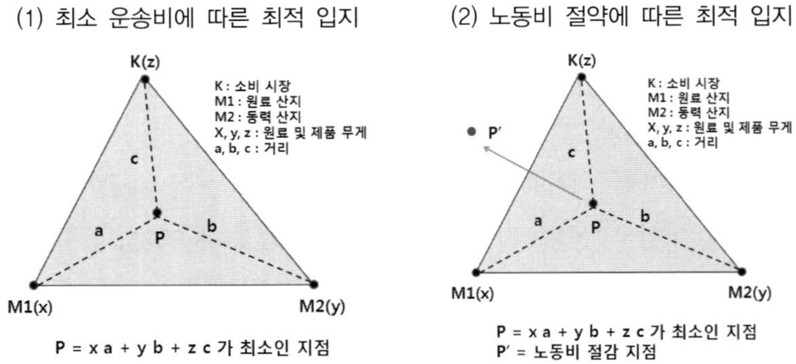

2) 집적 이익은 크게 세 가지 측면에서 발생한다. 첫째, 공장의 생산 규모에서 발생하는 규모의 경제(scale economies), 둘째, 동일한 업종이 한 지역에 집중적으로 위치함으로써 발생하는 집중화 경제(localization economies), 도시의 발달된 하부 시설을 이용함으로써 발생하는 도시화 경제(urbanization economies) 등이다(김영구 외, 1996).

발생하는 집적 이익이 더 큰 지점 중 어느 쪽이 유리한가를 고려해야 한다.

이와 같이 베버의 최소비용이론은 최소 운송비 지점, 노동비 절약의 지점, 집적이익의 지점 등을 차례로 분석해 전체적으로 최소 생산비 지점에 공장이 입지해야 최대의 이윤을 얻는다는 결론을 도출한다. 베버의 이론은 시장의 수요를 고려하지 않고 생산비만을 분석 대상으로 한 점과 운송비가 거리에 정비례한다고 본 점 등이 현실과 거리가 있다. 그럼에도 최초로 공업입지이론을 체계화했다는 평가를 받고 있다. 최적 입지를 규명하기 위한 그의 접근 방식이나 개념들은 공업의 지역적 패턴을 이해하는 데 많은 도움을 주고 있다.

2 최대수요이론

최소비용이론에 입각한 산업입지이론은 공급 측면에서 최소비용 측면만 고려한 이론으로 수요적인 측면을 고려하지 않았다. 이를 극복하기 위해 수요를 핵심적 변수로 하여 입지이론을 전개하는 것이 최대수요이론(maximum demand theory)이다(김영구 외, 1996: 60−62).

최대수요이론은 로쉬(August Lösch)에 의해 개발됐다. 그는 기업은 총소득의 최대를 목표로 하기 때문에, 총소득의 핵심 요소인 수요를 최대화하는 지점이 기업의 최적 입지라고 주장한다.[3] 로쉬는 평야상의 한 지점에 위치한 공업 생산품은 공장에서 운송 거리에 따라 판매 가격이 증가되고, 점차 수요량이 감소되다가 어느 지점에 이르러서는 수요가 0이 되는데, 이 거리를 반지름으로 하는 원이 그 기업이 독점할 수 있는 시장 범위가 된다고 했다. 한 평면에서 기업과 기업들 간에 경쟁에 의해 자기 기업의 수요시장의 범위가 일정한 균형에 도달하게 되면 6각형 형태의 시장 공간 균형 상태가 형성된다.

로쉬의 6각형 시장 지역을 이용한 최대수요이론은 모든 공간상에 수요가 균

3) 로쉬가 이와 같이 시장의 중요성을 거론하기 전에 팰랜더(T. Palander)는 운송비의 증가율은 거리가 증가함에 따라 체감하는 특성이 있기 때문에 최소 운송비 지점이 시장이나 원료 산지에 위치할 수도 있다고 언급함으로써 시장의 중요성을 언급하기도 했다.

등하게 분포돼 있다는 가정 하에서 잠재 수요의 분할에만 초점을 두고 있다. 따라서 공간에 따라 수요의 차이가 극심한 현시에서 기업의 입지를 설명하는 데 상당한 어려움이 있다. 이 로쉬의 이론은 현실의 입지 결정에 대한 설명보다는 기업 입지에서 수요 측면을 바라보게 한 발상의 전환을 가져왔다고 평가할 수 있다.

3 신고전적 통합이론

신고전적 통합이론(neo－classical theory)은 고전입지이론의 비용최소화 또는 수요극대화라는 두 가지 주장을 통합해 종합적인 일반이론으로 정립하려는 노력에서 시작됐다. 대표적인 학자가 이사드(Walter Isard)다. 이사드 이론의 핵심적인 개념은 경제이론에서 자본이 노동력을 대체할 수 있는 것처럼 여러 입지 후보 중에서 최적 입지에 영향을 주는 생산 요소 비용들을 서로 대체함으로써 최적 입지가 달라질 수 있다는 가설이다. 즉, 원료나 제품의 단위 거리를 수송하는 데 드는 수송비는 무게와 거리에 따라 서로 대체될 수 있다는 것이다. 수송 거리가 같은 지점을 연결한 곡선을 변형곡선이라 하고, 비용이 동일한 지점을 연결한 곡선을 등비용선으로 할 때, 수송 거리가 동일한 변형곡선과 등비용선들 중에서 가장 비용이 저렴한 등비용선과 만나는 지점이 최적의 입지라는 것이다(태경섭, 2011: 24).

한편 스미스(David Smith)는 기존의 신고전 입지이론이 주장하는 바와 같이 입지가 반드시 최소 비용이나 최대 수요에 의해 정해진다는 것을 비판한다. 그는 비용과 수요의 비교를 통해 수익이 나는 범위 내에서 어디에나 입지가 정해질 수 있다는 융통성 있는 입장에서 입지론을 전개했다(태경섭, 2011: 25). 스미스는 생산 활동에 필요한 비용은 어느 곳에 입지하든지 기본적으로 동일하게 드는 기본비용(basic cost)과 지역에 따라 차이가 나는 입지비용(locational cost)으로 구성되며, 이 두 개의 비용의 합을 총비용으로 봤다. 총비용에 영향을 주는 요인으로는 토지, 노동력, 원료 및 생산 시설을 포함한 자본 등이 있다. 또한 수요도 지역마다 크게 차이가 나고 그에 따라 가격도 지역마다 달라서 총수입도 지역마다 큰 차이가 난다는 것이다.

총비용과 총수입의 차이가 가장 많이 나는 지역이 최대의 수익을 보장하는 지역이 된다. 하지만 기업의 의사 결정이 반드시 경제적인 요인만으로 결정되지는 않는다. 이익이 발생하는 공간적인 범위 내에서 최적지가 아니더라도 어느 곳에서나 입지할 수 있다는 의미로 준최적지(sub−optimum location)가 주장되기도 하는 것이다. 스미스는 공간적 거리에 따라 비용의 차이를 받아들였다는 점에서 고전적 입지이론을 승계하고 있으나, 수송비 외에도 개인적 요인, 비경제적 요인들에 의해서도 입지가 결정될 수 있다는 점에서 시사점을 주고 있다.

4 행태적 입지이론

1) 행태적 입지이론의 전개

1960년대에는 산업입지이론뿐 아니라 사회과학 각 분야에서 행태주의적 접근법이 도입되기 시작했다.[4] 행태주의적 접근법은 인간은 이성적이고 합리적으로 행동할 수 없고, 복잡하고 다양하고 점증적인 방법으로 합리성을 추구한다고 가정한다. 경제적 합리성 외에 심리적인 요인, 비경제적인 요인, 정책적 요인 등이 작용하며 단일의 최적 입지만 있는 것은 아니라는 것을 가정한다.

행태적 입지이론(behavior theories of location)은 크게 나눠 세 가지 가정을 전제하고 있는데, 그 내용은 다음과 같다.

첫째, 고전적 입지이론에서와 같이 최적합리적인 입지(optimal−rational location)를 찾는 것이 아니라 제한된 합리성에 기초를 두고 주어진 현실에서 입지를 찾게 된다는 것이다. 프레드(A. R. Pred)는 인간이 제한된 합리성 범위 내에서 행동한다고 가정하고, 입지가 입지 결정자의 능력 및 수집한 정보의 범위 내에서 이뤄

4) 행태주의(behaviorism)는 초기와 후기로 나눠 설명하기 한다. 논리실증주의(logical positivism)에 의해 과학적으로 증명되지 않는 일체의 것은 배제하고 오로지 과학적 사실로 증명될 수 있는 것만 연구의 대상으로 해야 한다는 초기 이론과 인간 행태의 다양성을 거론하는 후기 행태주의로 나눌 수 있다. 이 연구의 입지이론에서 거론되는 행태주의는 논리실증주의에 따른 초기 행태주의보다 후기 행태주의 이론에 더 가깝다고 볼 수 있다.

진다고 봤다. 최적 입지의 선정 가능성은 정보가 많고 이를 이용할 능력을 가진 사람이 더 높다. 그러나 이것은 어디까지나 확률적인 것으로 반드시 최적의 입지를 선정하는 것만은 아니라는 점을 강조한다. 즉, 경제적 합리성에 따른 최적 입지를 확보하지 못할 수도 있다는 것이다.

둘째, 행태적 입지이론은 시간의 변수를 중요시한다. 의사 결정의 단계별 또는 기업 발전에서 '초기 창업 단계'와 '성장 발전 성숙 단계'에 따라 각각 그 입지 의사 결정의 내용이나 합리성의 수준도 다를 수 있다는 것이다. 기업의 입지 결정에서 초기 입지와 2차적 입지를 구분해 초기 입지는 결정자의 고향 등 익숙하고 제한된 합리성에 입각해 의사 결정을 내리지만 2차적 입지는 고전입지이론과 같이 입지를 선택한다고 주장하기도 한다.

셋째, 행태적 입지이론은 제한적인 합리성에서 입지 결정자가 외부 환경과 끊임없이 교호작용을 하면서 점증적인 의사 결정을 하는 과정이라고 할 수 있으므로 입지 결정자의 주관적 인지 과정을 매우 중요시한다. 공간 자체의 이중적 성격에 주목해 객관적 입지(objective location)는 입지를 선정하는 인간의 주관적인 인지 과정을 거친 행태적 입지(behavioral location)로 인식된다는 점이다. 객관적 입지가 주관적으로 어떠한 내용으로 인식되는가에 따라 결정 내용이 달라질 수 있음을 의미한다.

2) 행태적 입지이론에서의 주요 입지 요인

행태적 입지이론은 고전적 입지이론에서 간과했던 비경제적 요인의 중요성을 인식하기 시작했다.

첫째, 개인적 요인과 정보의 수집 가능성을 중요시했다. 입지를 결정하는 데 중요한 요인은 의사결정권자의 역량과 그가 수집할 수 있는 정보의 양에서 절대적 영향을 받는다. 의사결정권자의 기호와 선호, 인간적 특성, 주어진 정보를 해석하고 적용하는 능력 등 개인적 영향이 크게 작용한다. 정보의 수집 가능성에서도 기업의 초기와 기업이 어느 정도 성장한 후에 가용할 수 있는 정보의 양과 질에서도 큰 차이가 있을 수 있다.

둘째, 정책적 요인으로 입지를 결정하는 데 세제 등 인센티브와 규제에 의해 영향을 받는다. 공공정책적 요인에는 기업을 유치하고자 하는 정치적 리더십을 행사하는 사람의 영향도 포함한다. 정부가 제공하는 인센티브와 정치인의 적극적인 자세에 의해 의사 결정되는 것은 주변에서 흔히 볼 수 있는 사례다. 전술한 외국 사례에서도 경제특구의 성공 요인 중 정치적 지지가 매우 중요하다는 것이 논의됐다.

셋째, 기업 활동을 위한 산업 인프라 요인을 들 수 있다. 도로, 공항, 항만, 전력, 용수 등 기업이 생산 활동을 하는 데 필요한 기반 시설이 어떠하냐에 따라 기업 입지가 결정된다. 인프라 요인은 생산 활동뿐 아니라 생산품의 소비시장으로의 연결에도 중요하며 고전적 입지이론에서 이야기하는 최소 비용이나 최대 수익과 직결되는 요인[5]이기도 하다. 세계적으로 성공한 경제특구의 상당수가 해안가에 위치한 것은 항만을 끼고 있기 때문이다. 최근에는 항만에 비해 상대적으로 공항의 중요성이 더해지고 있다.

넷째, 사회적 인프라 요인이다. 사회적 인프라에는 기업이 입지하고자 하는 지역의 치안, 유능한 인재의 획득 가능성, 관련 산업의 집적도, 연관 산업의 발전 수준, 행정기관의 서비스 수준 등이 있다. 경제특구는 입지하는 기업의 상당수가 외국 기업이기 때문에 사회적 인프라 요인의 상대적 중요성은 부각되고 있다. 중국 경제특구의 성공 요인 가운데는 단일 공단이나 기업 유치를 위한 전략을 넘어서, 정주 여건 개선을 통한 도시 개발이 주효하기도 했다. 또한 기업의 성공을 위해 우수 인력의 확보와 전후방 관련 산업의 집적, 행정기관의 서비스 수준과 같은 소프트웨어적인 인프라의 중요성도 부각되고 있다.

3) 산업입지이론의 성과 요인과의 관계

이제까지 산업입지이론을 논의한 것은 산업입지이론이 경제자유구역의 영향 요인과 밀접한 관련이 있고, 크게 보면 산업 입지 요인 하나하나가 경제자유구역의 성과 요인이라고 할 수 있기 때문이다.[6] 고전적 입지이론, 신고전적 통합이론,

---

5) 엄격한 의미에서 고전적 입지이론에서는 인프라 요인은 외부경제 효과로 봐 주어진 변수로 고려하지만 실질적으로 수송비나 노동비에 큰 영향을 끼치고 상품 소비시장으로의 수송과도 관련된다.

표 5-1-1 고전적 입지이론 및 행태적 입지이론의 주요 입지 요인

이론	입지 요인		비고
고전적 입지이론	최소비용이론	– 수송비 – 노동비 – 집적 이익	경제적 요인
	최대수요이론	– 최대 수요	
	신고전적 통합이론	– 수송비와 등비용선	
행태적 입지이론	개인적 요인	– 개인적 기호, 경험	비경제적 요인
	정보 요인	– 정보의 질과 양	
	공공정책적 요인	– 인센티브, 분권화 – 리더십 – 정치행정적 지원	
	인프라 요인	– 도로, 항만, 공항, – 전력, 용수 등	
	사회적 인프라 요인	– 치안, 교육, 의료 등 – 연관 산업 – 행정기관 서비스	

행태적 입지이론 등을 종합해 경제자유구역 성과 영향 요인을 정리하면 <표 5−1−1>과 같다.

제 2 절 리더십이론

리더는 조직의 성과를 극대화하고자 한다. 리더의 역할은 크게 세 가지로 정의될 수 있으며, 그 내용은 다음과 같다.

첫째, 부하 직원들을 조직 목표 달성을 위해 동기화시킨다. 자연 상태의 개인들은 다양한 개성을 가지고 있지만 조직 속의 개인은 특정 목적 달성을 위해 조

6) 개별 기업 입장에서는 입지와 성공 영향 요인이 구분되지만 경제자유구역 전체로 봤을 경우에는 기업들이 그 지역을 입지로 선택한다는 것 자체가 경제자유구역으로 성공하고 있다고 볼 수 있기 때문에 입지 요인과 성공 영향 요인은 같은 의미를 가진다고 할 수 있다.

직화돼야 한다. 따라서 리더는 그 개인들에게 특정 목적을 자신 개인의 목적으로 내면화시킬 필요가 있다. 이와 같이 조직의 목표를 개인의 목표로 개인화하는 과정을 동기화라고 할 수 있다.

둘째, 리더는 그 조직의 목표 달성을 위해 자원을 동원할 수 있는 역량을 갖춰야 한다. 정치적 지원을 위해 국민적 지지나 여론의 지지를 받아 내고, 예산을 확보하고, 법령 통과를 위해 입법을 위한 활동이나 다른 조직의 힘을 동원하는 등 자원을 조달할 수 있어야 한다.

셋째, 리더는 갈등하고 상충되는 상황을 정리하고 조정하는 역할을 수행한다. 조직을 가동할 때에는 그 조직 내부에 하위 조직들 간의 갈등과 의견 충돌이 나타날 수 있다. 이는 조직 목표 달성을 위한 필연적인 과정이지만 적절하게 조정하지 못하면 목표 달성 불능 또는 조직의 붕괴를 가져올 수도 있다.

리더십이란 한 조직이나 집단의 리더가 부하 또는 조직원들을 특정한 목표를 이루기 위해 발휘하는 역할을 의미한다. 리더의 역할에 따라 그 집단이나 조직이 의도된 목표를 성취할 수 있고 실패할 수도 있다. 따라서 조직 목표 달성을 위해 경영학과 정치학, 행정학 등에서 리더십은 중요한 연구 대상이었다.

리더 중심 관점에서의 리더십은 기본적으로 리더의 자질이나 역량에 기인한다는 점을 중시해 부하와 구별되는 리더의 특성을 연구하는 특성이론,[7] 조직의

표 5-1-2 주요 리더십이론 현황

주요 관점	주요 리더십 이론
리더 중심 관점	–특성이론 –행동이론 –리더십 대체이론 –변혁적 리더십이론
관계 중심 관점	–리더–부하 교환이론 –개별화된 리더십이론
상황 중심 관점	–피들러(F. E. Fiedler)의 리더십 상황이론 –브룸(V. H. Vroom)과 예튼(P. W. Yetton)의 의사결정이론

출처: 이상호(2001) 참조.

7) 리더와 부하를 구별하는 특정 특성 즉 성격, 인지 능력, 또는 가치관을 찾고자 하는 연구.

성과를 가져오는 리더의 특정 행동적 특성을 분석해 내는 리더십 행동이론[8]이 있다. 또 새로운 리더 중심 리더십이론으로는 리더십 대체이론이 있는데, 이 이론에서는 리더가 부하에게 성과에 영향을 주는 요인이 무엇인가를 밝혀내고 이를 대체할 수 있는 특성이 무엇인가를 규명하는 이론[9]이다.

조직론에 입각한 번스(Burns, 1978)와 배스(Bass, 1985)의 리더십 연구에서 변혁적(transformational) 리더십은 부하의 역량을 최대한 관리하고 활용하는 차원을 넘어서 새로운 비전의 제시와 영감, 지적 자극을 통해 개인은 물론 조직의 변화를 이끌어 내는 것에 관심을 가지게 된다.

변혁적 리더십은 리더와 부하 간의 교감을 통해 조직을 변화시킴으로써 총체적 목적을 추구하는 과정으로 이해한다(Burns, 1978; Bass & Yammarino, 1990; Draft, 2003). 변혁적 리더십은 하위 직무 종사자들의 질적인 변화를 추구하기 위해 새로운 패러다임으로 제기됐으며, 하위 직무 종사자들로 하여금 리더를 신뢰하게 하고, 리더에 충성하게 하며, 리더를 존경하게 함으로써, 애초에 구성원에게 기대한 것 이상의 노력을 스스로 기울이게 하는 과정으로서 정의하고 있다.

관계 중심 리더십은 리더와 부하 간의 쌍방적 교환 관계에 기초해 영향력을 행사하는 과정에 초점을 맞춘 이론이다. 같은 집단 내부에서도 리더와 부하의 교환 관계의 정도에 따라 리더십의 성과가 달라질 수 있다고 보는 이론이다. 리더－부하 교환이론은 리더와 부하의 상호작용은 한 집단 내 부하 간에도 차별적인 관계를 형성한다고 본다(Dansereau, Cashman, & Graen, 1973).

그리고 개별화된 리더십이론은 리더와 부하의 관계는 다른 부하와는 독립적으로 관계를 형성해 부하의 성취를 위한 관계를 형성해 리더가 부하의 자아가치를 실현하는 지원과 부하는 성과를 보임으로써 교환 관계를 형성한다는 것이다.[10]

---

8) 리더의 효과를 가져오는 리더십 행동을 찾으려 하는 바 많은 연구자가 리더십 행위 중 배려(consideration)와 구조주의(initiating structure)라는 두 차원의 리더십 행동에 초점을 맞추고 있다.

9) 커와 저미어(Kerr & Jermier, 1978)가 제안한 리더십 대체 요인으로는 부하의 특성(능력, 독립 욕구, 프로 지향성 등), 과업의 특성(확실성, 방법론적 무차별성 등), 그리고 조직의 특성(공식화, 경직성 등)을 들고 있다(이상호, 2001: 11).

10) 리더－부하 교환이론과 개별화된 리더십이론은 부하를 차별적으로 다룬다는 점에서는 같으나 리더－부하 교환이론은 부하를 다른 부하와의 비교를 통해 차별화해 대하는 데 비해, 개별화된 리더십이론은 부하들과의 상호 비교 없이 부하의 자아 실현을 위해 차별화한다는 점에서 차이

상황 중심 리더십이론은 리더가 부하에게 주는 영향력 또는 효과는 상황에 따라 달라질 수 있다는 개념에 기초해 특정한 상황에서 리더의 어떤 특성이나 행동이 조직의 성과에 영향을 준다는 이론이다. 피들러(Fiedler, 1967)의 리더십 상황이론은 리더를 관계 지향 유형과 과업 지향 유형으로 구분하고 각 유형의 효과는 그 리더가 직면하는 상황에 따라 달라진다는 것이다.[11]

브룸과 예튼(Vroom & Yetton, 1973)은 리더가 부하로 하여금 의사 결정 과정에 참여시키는 정도는 의사 결정 문제의 특성에 따라 달라진다는 것이다. 리더는 의사 결정 상황에 알맞은 의사 결정 유형을 선택해야 효과적인 리더십을 발휘할 수 있다고 보고 있다.

리더는 조직 목표 달성을 위해 매우 중요한 역할을 수행하므로 어떤 리더십이 조직의 목표 달성을 위해 더 유용한가에 대해서는 다양한 연구와 논의가 진행되고 있다. 경제자유구역의 경우에도 리더십의 유형과 역할에 따라 경제자유구역의 성과에 큰 영향을 미친다는 관점에서 리더십도 중요한 성과 영향 요인이라고 할 수 있다.

제 3 절 PR이론

경영관리 및 행정관리 현상으로 대두된 PR(Public Relation)은 1900년을 전후로 미국에서 성장·발달한 것으로 기획·예산·인사와 함께 4대 관리 기능의 한 부분으로 다뤄지고 있다(윤정길, 2000). PR에 대한 정의는 대단히 많고 다양하다. 라이트와 에반스(Wright & Evans, 1964)는 PR이란 인간관계(human relation)와 관련된 산업 개념으로, 사람과 관계 있는 각 기업이 그 자신을 매일 사람들 사이에서 발견하지 않으면 안 되는 정황이고, PR은 회사의 사람과의 관계를 취급하는 훈련된 방법이라고 정의했다.

가 있다(이상호, 2001: 20).

11) 여기서 상황이란 리더-부하의 관계, 과업구조, 직위에 의한 권력 등이 될 수 있다고 본다.

할로(Harlow, 1942)는 PR이란 하나의 과학으로 이 과학에 의해 조직체는 사회적 책임을 완수하고 성공에 필요한 공중의 인정과 지지 협력을 얻기 위한 의식적인 시도를 행할 수 있다고 해서, PR이 조직체가 공중에 대한 책임이라고 강조하고 있다.

그런가 하면, 마스턴(Marston, 1963)은 PR이란 사람들에게 영향을 미치는 모든 상황 · 활동 또는 언어라고 해서, PR을 고용인 · 고객 · 재료 공급자들로 하여금 자기의 기업을 좋아하고 존경하도록 만드는 기술로 보고 있다. 이상의 학자들을 종합하면, 라이트와 에반스는 PR의 인간관계적 측면을 강조하고 있으며, 마스턴은 가설적인 측면을, 할로는 기업의 사회적 책임과 PR을 연관짓고 있다.

한편 커틀립과 센터(Cutlip & Center, 1958)는 PR이란 대중의 태도를 평가하고 한 개인 또는 조직체의 정책이나 행위 등을 대중의 이해관계와 일치시키고, 대중의 이해와 인정을 얻기 위한 실천계획(a program of action)을 수행하는 관리기능(management function)이라고 정의한다(윤정길, 2000). PR의 관리적 측면을 강조하는 것이다.

PR을 행정관리에 접목시킨 것이 정부 PR이다. 정부 PR은 정부에서 일정한 가치 이념을 형성 · 수립해 이에 대한 국민의 우호적이며 잠재적인 동조적 태도를 획득하기 위한 행정관리의 기술이다(박문옥, 1965). 요컨대 정부 PR은 1차적으로는 정부가 주체가 돼 그 객체인 국민과 신뢰 관계를 형성 · 유지 · 강화해 나가며, 설득을 통해 지지 · 협조 관계를 이끌어 나가는 커뮤니케이션 활동이라고 볼 수

그림 5-1-2 PR 개념의 설명도

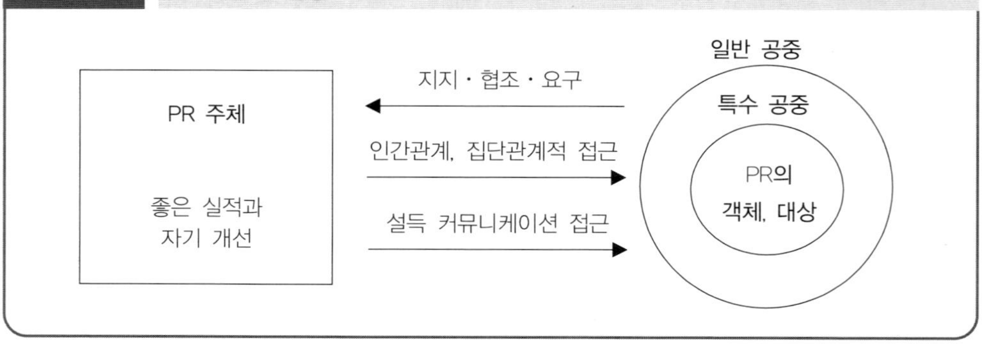

출처: 윤정길(2000).

있다.

하지만 정부 PR은 정부－국민 관계를 일방향적으로만 규정하지는 않는다. 단순히 정보를 제공한다는 의미에서 벗어나 정부와 공중 관계까지 포함하고 있다. 일본에서는 '행정광보(行政廣報)'라는 용어를 사용하는데, 넓게는 PR과 동의어로 쓰이며, 좁게는 '알리는 것'으로 풀이된다. 즉, '알리는 것'(주지)과 '듣는 것'(광청)의 종합적 기능으로 이해한다. 정부 PR의 성격은 공중을 행위 주체로 인식하는 수평성, 교류성의 성격과 객체로 인식하는 객관성, 교육성이 공존하는 복합적 성격을 가지고 있다.

경제자유구역에 관한 PR이론은 직접적인 이해관계자인 투자자 및 기업에 대한 PR 활동, 사업 과정의 이해관계자인 지역 주민 · 지역 시민단체 · 지역 언론 등에 대한 PR 활동을 들 수 있다. PR의 주체를 기준으로 살펴보면, 중앙의 경제자유구역위원회 및 기획단, 주무부처인 산업통상자원부의 PR 활동이 있을 수 있다. 사업의 직접 주체인 지방정부에서는 광역지방자치단체와 기초지방자치단체가 모두 포함될 수 있으며, 일선 행정기관으로서 경제자유구역청의 PR 활동이 있다. 경제자유구역은 지방정부의 사업이기 때문에 주민이 직접적인 이해당사자로서 PR의 대상이 되지만, 국가 전체의 경쟁력 강화에 기여한다는 관점으로 보면 국민에게도 PR 활동을 해야 할 책임이 있다.

제 2 장

경제자유구역의 성과 요인

개 관

제2장에서는 앞서 이론적으로 접근한 내용을 바탕으로 경제자유구역의 성과 요인을 좀 더 면밀하게 살펴보고자 한다. 이론적 논의를 기반으로 도출한 경제자유구역의 성과 요인은 다음과 같다.

첫째, 입지 · 인프라다. 기업의 투자 유치 선택에 가장 기초가 되면서 중요한 요인이라 할 수 있다.

둘째, 지자체장 · 청장의 리더십이다. 경제자유구역은 지자체 사업에 해당하기 때문에 개발이 탄력적으로 추진되기 위해서는 지자체 및 경제자유구역청 기관장들의 리더십이 중요하다.

셋째, 중앙정부와의 관계에서 분권 및 규제 완화가 필요하다. 지자체와 경제자유구역청에 좀 더 실질적인 권한이 담보돼야 성과가 향상될 수 있다는 것이다.

넷째, PR 및 행정 지원 서비스다. PR은 투자 유치 활동과도 연관되며, 고객 관점의 행정 지원 서비스를 제공할 수 있어야 한다는 것이다.

다섯째, 주거환경 및 정주 편의성이다. 최근 각국의 경제특구들은 다국적기업의 유치를 위해 외국인의 편의성을 고려한 정주환경 조성에 관심을 쏟고 있다.

제 1 절 입지 · 인프라

기업이 투자 결정할 때 가장 중요한 요인 중 하나가 입지다. 외국인 투자 유치 등 경제자유구역이 성공하기 위해서는 인센티브, 규제 완화 등의 소프트웨어적인 지원뿐만 아니라 인프라 등 하드웨어의 구축도 매우 중요하다. 입지는 단순히 장소적 개념에 머무르지 않는다. 즉, 입지는 기업 투자의 기준이 되는 비용(cost)과 편익(benefit)을 결정하며, 사업의 성패를 가름하는 인재와 정보 획득을 결정짓는 중요한 요인이기도 하다. 또한 지정학적으로 넓은 배후 시장을 가지고 있는가도 중요한 고려 사항이 될 수 있다. 중국의 경제특구나 인천경제자유구역의 경우에는 중국 대륙이라는 넓은 소비시장이나 인력시장이 투자를 결정하는 요인이 되며, 폴란드나 아일랜드의 경우에는 EU 통합에 의해 만들어진 인위적인 EU시장을 겨냥해 기업이 입지하는 경우가 많다.

지리적 입장에서의 입지는 공항, 항만, 도로와 같은 인프라와 밀접한 관계를 가진다. 1980년대 중국의 경제특구나 인천경제자유구역을 포함한 한국의 경제자유구역이 대부분 해안가에 입지한 것은 원자재 수·출입이 용이한 항만이 기업 입지에 중요한 지리적 조건이기 때문이다.

그러나 1990년대 이후 IT산업의 비중이 커지면서 수출입 화물의 무게가 상대적으로 가벼워지고 대량 수송보다 신속한 수송의 중요성이 커져 감에 따라 공항과 관련 인프라의 중요성이 커지고 있다. 또한 화물의 이·수송 외에 인력의 자유로운 이동의 중요성이 증가한 것도 인접 공항의 필요성을 증대시켰다. 따라서 각국의 경제자유구역(경제특구)은 상대적인 입지의 우위성을 점하기 위해 인프라를 경쟁적으로 확대하고 있다.

기업 입지에는 물리적·인프라적 요소 외에도 인력 확보를 위한 지리적 요인이 고려된다. 인력 확보는 값싼 노동력의 확보와 우수한 고급 인력의 확보 두 가지 모두 중요하다. 다만 투자사업의 성격에 따라, 대량 조립·가공산업의 경우에는 저임금의 대량 노동력을 쉽게 확보하는 것이 중요할 수 있고, 하이테크 또는 연구개발 사업의 경우에는 고급 인력이 중요할 것이다. 저임금 대량 노동력을 위해서는 저가의 임대아파트 공급과 대중교통의 확충이 필요하고, 고급 인력 확보를 위해서는 교육·의료 등의 정주환경 개선이 필요할 것이다.

그림 5-2-1 경제자유구역 인근 공항 시설 및 항만 시설

	김포	김해	대구	광주	청주	무안	여수
면적(1000㎡)	8,635	6,518	6,617	5,854	6,739	2,585	1,327
여객(만명/년)	35,750	17,330	3,750	2,940	3,150	5,100	2,720
화물(만톤/년)	143.3	35.2	1.8	5.6	3.7	5	1.1

항별	항만 시설능력	
	선석	물동량(TEU)
인천항	1(5만톤), 2(4만톤), 1(5천톤), 2(1만8천톤)	1,997,779
평택 당진항	4(5만톤), 4(3만톤), 4(2만톤)	529,509
군산항	9(2만톤), 3(3만톤)	122,385
광양항	6(5만톤), 2(2만톤)	2,073,392
진해항	9	342
부산항	16(5만톤), 5(2만톤), 1(1만톤), 2(5천톤), 12	16,184,706
울산항	2(3만톤), 4(2천TEU), 1(2천TEU)	326,882
포항항	45	1,159,806(벌크(R/T))

주: 공항 시설은 2012년 기준, 항만 시설은 2011년 기준 자료임.
출처: 경제자유구역 기획단 홈페이지 참조.

제 2 절 지자체장 · 청장의 리더십

경제자유구역의 중요 의사 결정 과정은 지자체 본청과 출장소(조합)인 경제자유구역청으로 이원화돼 있는 형태다. 즉, 리더십 발휘의 주체가 되는 기관장이 둘 이상인 셈이다. 지자체장은 경제자유구역의 예산 등의 권한을 가지고 있고, 경제자유구역청장은 실질적인 투자 유치 활동과 집행기관의 오너 역할을 수행한다. 법률 및 조례상 두 기관장의 역할은 상이하지만, 이 둘의 관계는 상호 보완적

관계에 있다. 정치인인 지자체장은 선거를 의식해 지역 주민의 현안인 경제자유구역의 사회·경제적 성과에 민감할 수밖에 없다. 만약 청장이 명망 높은 기업을 유치하거나 이슈거리가 될 만한 사업을 성사시키면 지자체장에 대한 정치적 지지는 높아지게 된다. 청장이 열심히 일할수록 자신에게 정치적 이익을 가져다주는 것이다.

반면 경제자유구역청장은 지자체장이 경제자유구역 사업 등의 예산 지출에 소원하거나 지자체 차원에서의 행·재정적 인센티브를 지원하지 않는다면, 직무에 무기력해질 수밖에 없다. 외국 기업(기관)과의 투자 유치 협상 테이블에서 무엇 하나 내세울 조건이 없다면 무기 없이 전쟁터로 나가는 것이기 때문이다. 대체로 관료들은 자신의 직무, 직책이 중요하거나 행·재정적 힘(power)이 있기를 바라는 경향이 있기 때문에, 지자체장의 신임과 지원을 요구하게 된다. 따라서 지자체장으로부터 적극적인 지원을 받을 경우, 관료적 효능감·만족감은 높아지게 된다. 그러므로 경제청자유구역청과 본청(조합 형태의 경우 2개 지자체장이 해당됨) 기관장 간의 관계가 잘 유지된다면, 경제자유구역의 성과에 긍정적인 영향을 미치게 된다. 반면 양자 간의 갈등 상황이 연출되면 성과는 저하될 수밖에 없다.

지자체장과 경제자유구역청장 사이의 권한 관계도 리더십에 많은 영향을 미치는 요인이다. 경제자유구역청은 법적 지위상 당해 지방자치단체장의 지시·감독을 받기 때문에 경제자유구역의 운영에 대한 의사 결정에 지자체장이 깊이 관여할 경우, 경제청장의 역할은 상대적으로 축소될 수밖에 없다. 이 경우 경제자유구역청장보다는 지자체장의 리더십이 경제자유구역의 운영에 더욱 중요한 요인이 될 수 있다. 반면 지자체장이 경제청장을 신뢰해 경제자유구역청 운영에 대한 실질적인 권한을 위임한다면, 경제청장의 리더십에 따라 사업이 운영될 가능성은 상대적으로 높아진다.

경제자유구역이 단일 지방자치단체냐 복수 지방자치단체냐에 따라서도 지자체장과 경제청장의 리더십 영향이 다를 수 있다. 인천과 새만금·군산경제자유구역의 경우에는 다른 지역과 다르게 단일형의 지방사무소 형태로 경제자유구역청이 운영되고 있다.

반면 복수 지방자치단체의 경우에는 경제자유구역청이 조합 형태로 느슨한 구조를 가지고 있고, 경제청장 입장에서는 책임을 져야 하는 지자체장도 2명이기 때문에 복잡한 구조다. 특히 두 지자체장의 정당이 상이할 경우에는 정치적 논리에 따라서도 사업이 좌우될 수 있기 때문에 경제청장의 리더십은 더욱 제한될 수 있다.

제 3 절 규제 완화 및 분권

시장성 등의 입지 조건을 갖추고 있더라도, 정부의 각종 규제와 복잡한 인·허가 절차상의 걸림돌이 존재한다면, 경제자유구역은 성공하기 어렵다. 한국에서는 경제자유구역법이 특별법으로 개정돼 경제자유구역의 개발 관련 절차가 일부 개선됐다. 그러나 경제자유구역은 여전히 많은 부분에서 다른 지역과 동일한 규제가 적용돼 투자 유치에 한계로 작용하고 있다. 또한 경제자유구역 개발 인·허가 권한 등이 여러 부처로 분할돼 있어 경제자유구역청으로의 위임이 미흡하다. 이로 인해 각종 인·허가 과정의 원스톱 서비스와 행정 서비스 개선에는 일정한 한계가 있을 수밖에 없다. 구체적으로 환경 보전 대책, 환경영향평가, 건축 심의, 문화재 관련 조사 절차 등은 경제자유구역청에 규제 권한이 없으며, 해당 인·허가 담당 기관이 상이해 원스톱 서비스가 어려운 실정이다.

경제자유구역에 대한 특혜는 당초 국내 기업들의 기대와는 달리 외국인 투자기업에게만 주어지고 국내 기업에는 제공되지 않고 있어, 국내 기업은 대체로 관심 밖에 있는 경우가 많다. 특히 수도권 규제를 받는 인천경제자유구역의 경우, 외국 투자기업은 수도권 규제 적용 대상에서 제외되지만, 국내 기업은 경제자유구역이라는 명칭에 어울리지 않게 여전히 수도권 규제 대상이 된다. 수도권 규제는 권역별로 과밀억제권역, 성장관리권역, 자연보전권역으로 구분하고, 과밀억제권역은 서울과 다수의 서울 인접 시 및 인천(일부) 지역이 포함되고 있다. 인구 및 산업이 과도하게 집중됐거나 그럴 우려가 있어, 이전 또는 정비가 필요하다는 이유로 규제의 강도는 높은 편이다.

경제자유구역 성공의 밑거름은 국내·외 첨단기업과 외투 기업들의 집적 효과를 극대화해 세계적인 경쟁력을 갖추는 도시를 건설하는 데 있다. 외투 기업들을 유치할 수 있는 유인책은 여러 가지가 있지만, 국내 대기업과의 산업 연계 가능성 또한 배제할 수 없다. 실제적으로 외자 유치를 위한 외국 기업과의 투자 상담 과정에서, 삼성이나 LG와 같은 글로벌 기업들의 입주 여부를 중요한 요건으로 하고 있다. 즉, IT, BT 산업 등 국내 기업의 진출을 허용해 해외 기업의 투자 촉매 역할을 하고, 국내 기업에 대한 역차별의 여건을 개선해 수출산업의 증대를 이끌어 나가야 할 것이다. 따라서 인천경제자유구역이 국제 비즈니스의 중심이 되기 위해서는 경제자유구역은 수도권정비계획법상 규제를 융통성 있게 적용할 필요가 있다.

앞서 언급한 규제 문제 외에도 중앙－지자체－경제자유구역청 간 분권에 관한 문제가 있다. 사업에 직・간접적으로 관련되는 기관이 다수인 것은 관계 기관 간의 업무 중복과 혼선이 발생할 개연성을 높인다. 경제자유구역청이 일선 행정기관으로서 경제자유구역 개발을 주도적으로 추진하기 위해서는 상당한 권한의 이양이 불가피하다. 그러나 현재로서는 경제자유구역청이 경제자유구역 사업을 주체적으로 이끄는 전략적 기구인지, 단순한 행정 처리를 위한 기구인지 불분명하다(이창길, 2010). 이렇다 보니 경제자유구역청들은 직접적으로 관련 주무 부처(산업통상자원부, 국토교통부 등)는 물론이고 다른 중앙부처(환경부 등)에도 보고와 협의의 과정을 거쳐야 하는 등 업무 부담이 가중되고 있다.

제 4 절 PR 및 행정 지원 서비스

지자체 및 경제자유구역청은 잠재적 투자자 및 외국 기업들을 대상으로 PR 활동을 수행한다. 또한 투자를 결정한 투자 기업에게도 지속적인 발전 가능성과 비전을 홍보해야 한다. 그뿐만 아니라 지역의 이해관계자들과의 관계를 협력적으로 유지하기 위한 PR 활동에도 신경을 써야 한다. 지역 주민, 지역 언론 등 경제자유구역 발전과 이해관계가 있는 집단들에 대한 쌍방향적 PR 활동이 요구된

표 5-2-1 인천경제자유구역 PR 활동

구분	2006년	2007년	2008년	2009년
기자단과의 간담회	62	52	48	42
언론사 초청 설명회	2	10	11	6
IFEZ 인터뷰, 기고, 기획 기사	28	74	46	80
보도 자료 배포	63	87	136	146
총 보도 실적 (긍정적, 부정적 건수)	311 (긍 273, 부38)	394 (긍 301, 부93)	479 (긍 387, 부92)	1,358 (긍 1154, 부 204)

출처: 인천경제자유구역청(2010).

다. 지자체 및 경제자유구역청은 이들의 요구와 민원에 귀를 기울여야 하며, 지속적인 PR 활동을 통해 신뢰 관계를 구축해야 한다. 예컨대 인천경제자유구역청에서는 경제자유구역 개발사업과 관련된 PR 활동을 전개하고 있다. 기자단과의 간담회, 언론사 초청 설명회, 기획 기사 및 기고, 보도 자료 배포 등의 활동을 하고 있으며, 외부로부터의 보도 건수 또한 매년 증가 추세를 보이고 있다.

경제자유구역청은 투자 기업들에 대한 행정 지원 서비스의 일환으로 원스톱 서비스를 제공하고 있다. 용어를 그대로 풀이하면, 투자기업이 한 곳에서 투자와 관련된 모든 서비스를 지원받는 것이 된다. 기업이 특정 지역에 입지를 하기 위해서는 많은 인·허가 절차가 필요하며, 짧게는 수일에서 길게는 수개월에 이르기까지 크고 작은 행정 서비스를 요한다. 한국의 원스톱 서비스는 입지 선정 후 법인 설립 및 공장 건설 과정에서의 일괄적인 인·허가 처리를 강조하는 협의의 원스톱 서비스에 머물러 있다(임성훈, 2008). 이는 각종 인·허가 절차에 대한 정보와 접수 과정에 대한 서비스를 의미한다.

경제자유구역이 협의의 원스톱 서비스에 국한할 수밖에 없는 구조적 요인은 한국 지방행정이 중앙에 비해 권한이 매우 제한적이기 때문이다. 경제자유구역에 투자·입지하는 기업은 인·허가를 받거나 인센티브를 신청하는 데 중앙정부의 여러 부처에서 행정절차를 밟아야 한다. 이는 해외 잠재 투자자 발굴에서 입지 선정, 선정된 입지에 공장, 사무소 설립 후 사후 서비스까지 한 곳에서 전담하는 서구 투자 유치기관의 원스톱 서비스와는 상이한 구조다(임성훈, 2008). 서구 투자 유치기관의 원스톱 서비스는 광의의 원스톱 서비스의 의미를 갖는다.

표 5-2-2 인천경제자유구역청의 주요 원스톱 서비스 기능

	주요 서비스 기능	
광의의 원스톱 서비스	• 인천경제자유구역 외국인 투자에 대한 정보 제공	
	• 외국인 투자가의 새로운 투자 기회 지원	
	• 법률, 세무, 회계와 관련된 질의에 응답	
	• 외국인 투자 인센티브 활용 방안 자문	
	• 투자 입지를 평가해 투자자에게 제공	
	• 유망한 투자 파트너 물색 지원	
	• 행정 등 외국인 투자 관련 각종 민원 업무 대행	협의의 원스톱 서비스
	• 관련 행정 당국이나 기관과의 업무 조율	
	• 투자자가 사업 과정에서 겪는 고충을 상시 지원	

출처: 인천경제자유구역청 홈페이지(http://ifez.go.kr).

그림 5-2-2 인천경제자유구역 원스톱 서비스 지원 체계

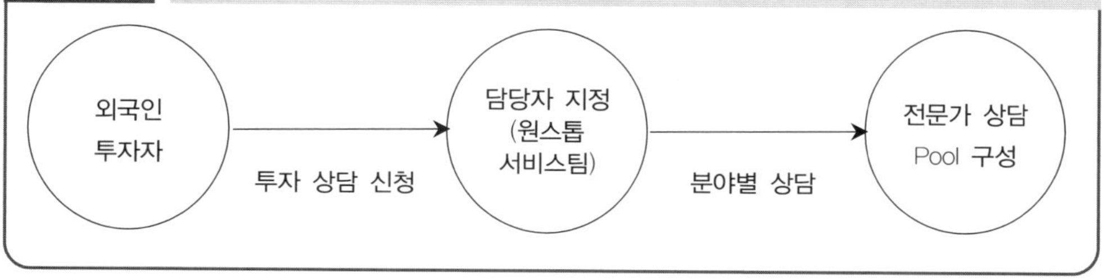

한편, 하나의 기관에 모든 인·허가권이 이전돼야만 광의의 원스톱 서비스만 가능한 것은 아니다. 영국의 원스톱 서비스가 원활한 것은 공조직의 유연성이 더 크게 작용한 결과다. 인·허가 권한을 소유한 기관이 다수이더라도 기관 간 협조 체제가 잘 구비된다면, 어려움 없이 광의의 원스톱 서비스 체계를 갖출 수 있다.

제 5 절 주거환경 및 정주 편의성

경제자유구역의 경우 당초 다른 지역에서 시행할 수 없는 규제 완화의 실험장 역할과 외국인 직접 투자 촉진을 위해 도입됐다. 기반 시설 및 인프라와 관련해서 볼 때, 경제자유구역은 본래 외국인 학교 · 영리법인 등 규제의 예외 지역으로 외국인의 장기 정주 요건을 갖춘 특성화 지역으로 추진됐다.

경제자유구역이 외국 기업에게 투자 메리트를 주기 위해서는 외국인 근로자들의 정주 여건과 관련된 외국인 학교, 의료기관 등의 편의성이 크게 요구된다.[1)]

그러나 현재 경제자유구역은 외국인 학교, 외국 병원, 휴양 콘도미니엄, 카지노 등 경제자유구역의 특성에 맞는 맞춤형 시설 조성을 위한 각종 규제가 완화돼 있지 않아 사업 성과의 장애 요인으로 작용하고 있다.

그 밖에 버스, 지하철 등 교통 시설의 편의성도 경제자유구역의 정주 여건 조성에 필요하다. 예를 들어 인천경제자유구역의 경우 버스노선을 지속적으로 확대하고 있으며, 2007년에는 도시철도가 개통된 바 있다. 현재는 2024년 완공을 목표로 지하철 1호선 연장 사업이 진행되고 있다.

표 5-2-3 인천경제자유구역 주택 건설 및 공급 현황

구분			합계	송도지구	청라지구	영종지구
전체(~2020년까지)			172,821	93,602	31,035	48,184
1단계 (2003~09)	목표		58,702	39,170	15,517	4,015
	실적	세대	62,050	23,112	23,847	15,091
		비율	105.70(%)	59.0	153.68	375.86
	과부족		+ 3,348	− 16,058	+ 8,330	+ 11,076
비고				• 목표 연도: 2020	• 토지 이용 가능 시기: 2007 • 목표 연도: 2012	• 토지 이용 가능 시기: 2009 • 목표 연도: 2020 • 유보지 2,000세대 제외

출처: 인천경제자유구역청(2012).

1) 인천경제자유구역 내 외국인들이 질병을 치료하기 위해 모국이나 해외의 국제병원을 이용하는 비율이 30%(2004년)에 이르고, 송도지역의 경우 유일한 외국인 학교인 채드윅 스쿨에 재학 중인 외국인 학생은 100명을 넘지 못하고 있는 등 외국인이 생활하기에 가장 불편한 사항으로 1, 2위를 차지하는 것이 의료와 교육이라고 응답하고 있다.

표 5-2-4 인천경제자유구역 대중교통 현황

(단위: 버스 '개', 철도 'km')

구분	2003	2004	2005	2006	2007	2008	2009
버스노선	46	52	64	79	90	99	128
도시철도	–	–	–	–	15	15	21.5

출처: 인천경제자유구역청(2010).

제 6 절 기 타

그 밖에 경제자유구역의 성공 요인은 인센티브, 이해관계자와의 관계, 중앙정부 거버넌스 등이 있을 수 있다.

첫째, 해외 각국의 경제특구에서는 투자 기업에 대해 다양한 인센티브 제도를 도입하고 있다. 일반적으로 외국인 직접 투자에 주어지는 인센티브로는 조세 감면, 인프라 조성, 현금 지원 등으로 구분된다. 조세 감면 인센티브는 일정 요건을 만족하는 외국인 투자에 대해 사업소득과 배당소득 · 기술 도입 대가 · 근로소득 등에 대한 관세를 감면하고, 감면사업을 영위하기 위한 취득 · 보유와 관련된 세제 혜택을 주는 것이다. 인프라 조성 인센티브는 부지 매입비 · 분양가 차액 보조 · 도로 및 용수 · 폐수 종말처리장 시설 지원 등 투자자가 투자를 통해 사업을 영위하는 데 필요한 기반 시설을 지원해 주는 제도다. 마지막으로 현금 지원 인센티브는 일정 요건에 만족하는 외국인 투자에 대해 현금 지원 등을 통해 투자 유치를 활성화하는 제도로서, 공장 건설 등의 인프라 비용이나 교육훈련 보조 · 토지 구입비 등을 들 수 있다.

둘째, 경제자유구역을 이해관계자 모형으로 접근하면, 세 가지 차원의 집단으로 범주화할 수 있다. ① 중앙정부 차원이다. 경제자유구역에 관여하는 중앙정부 차원의 이해관계자들은 경제자유구역위원회, 경제자유구역기획단, 인 · 허가 관련 각 부처다. ② 지역사회 차원이다. 지역사회 차원에서는 해당 광역지방자치단체, 광역지방의회, 기초지방자치단체와 기초지방의회, 지방공사 등 공공기관과 지역 언론, 지역 주민, 지역 시민단체 등을 들 수 있다. ③ 내부 이해관계자 차원이다. 내부 이해관계자는 경제자유구역청의 청장과 조직구성원, 고객, 투자자 등을 들 수 있다.

셋째, 일선 집행기관인 경제자유구역청의 공무원들이 지적하는 현 지배구조의 문제점 중의 하나가 강력한 컨트롤 타워 기관의 부재다. 중앙정부에서는 경제자유구역위원회가 탄력적인 사업 시행을 위한 경제자유구역의 각종 인·허가 문제를 조율하는 중앙 컨트롤 타워로서의 역할을 제대로 수행하지 못하고 있다는 지적이다. 경제자유구역법이 특별법화되면서 제한적으로나마 관련 부처의 소견 제출만으로 처리가 가능한 것들이 있지만, 투자 유치에 핵심적 이슈가 되는 사항은 여전히 각 부처 장관이 권한을 가지고 있다.

제 3 장

경제자유구역의 성과 요인의 검증

개 관

제3장에서는 앞서 논의한 경제자유구역의 성과 요인 가운데 어떤 것이 더 중요하게 작용하는지 실증적으로 살펴보고자 한다. 이를 위해 설문조사에 의한 계량분석을 했다. 설문조사는 인천경제자유구역으로 한정했으며, 본청 공무원과 경제자유구역청 직원, 투자기업 종사자들을 대상으로 했다. 분석 방법은 구조방정식 모형을 적용했다. 분석모형에서 독립변수에 해당하는 성과 요인은 입지·인프라, 지자체장·경제자유구역청장 리더십, 규제 완화 및 분권, PR 및 행정 지원 서비스, 주거환경 및 정주 편의성 요인으로 설정했다. 종속변수는 경제자유구역의 성과로 측정했다.

제 1 절 연구모형

앞에서는 경제자유구역의 성과 요인을 산업입지이론, 리더십이론, PR이론 등으로 설명했다. 그렇다면 경제자유구역 성과에 가장 중요한 역할을 하는 요인은 무엇인지 궁금해진다. 이 장에서는 경제자유구역 성과에 미치는 요인을 실증분석했다. 분석은 인천경제자유구역을 대상으로 했으며, 이론적 검토를 통해 경제자유구역의 성과 요인으로 독립변수 5개와 종속변수를 설정했다.

경제자유구역 성과 요인 가운데 이 장의 실증분석을 위해 모형에 반영한 경제자유구역의 성공 요인은 크게 다섯 가지이며, 그 구체적인 내용은 다음과 같다.

첫째, 입지 · 인프라 요인이다. 입지 · 인프라 요인은 '항만 · 공항 등 인프라', '사업용지 취득 및 유지에 대한 각종 인센티브', '배후 시장환경(소비시장)', '동북아 거점으로서의 입지', '우수 인력 유치의 용이성' 등 다섯 가지 관측변수로 조작화했다.

둘째, 지자체장 · 청장의 리더십이다. 지자체장 · 청장의 리더십은 '경제자유구역 내의 도시 개발 및 관리에 관한 리더십', '조직 · 인사관리의 리더십', '경제자유구역 관련 예산의 조달과 운영', '경제자유구역 투자 유치와 관련된 리더십' 등 네 가지 관측변수로 조작화했다.

셋째, 규제 완화 및 분권이다. 규제 완화는 '도시개발사업을 제한하는 각종 규제의 완화 수준', '각종 사업을 위한 규제 완화 수준', '외국 경제특구와 비교해 경제자유구역의 규제 완화 수준' 등 세 가지 관측변수로 설정했다. 그리고 분권은 '도시 개발 관리에 관한 권한', '사업 추진을 위한 중앙의 인 · 허가 권한', '독자적인 투자 유치 활동을 위한 권한' 등 세 가지 관측변수로 설정해, 총 여섯 개의 관측변수로 설정했다.

넷째, PR 및 행정 지원 서비스 요인이다. PR 및 행정 지원 서비스는 '국내 · 외 홍보(PR) 활동의 전개', '투자자에게 투자 관련 설명 등 정보 서비스의 제공', '투자 관련 인 · 허가 등의 행정절차 간소화', '기업 활동 시 발생하는 애로 사항이나 건의 사항의 해결', '기업 활동을 위한 원스톱 행정 지원 서비스 체계 구축' 등 다섯 개의 관측변수로 조작화했다.

다섯째, 주거환경 및 정주 편의성이다. 주거환경 및 정주 편의성은 '식당 · 백화점 · 대형마트 등 생활 편의 시설의 구비', '공원 등 녹지 조성', '도로 · 지하철 · 버스 등 교통 편의성', '학교 · 도서관 등 교육 시설 구비', '공연장 · 병원 등 문화 · 복지 시설 구비' 등 다섯 개의 관측변수로 조작화했다.

이 장의 목적은 앞서 언급한 바와 같이 경제자유구역 성공에 영향을 미치는 요인들과 인과적 관계를 계량적으로 검증하는 데 있다. 이를 위해 인천경제자유

표 5-3-1 분석변수의 설정

구분	관측변수
입지 · 인프라	항만 · 공항 등 인프라
	사업용지 취득 및 유지에 대한 각종 인센티브
	배후 시장환경(소비시장)
	동북아 거점으로서의 입지
	우수 인력 유치의 용이성
지자체장 · 경제청장 리더십	경제자유구역 내의 도시 개발 및 관리에 관한 리더십
	조직 · 인사관리의 리더십
	경제자유구역 관련 예산의 조달과 운영
	경제자유구역 투자 유치와 관련된 리더십
규제 완화 및 분권	도시개발사업을 제한하는 각종 규제의 완화 수준
	각종 사업을 위한 규제 완화 수준
	외국 경제특구와 비교해 경제자유구역의 규제 완화 수준
	도시 개발 관리에 관한 권한
	사업 추진을 위한 중앙의 인 · 허가 권한 이양
	독자적인 투자 유치 활동을 위한 권한
PR 및 행정 지원 서비스	국내 · 외 홍보(PR) 활동의 전개
	투자자에게 투자 관련 설명 등 정보 서비스의 제공
	투자 관련 인 · 허가 등의 행정절차 간소화
	기업 활동 시 발생하는 애로 사항이나 건의 사항의 해결
	기업 활동을 위한 원스톱 행정 지원 서비스 체계 구축
주거환경 및 정주 편의성	식당 · 백화점 · 대형마트 등 생활 편의 시설의 구비
	공원 등 녹지 조성
	도로 · 지하철 · 버스 등 교통 편의성
	학교 · 도서관 등 교육 시설 구비
	공연장 · 병원 등 문화 · 복지 시설 구비
성과 (종속변수)	투자 유치 성과
	도시 개발 및 관리 성과
	지역 경제 활성화 기여도
	한국 경제의 성장에 기여도
	기업의 성과 창출에 기여도

구역청, 인천시청, 투자자 등 경제자유구역 관련 담당 공무원들과 투자자를 대상으로 설문조사를 실시했다.

여섯째, 종속변수인 경제자유구역 성과는 '투자 유치 성과', '도시 개발 및 관리 성과', '지역경제 활성화 기여도', '한국 경제의 성장에 기여도', '기업의 성과 창출 기여도' 등 다섯 개의 관측변수를 설정했다.

모든 잠재변수와 관측변수를 정리하면 앞의 <표 5-3-1>과 같다.

경제자유구역의 성공 요인이라는 종속변수에 영향을 미치는 독립변수는 단독으로 영향을 미치기도 하지만 또 한편으로는 서로 연관성 높은 변수들 간의 상호작용을 통해서도 영향을 미치기 때문에 구조방정식 모형(structural equation model)을 통해 상호 영향 관계를 분석했다.

요인 간 경로분석을 위해 다섯 가지 요인을 독립변수로 하고, 경제자유구역 성과를 종속변수로 하는 가설적 관계를 설정했다.

규제 완화 및 분권이 강화되면, 지자체장과 청장의 권한이 강화되기 때문에 리더십을 발휘할 여지가 높아진다. 따라서 규제 완화 및 분권 강화는 지자체장·경제청장 리더십에 정(+)의 영향을 미칠 것으로 판단된다. 또한 지자체장과 경제청장의 리더십이 발휘될 여지가 많아진다는 것은 경제자유구역에 대한 PR 및 행정 지원 서비스가 강화될 수 있다. 넓은 재량권은 더 많은 서비스를 제공할 수 있도록 하기 때문이다.

한편, 지자체장과 경제청장의 리더십은 경제자유구역에 대한 관심과 지원으로 이어질 수 있고, 이는 곧 경제자유구역 개발에 대한 투자 강화로 귀결된다. 지자체장과 경제청장의 경제자유구역에 대한 개발 의지가 높아지면, 도시는 더욱 발전하게 되고 주거환경이나 정주 편의성이 개선될 수 있다. 따라서 지자체장·경제청장의 리더십은 주거환경 및 정주 편의성에 정(+)의 영향을 미칠 수 있다.

또한 입지·인프라 요인은 주거환경 및 정주 편의성에 정(+)의 영향을 미치는 요인으로 볼 수 있다. 왜냐하면 도시로의 인구와 자본 유입은 입지나 도로, 공항, 항만 등 인프라 요인이 크게 좌우하기 때문이다. 인구와 자본이 유입된다는 것은 병원, 백화점, 빌딩 등 주거환경이 개선된다는 것을 의미한다. 우리는 작은 소도시가 주변에 고속도로가 연결되면서 대도시로 성장하는 사례를 많이 봐 왔다. 이처럼 도시의 입지·인프라 요인은 주거환경 및 정주 편의성을 증진하는 데 주요한 요인이라 할 수 있다.

이상의 논의를 통해 가설을 설정했으며, 도식화하면 [그림 5-3-1]과 같다.

가설 1. '규제 완화 및 분권'은 '지자체장 · 경제청장 리더십'에 영향을 미친다.
가설 2. '지자체장 · 경제청장 리더십'은 'PR 및 행정 지원 서비스'에 영향을 미친다.
가설 3. '지자체장 · 경제청장 리더십'은 '주거환경 및 정주 편의성'에 영향을 미친다.
가설 4. '입지 · 인프라'는 '주거환경 및 정주 편의성'에 영향을 미친다.
가설 5. '규제 완화 및 분권'은 '성과'에 영향을 미친다.
가설 6. '지자체장 · 경제청장 리더십'은 '성과'에 영향을 미친다.
가설 7. 'PR 및 행정 지원 서비스'는 '성과'에 영향을 미친다.
가설 8. '입지 · 인프라'는 '성과'에 영향을 미친다.

그림 5-3-1 가설적 인과모형

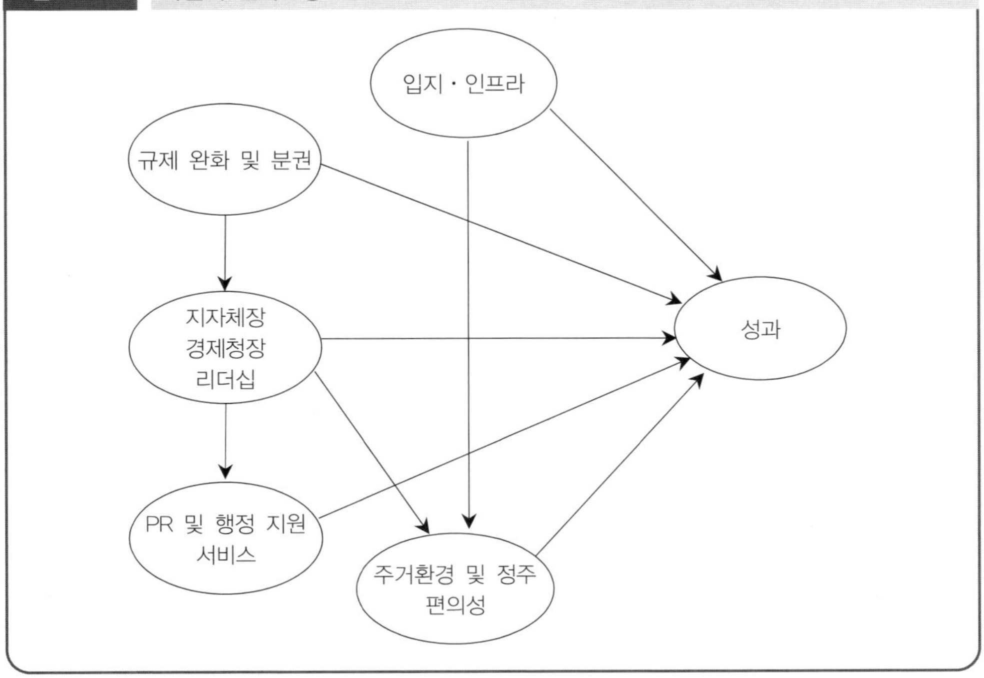

가설 9. ‘주거환경 및 정주 편의성’은 ‘성과’에 영향을 미친다.

구체적으로 ‘규제 완화 및 분권’은 ‘지자체장 · 경제청장 리더십’에 영향을 미친다. ‘지자체장 · 경제청장 리더십’은 ‘PR 및 행정 지원 서비스’와 ‘주거환경 및 정주 편의성’에 영향을 미친다. 또한 ‘입지 · 인프라’는 ‘주거환경 및 정주 편의성’에 영향을 미친다. 그리고 각각의 요인은 경제자유구역 성과에 영향을 미친다.

실증분석을 위해 설문지를 작성했으며, 설문 대상은 인천경제자유구역청 공무원들과 인천시청 공무원, 인천경제자유구역 투자기업 종사자들이다. 설문은 인천경제자유구역청과 인천시청에 직접 방문해 두 기관에 각각 250부씩 총 500부의 설문지를 배부했으며, 투자기업에도 투자자 및 종사자를 대상으로 500부를 배부했다. 조사 기간은 2012년 10월 23일~10월 29일까지 약 6일간의 기간을 통해 진행됐다.

설문지는 공무원 집단 449부, 투자기업 집단 418부, 총 842부를 회수해, 이 가운데 불성실하게 응답한 25부를 제외한 842부를 분석에 활용했다.

제 2 절 분석 결과

1 전체 조사 대상자(공무원+투자기업)

실증분석 결과, 규제 완화 및 분권 → 지자체장 · 경제청장 리더십(β=.205), 지자체장 · 경제청장 리더십 → PR 및 행정 지원 서비스(β=.512), 입지 · 인프라 → 주거환경 및 정주 편의성(β=.738), 지자체장 · 경제청장 리더십 → 성과(β=.273), PR 및 행정 지원 서비스 → 성과(β=.272), 입지 · 인프라 → 성과(β=.284)는 유의 수준 0.01 이하에서 통계적으로 유의미한 결과로 나타났다. 또한 주거환경 및 정주 편의성 → 성과(β=.063)는 유의 수준 0.05 이하에서 통계적으로 유의미했다.

최종 모형의 경로계수를 도식화하면 [그림 5-3-2]와 같다.

그림 5-3-2 최종 모형의 공분산구조 분석 결과(전체 조사 대상자)

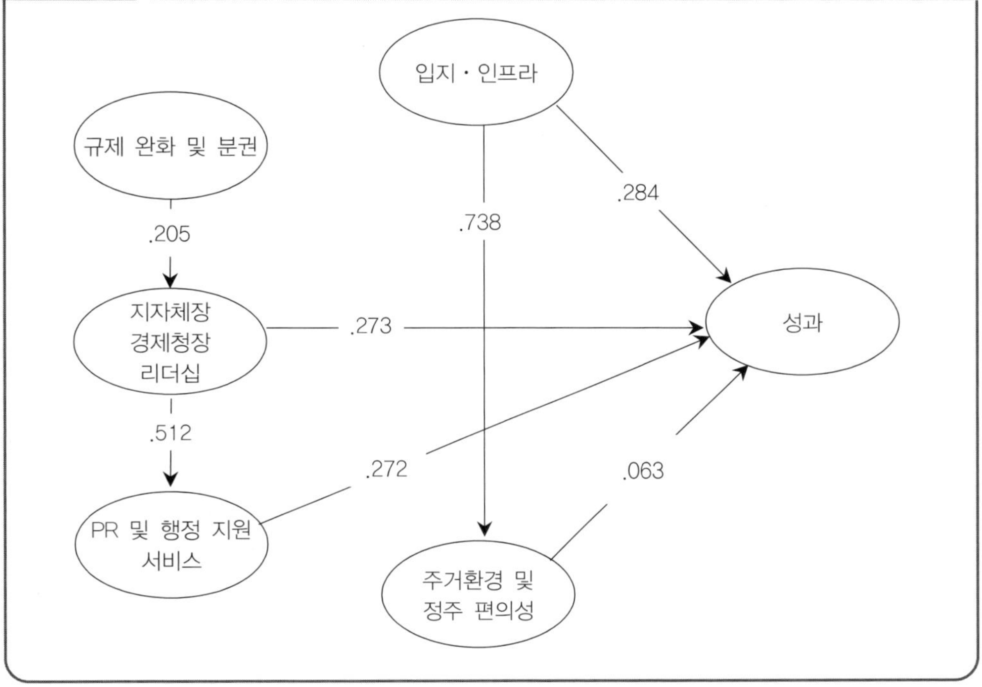

모형의 모델 적합도 판단 결과, 절대적합지수 가운데 χ^2(df)은 637.118으로 나타났으며, p-value는 .000으로 나타나 수용 기준에 부합하지 못했다. 반면 적합지수(GFI)는 .933으로 수용 기준에 부합했으며, 평균오차제곱근(RMR)도 .032로 수용 기준 .05 이하에 부합했다. 조정적합지수(AGFI)는 .901로 나타나 수용 기준에 부합했으며, 근사평균오차제곱근(RMSEA)은 .042로 수용 기준에 부합했다.

증분적합지수에서는 표준적합지수(NFI)와 비교적합지수(CFI)가 각각 .952와 .974로 수용 기준에 부합했고, 간명적합지수에서는 아카이케 정보 기준(AIC) 값이 921.118, 간명적합지수(PGFI)가 .628로 나타났다. 수정 모형의 적합도 판단 결과 일곱 개의 수용 기준 가운데 여섯 개가 적합했다. 따라서 최종 모형의 모형적합도는 상당히 신뢰할 만한 수준으로 판단된다.

표 5-3-2 최종 모형의 분석변수 간 경로계수(전체 조사 대상자)

인과관계	비표준화 계수	표준화 계수	표준 오차	CR	유의 확률	가설 채택
규제 완화 및 분권 → 지자체장·경제청장 리더십	.205	.176	.048	4.299	***	채택
지자체장·경제청장 리더십 → PR 및 행정 지원 서비스	.512	.575	.035	14.674	***	채택
입지·인프라 → 주거환경 및 정주 편의성	.738	.639	.076	9.687	***	채택
지자체장·경제청장 리더십 → 성과	.273	.349	.032	8.648	***	채택
PR 및 행정 지원 서비스 → 성과	.272	.310	.042	6.538	***	채택
입지·인프라 → 성과	.284	.263	.060	4.754	***	채택
주거환경 및 정주 편의성 → 성과	.063	.067	.032	1.944	.052	채택

주: *** p< .01, ** p< .05, * p< .1

표 5-3-3 최종 모형의 분석변수 간 경로계수(전체 조사 대상자)

비교 기준			수용 기준	최종 모형	적합 여부
적합도	절대 적합 지수	χ^2(df)	–	637.118	–
		p-value	p > 0.05	.000	부적합
		적합지수(GFI)	> 0.9	.933	적합
		평균오차제곱근(RMR)	< 0.05	.032	적합
		조정적합지수(AGFI)	> 0.9	.901	적합
		근사평균오차제곱근(RMSEA)	<0.08	.042	적합
	증분 적합 지수	표준적합지수(NFI)	> 0.9	.952	적합
		비교적합지수(CFI)	>0.9	.974	적합
	간명 적합 지수	아카이케 정보 기준(AIC)	최솟값	921.118	–
		간명적합지수(PGFI)	최댓값	.628	–

경제자유구역 성공 요인들이 경제자유구역 성과에 미치는 직·간접 효과를 분석했다. 먼저 규제 완화 및 분권은 성과에 직접적인 영향을 미치지는 않지만, 지자체장·경제청장 리더십(.055)과 PR 및 행정 지원 서비스(.028)를 매개로 해

서 총 0.083의 영향을 미치는 것으로 나타났다.

지자체장·경제청장 리더십의 직접 효과는 0.273으로 나타났으며, PR 및 행정 지원 서비스를 매개로 해서 0.139의 간접 효과가 있는 것으로 나타났다. 특히 지자체장·경제청장 리더십은 경제자유구역 성과에 가장 많은 영향(총 효과 .412)을 미치는 것으로 나타났다. 따라서 지자체장·경제청장 리더십과 관련된 규제 완화 및 분권 등의 개선이 이뤄질 때, 성과 향상에 가장 큰 효과를 거둘 것으로 보인다.

입지·인프라는 경제자유구역 성과에 0.284로 직접 효과로서는 가장 큰 영향을 미치는 것으로 나타났다. 또한 입지·인프라 요인은 주거환경 및 정주 편의성을 매개로 해서 0.046의 간접 효과도 나타났다. 입지·인프라 요인이 직접 효과로서 가장 큰 영향을 미치는 것은 경제자유구역 개발에 도로, 공항 등 사회간접자본(SOC) 설비에 투자할 당위성을 제공한다고 판단된다.

그 밖에 주거환경 및 정주 편의성은 경제자유구역 성과에 0.063의 직접 효과가 나타났다. 상대적으로 효과가 가장 낮았다. 다음으로 PR 및 행정 지원 서비스

표 5-3-4 경제자유구역 성과에 대한 직·간접 효과(전체 조사 대상자)

독립변수	직접 효과	매개변수	간접 효과	총계	종속 변수	전체 효과
규제 완화 및 분권		→ 지자체장·경제청장 리더십 →	.055	.083	성과	.083
		→ 지자체장·경제청장 리더십 → PR 및 행정 지원 서비스 →	.028			
지자체장 경제청장 리더십	.273					.412
		→ PR 및 행정 지원 서비스 →	.139	.139		
입지·인프라	.284					.330
		→ 주거환경 및 정주 편의성 →	.046	.046		
주거환경 및 정주 편의성	.063					.063
PR 및 행정 지원 서비스	.272					.272

는 0.272의 직접 효과가 있는 것으로 나타났다.

규제 완화 및 분권은 리더십 요인과 PR 및 행정 지원 서비스를 통해 미세하게나마 간접적으로 성과에 정(+)의 영향을 미치는 것으로 나타났다. 다중회귀분석과 마찬가지로 규제 완화 및 분권은 경제자유구역 성과에 직접적인 영향은 없는 것으로 나타났다.

리더십 요인은 경제자유구역 성과에 가장 높은 영향을 미치는 것으로 밝혀졌다. 리더십 요인은 지자체장과 청장의 도시 개발 및 관리, 투자 유치 활동, 예산 운용 등에 관한 것이다. 현재 지자체장과 청장이 인천경제자유구역에 대해 리더십을 잘 발휘하고 있다고 판단된다. 특히 리더십 요인은 PR 및 행정 지원 서비스를 매개로 해서도 성과에 간접적으로 영향을 미치고 있어, 가장 중요한 요인으로 부각됐다.

경제자유구역 성과에 많은 영향을 미치는 요인은 입지·인프라 요인이었다. 공항·항만 등의 인프라 등 시설과 관련해서는 인천공항과 신항만을 활용한 정책적 고려가 필요할 것이다. 인센티브 측면에서는 인도의 사례에서 볼 수 있는 것처럼 무분별한 지원은 오히려 독이 될 수 있다는 점을 간과해서는 안 될 것이다. 다만 중점 유치 산업에 특화된 인센티브 제도를 보완할 필요성이 있다.

PR 및 행정 지원 서비스도 경제자유구역 성과에 높은 영향을 미치는 요인으로 나타났다. PR 및 행정 지원 서비스는 규제 완화 및 분권, 리더십 요인의 매개 역할을 한다는 점에서도 중요성이 높다고 할 수 있다. PR은 외국 기업에게 한국 경제자유구역에 대한 정보를 제공할 뿐만 아니라 투자 유치를 위한 선행 단계라는 측면에서 지자체장과 청장의 리더십과도 상당히 관계된 요인이다. 리더십이 PR 및 행정 지원 서비스를 매개로 성과에 높은 영향을 미치는 것도 이와 같은 맥락에서 이해할 수 있다. 다음으로 행정 지원 서비스는 투자 준비부터 기업 입지 후 경영 활동 전반에서 요구되는 애로 사항을 해결해 주는 것을 말한다. 이에 대해 경제자유구역청에서는 분야별 전문가를 고용해, 기업과 1:1 매칭을 통해 투자 결정부터 입지까지의 모든 과정을 관리하고 있다.

주거환경 및 정주 편의성은 다른 요인에 비해 적은 영향을 미치는 것으로 나타났다. 투자기업 관계자와의 인터뷰에서 송도지구 등 도심지의 정주 여건이 열악하다는 의견이 있었다. 부언하면, 도심지와 주거지의 도로는 비교적 잘 갖춰져 있으나, 백화점 · 식당 · 대형마트 등 생활 편의 시설과의 대중교통 접근성이 불편해, 자동차가 아니면 살기 힘들다는 것이다. 주거환경 및 정주 편의성이 경제자유구역 성과에 직접 효과가 적은 것은 인터뷰 내용과 일맥상통하는 것으로 볼 수 있다.

2 공무원 집단(본청+경제자유구역청)

공무원 집단 연구모형의 경로계수를 분석한 결과, 규제 완화 및 분권 → 지자체장 · 경제청장 리더십(β=.192), 지자체장 · 경제청장 리더십 → PR 및 행정 지원 서비스(β=.465), 입지 · 인프라 → 주거환경 및 정주 편의성(β=.714), 지자체장 · 경제청장 리더십 → 성과(β=.265), PR 및 행정 지원 서비스 → 성과(β=.408), 입지 · 인프라 → 성과(β=.200), 정주 편의성 → 성과(β=.102)가 유의

그림 5-3-3 연구모형의 공분산구조 분석 결과(공무원)

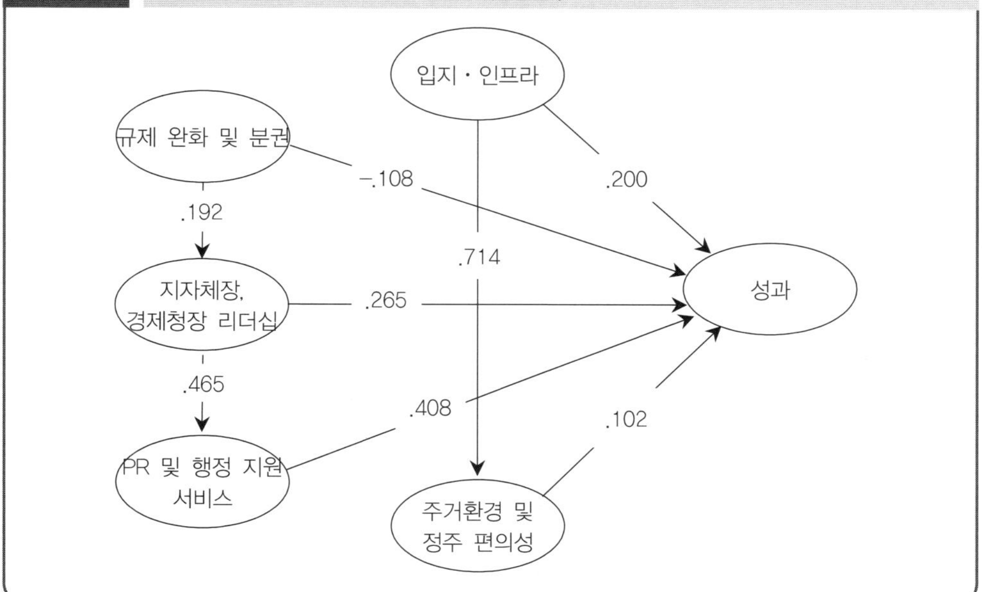

수준 0.01 이하에서 통계적으로 유의미한 결과로 나타났다. 한편 규제 완화 및 분권 → 성과($\beta=-.108$)는 다른 변수와는 달리 부(−)의 영향을 미치는 것으로 나타났다.

연구모형의 경로계수를 도식화하면 앞의 [그림 5−3−3]과 같다.

먼저 절대적합지수 가운데 χ^2(df)은 448.554로 나타났으며, p−value는 .000으로 나타나 수용 기준에 부적합했다. 적합지수(GFI)는 .930로 수용 기준에 부합했으며, 평균오차제곱근(RMR)도 .041로 수용 기준 .05 이하에 부합했다. 근사평균오차제곱근(RMSEA)은 .035로 수용 기준에 부합했고, 조정적합지수(AGFI)도 수용 기준에 부합하는 .975로 나타났다.

증분적합지수에서는 표준적합지수(NFI)가 .949로 적합하게 나타났고, 비교적합지수(CFI)가 .982로 수용 기준에 부합했다. 간명적합지수에서는 아카이케 정보기준(AIC) 값이 786.554, 간명적합지수(PGFI)가 .713으로 나타났다. 최종 모형의 적합도 판단 결과 일곱 개의 수용 기준 가운데 여섯 개가 적합했다. 따라서 최종 모형의 모형 적합도는 상당히 신뢰할 만한 수준으로 판단된다.

공무원 집단이 인식하고 있는 경제자유구역 성공 요인들이 경제자유구역 성

표 5-3-5 최종 모형의 분석변수 간 경로계수(공무원)

인과관계	비표준화 계수	표준화 계수	표준 오차	CR	유의 확률	가설 채택
규제 완화 및 분권 → 지자체장·경제청장 리더십	.192	.207	.047	4.090	***	채택
지자체장·경제청장 리더십 → PR 및 행정 지원 서비스	.465	.498	.045	10.257	***	채택
입지·인프라 → 주거환경 및 정주 편의성	.714	.448	.103	6.966	***	채택
규제 완화 및 분권 → 성과	−.108	−.132	.039	−2.771	.006	채택
지자체장·경제청장 리더십 → 성과	.265	.300	.039	6.756	***	채택
PR 및 행정 지원 서비스 → 성과	.408	.431	.062	6.544	***	채택
입지·인프라 → 성과	.200	.161	.071	2.811	.005	채택
주거환경 및 정주 편의성 → 성과	.102	.131	.035	2.904	.004	채택

주: *** p〈 .01, ** p〈 .05, * p〈 .1

표 5-3-6 최종 모형의 적합도 판단(공무원)

<table>
<tr><th colspan="3">비교기준</th><th>수용 기준</th><th>최종 모형</th><th>적합 여부</th></tr>
<tr><td rowspan="11">적합도</td><td rowspan="6">절대 적합 지수</td><td>χ^2(df)</td><td>–</td><td>448.554</td><td>–</td></tr>
<tr><td>p–value</td><td>p 〉0.05</td><td>.000</td><td>부적합</td></tr>
<tr><td>적합지수(GFI)</td><td>〉0.9</td><td>.930</td><td>적합</td></tr>
<tr><td>평균오차제곱근(RMR)</td><td>〈 0.05</td><td>.041</td><td>적합</td></tr>
<tr><td>조정적합지수(AGFI)</td><td>〉0.9</td><td>.975</td><td>적합</td></tr>
<tr><td>근사평균오차제곱근(RMSEA)</td><td>〈0.08</td><td>.035</td><td>적합</td></tr>
<tr><td rowspan="2">증분 적합 지수</td><td>표준적합지수(NFI)</td><td>〉0.9</td><td>.949</td><td>적합</td></tr>
<tr><td>비교적합지수(CFI)</td><td>〉0.9</td><td>.982</td><td>적합</td></tr>
<tr><td rowspan="2">간명 적합 지수</td><td>아카이케 정보 기준(AIC)</td><td>최솟값</td><td>786.554</td><td>–</td></tr>
<tr><td>간명적합지수(PGFI)</td><td>최댓값</td><td>.713</td><td>–</td></tr>
</table>

과에 미치는 직·간접 효과를 분석했다. 먼저 규제 완화 및 분권이 성과에 미치는 직접 효과는 −.108로 나타나 부(−)의 영향을 미치는 것으로 나타났다. 간접 효과는 지자체장·경제청장 리더십(.051)과 PR 및 행정 지원 서비스(.036)를 매개로 해서 총 0.087의 영향을 미치는 것으로 나타났다. 그러나 부(−)의 효과가 더 크기 때문에 성과에 미치는 전체 효과는 −.021로 나타났다. 미약하지만 악영향을 미치는 것이다.

지자체장·경제청장 리더십의 직접 효과는 0.265로 나타났으며, PR 및 행정 지원 서비스를 매개로 해서 0.189의 간접 효과가 있는 것으로 나타났다. 특히 지자체장·경제청장 리더십은 경제자유구역 성과에 가장 많은 영향(총 효과 .454)을 미치는 것으로 나타났다.

입지·인프라는 경제자유구역 성과에 0.200의 직접 효과가 있는 것으로 나타났다. 또한 입지·인프라 요인은 주거환경 및 정주 편의성을 매개로 해서 0.073의 간접 효과도 나타났다.

그 밖에 주거환경 및 정주 편의성은 경제자유구역 성과에 0.102의 직접 효과가 나타났다. 절대치로서는 직접 효과가 가장 낮았다. 다음으로 PR 및 행정 지원 서비스는 0.408의 직접 효과가 있는 것으로 나타났다. 직접 효과가 가장 높은 변

표 5-3-7 경제자유구역 성과에 대한 직·간접 효과(공무원)

독립변수	직접 효과	매개변수	간접 효과	총계	종속변수	전체 효과
규제 완화 및 분권	−.108			−.108		−.021
		→ 지자체장 · 경제청장 리더십 →	.051	.087		
		→ 지자체장 · 경제청장 리더십 → PR 및 행정 지원 서비스 →	.036			
지자체장 경제청장 리더십	.265			.265		.454
		→ PR 및 행정 지원 서비스 →	.189	.189		
입지 · 인프라	.200			.200		.273
		→ 주거환경 및 정주 편의성 →		.073		
주거환경 및 정주 편의성	.102			.102		.102
PR 및 행정 지원 서비스	.408			.408		.408

수로 나타났으며, 전체 효과에서도 지자체장·경제청장 리더십에 이어 두 번째로 높은 효과를 미치는 것으로 나타났다.

공무원 집단의 구조방정식 모형을 분석한 결과, 규제 완화 및 분권이 경제자유구역 성과에 부(−.108)의 영향을 미치는 것으로 나타났다. 공무원들은 현재 규제 완화 및 분권 수준이 열악해 성과에 악영향을 미치는 요인으로 인식하고 있었다. 반면 규제 완화 및 분권 수준이 지자체장·경제청장 리더십과 PR 및 행정 지원 서비스를 매개할 경우에는 부(−)의 영향 관계가 정(+)의 영향을 미치는 것으로 변화했다. 즉, 현재 규제 완화 및 분권 수준이 열악하더라도, 리더십과 PR 및 행정 지원 서비스의 여부에 따라서 성과에 긍정적인 영향을 줄 수 있는 것으로 인식했다. 이는 공무원들이 상사에 대한 충성심과 자신들의 업무에 대한 평가를 긍정적으로 보는 인식에서 비롯될 수 있기 때문에 해석에 한계가 있을 수 있다. 그럼에도 리더십과 PR 및 행정 지원 서비스의 중요성을 다시 한 번 확인할 수 있는 결과로 볼 수 있다.

가장 높은 직접 효과를 보인 것은 PR 및 행정 지원 서비스로 나타났다. PR 및 행정 지원 서비스는 전체 집단의 분석 결과에서도 높은 영향을 미치는 요인으로 분석됐다. 당연하겠지만, 공무원 집단은 PR 및 행정 지원 서비스가 경제자유구역 성과에 가장 큰 영향을 미치는 것으로 인식하고 있었다. 또한 공무원들은 지자체장·경제청장 리더십의 직접 효과도 높게 나타났는데, 이러한 결과도 조직과 담당 업무를 높게 평가하려는 공무원들의 경향이 있기 때문에 적극적으로 해석하는 데 무리가 있다. 그럼에도 리더십과 PR 및 행정 지원 서비스가 경제자유구역 성과에 중요한 요인임에는 틀림없기 때문에 이에 대한 관리가 필요하다.

3 투자기업 집단

투자기업 집단의 연구모형을 분석한 결과, 규제 완화 및 분권 → 지자체장·경제청장 리더십(β=.898), 지자체장·경제청장 리더십 → 주거환경 및 정주 편의성(β=.468), 입지·인프라 → 주거환경 및 정주 편의성(β=.729), 지자체장·경제청장 리더십 → 성과(β=.305), PR 및 행정 지원 서비스 → 성과(β=.352)는 유의 수준 0.01 이하에서 통계적으로 유의미한 것으로 나타났다.

연구모형의 적합도 분석 결과, 먼저 절대적합지수 가운데 χ^2(df)은 409.893으로 나타났으며, p-value는 .000으로 나타나 수용 기준에 부적합했다. 적합지수(GFI)는 .972로 수용 기준에 부합했으며, 평균오차제곱근(RMR)도 .050로 수용 기준에 조금 부족했다. 근사평균오차제곱근(RMSEA)은 .041로 수용 기준에 부합했고, 조정적합지수(AGFI)는 수용 기준에 부적합한 .874로 나타났다.

증분적합지수에서는 표준적합지수(NFI)가 .909로 적합하게 나타났고, 비교적합지수(CFI)가 .971로 수용 기준에 부합했다. 간명적합지수에서는 아카이케 정보기준(AIC) 값이 755.893, 간명적합지수(PGFI)가 .717로 나타났다. 최종 모형의 적합도 판단 결과 일곱 개의 수용 기준 가운데 네 개가 적합했다. 앞서 공무원 집단의 구조방정식 모형과 비교해서는 모형적합도가 다소 떨어지는 것으로 볼 수 있다. 그럼에도 네 개의 적합지수가 부합한 것은 신뢰할 만한 것으로 판단된다.

투자기업 집단이 인식하고 있는 경제자유구역 성공 요인들이 경제자유구역 성과에 미치는 직·간접 효과를 분석했다. 먼저 규제 완화 및 분권이 성과 미치

그림 5-3-4 최종 모형의 공분산구조 분석 결과(투자기업)

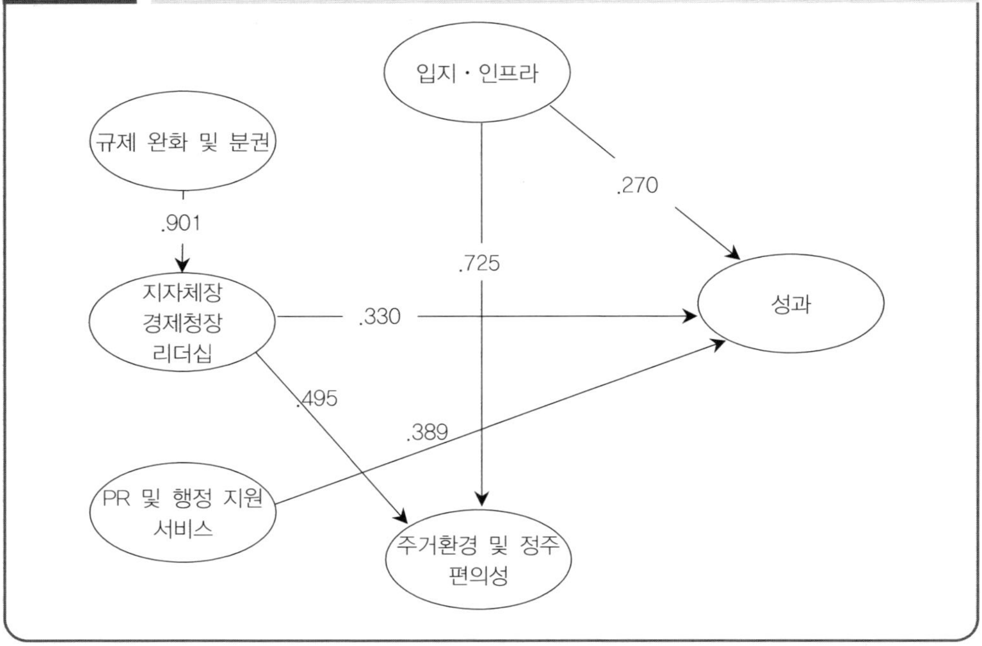

표 5-3-8 수정 모형의 분석변수 간 경로계수(투자기업)

인과관계	비표준화 계수	표준화 계수	표준 오차	CR	유의 확률	가설 채택
규제 완화 및 분권 → 지자체장 · 경제청장 리더십	.898	.669	.128	6.994	***	채택
지자체장 · 경제청장 리더십 → PR 및 행정 지원 서비스	–.583	–.530	.648	–.900	.368	기각
지자체장 · 경제청장 리더십 → 주거환경 및 정주 편의성	.468	.333	.126	3.704	***	채택
입지 · 인프라 → 주거환경 및 정주 편의성	.729	.475	.159	4.582	***	채택
지자체장 · 경제청장 리더십 → 성과	.305	.286	.078	3.914	***	채택
PR 및 행정 지원 서비스 → 성과	.352	.364	.105	3.356	***	채택
입지 · 인프라 → 성과	.241	.207	.105	2.297	.022	채택
주거환경 및 정주 편의성 → 성과	.076	.100	.070	1.078	.281	기각

주 : *** p〈 .01, ** p〈 .05, * p〈 .1

표 5-3-9 수정 모형의 적합도 판단(투자기업)

비교 기준			수용 기준	최종 모형	적합 여부
적합도	절대 적합 지수	χ^2(df)	–	409.893	–
적합도	절대 적합 지수	p-value	p > 0.05	.000	부적합
적합도	절대 적합 지수	적합지수(GFI)	> 0.9	.972	적합
적합도	절대 적합 지수	평균오차제곱근(RMR)	< 0.05	.050	부적합
적합도	절대 적합 지수	조정적합지수(AGFI)	> 0.9	.874	부적합
적합도	절대 적합 지수	근사평균오차제곱근(RMSEA)	<0.08	.041	적합
적합도	증분 적합 지수	표준적합지수(NFI)	> 0.9	.909	적합
적합도	증분 적합 지수	비교적합지수(CFI)	>0.9	.971	적합
적합도	간명 적합 지수	아카이케 정보 기준(AIC)	최솟값	755.893	–
적합도	간명 적합 지수	간명적합지수(PGFI)	최댓값	.717	–

는 직접 효과는 앞서 모형 도출에서 가설이 기각됐다. 반면 간접 효과는 지자체장·경제청장 리더십을 매개로 해서 0.297의 영향을 미치는 것으로 나타났다.

지자체장·경제청장 리더십의 직접 효과는 0.330으로 나타났으며, PR 및 행정 지원 서비스를 매개로 한 간접 효과는 가설이 기각됐다.

입지·인프라는 경제자유구역 성과에 0.270의 직접 효과가 있는 것으로 나타났다. 반면 주거환경 및 정주 편의성을 매개로 한 간접 효과는 가설이 기각됐다.

PR 및 행정 지원 서비스는 경제자유구역 성과에 0.389의 직접 효과가 있는 것으로 나타났다. 다른 변수와 비교해 가장 큰 직접 효과를 보이고 있었으며, 전체 효과에서도 가장 큰 영향을 미치는 것으로 나타나, 가장 중요한 요인으로 판단된다.

주거환경 및 정주 편의성이 성과에 미치는 영향은 가설이 기각됐기 때문에 경로 및 직접 효과가 나타나지 않았다.

투자기업 집단의 경제자유구역 성과에 대한 구조방정식 모형을 분석한 결과, 직·간접 효과를 합한 전체 효과에서 PR 및 행정 지원 서비스가 가장 높게 나타났다. PR 및 행정 지원 서비스는 앞서 공무원 집단의 분석 결과에서도 가장 높은 직접 효과를 보이는 요인으로 나타났기 때문에 함의가 크다. 투자기업 역시 경제

표 5-3-10 경제자유구역 성과에 대한 직·간접 효과(투자기업)

독립변수	직접 효과	매개변수	간접 효과	총계	종속 변수	전체 효과
규제 완화 및 분권		→ 지자체장·경제청장 리더십 →	.297	.297	성과	.297
지자체장 경제청장 리더십	.330					.330
입지·인프라	.270					.270
PR 및 행정 지원 서비스	.389					.389

자유구역 성과에 PR 및 행정 지원 서비스의 역할이 가장 크다고 인식하는 것이다.

투자기업 인터뷰에서 PR 및 행정 지원 서비스와 관련된 애로 사항들은 입주 시 인·허가 담당 기관이 여러 부처에 흩어져 있어 많은 시간이 소요된다는 점이었다. 현재 경제자유구역청에서는 원스톱 서비스를 실시하고 있기는 하지만, 미흡하다는 의견이다. 이러한 문제는 규제 완화 및 분권 문제와 무관하지 않다. 지자체에 인·허가 권한이 없고, 중앙부처를 통해 간접적으로 처리해야 하는 것들이 많기 때문이다.

또한 투자기업 집단은 공무원 집단에 비해 규제 완화 및 분권이 지자체장·경제청장 리더십에 대한 매개 효과가 더 높게 나타났다. 이는 투자기업 집단이 공무원 집단보다 상대적으로 규제 완화 및 분권 수준에 대한 체감이 적기 때문인 것으로 판단된다.

한편, 리더십 요인도 성과에 높은 영향을 미치는 것으로 나타났다. 앞서 공무원 집단이 조직 오너의 리더십을 높게 평가하는 경향은 이해가 쉬우나, 투자기업도 리더십을 높게 평가하는 것은 현재 인천경제자유구역의 성과가 리더십에 많이 좌우되고 있다는 점을 시사한다. 즉, 인천경제자유구역의 성과 중 상당한 부분이 리더십에 좌우되고 있다는 것이다. 실제로 GCF 유치 등 가시적인 성과는 물론이고 비교 관점에서도 다른 경제자유구역에 비해 인천경제자유구역이 높은 투자 유치 성과를 내고 있는 것이 이러한 분석 결과를 뒷받침하는 근거라고 볼 수 있다.

제 6 편

한국 경제자유구역의 전망과 과제

제 1 장　경제자유구역별 성과 향상을 위한 방안들
제 2 장　경제자유구역의 전망과 과제

제 1 장

경제자유구역별 성과 향상을 위한 방안들

개 관

제1장에서는 앞서 실증한 경제자유구역의 지배구조 및 성과 요인 결과들을 종합해서, 경제자유구역 성과 향상을 위해 어떠한 노력이 필요한지 고민했다. 전국 8개의 경제자유구역은 저마다 놓여 있는 환경과 상황이 다르고, 지배구조 역시 상이하기 때문에 성과 향상 방안들이 다를 수 있다. 또한 비슷한 상황이라 할지라도 경제자유구역청의 비전과 전략에 따라 개선 방안의 우선순위가 다를 수도 있다. 따라서 이 책에서는 경제자유구역의 성과 향상 방안을 구조화해, 각 경제자유구역청 직원들이 인식을 설문조사했다. 구체적으로는 설문조사는 조사 당시 전체(충북, 동해안권 제외)에 해당하는 6개 경제자유구역을 대상으로 했다. 분석 방법 및 모형은 계층화 분석기법(AHP)을 활용했고, 총 아홉 가지의 개선 방안을 도출해 구조화했다.

제1절 연구설계 및 모형

한국 경제자유구역의 성과 요인을 도출해서 우선순위를 분석하기 위해 계층화 분석기법(Analytic Hierarchy Process: AHP)을 적용했다. 계층화 분석기법은 요인의 계층을 구성하고 이를 구성하는 요인 간 이원 비교를 통해 평가자의 중요도 및 우선순위를 파악하는 기법이다(Saaty et al., 1982). 이 연구에서는 상위 수준 요인으로 '전략 · 운영', '지배구조', '입지 · 유인설계' 등 세 가지를 설정했으며, 2차 수준에서는 다시 세 가지의 요인을 제시해 전체 구조도를 작성했다. 다음의 [그림 6-1-1]은 경제자유구역의 성과 요인을 AHP[1] 구조도로 도식화한 분석모형이다.

설문조사는 경제자유구역청 직원을 대상으로 2013년 7월 30일에서 8월 5일까지 6일간 이뤄졌다. 설문은 2013년 지정된 동해안권과 충북경제자유구역 두 곳을 제외한, 여섯 개 경제자유구역청을 대상으로 우편과 전자우편(e-mail)을 통해 이뤄졌다. 설문 당시 동해안권과 충북경제자유구역은 직원들의 업무 파악이 충분하지 않을 것으로 판단해 설문 대상에서 제외했다. 설문지 회수는 각 구역별로 30부 회수를 목표로 실시했으며, 최종적으로 총 165부가 회수됐다. 이 가운데 불성실하게 응답하거나, 순위 일관성에 문제가 있는 설문지는 제외했다. 분석에 사용된 설문은 인천 25부, 부산 · 진해 24부, 광양만권 25부, 새만금 · 군산 28부,[2] 대구 · 경북 26부, 황해 9부 등 총 137부다.[3]

---

1) AHP 기법은 기본적 관찰을 통해 인간의 본성, 분석적 사고 측정 등의 문제를 정량적으로 해결하기 위한 유용한 모형으로 개발됐다(Saaty, 1995). 즉, 다수의 속성을 계층적으로 분류하고, 쌍대 비교를 통해 그 속성의 중요도를 파악함으로써 최적 대안 혹은 우선순위를 판단할 수 있는 분석기법으로 비교의 대상에 정량적 혹은 정성적 기준이 혼재돼 있다 할지라도 판단이 가능하다는 장점을 가진다.

2) 새만금경제자유구역의 경우 설문조사 당시 전북도의 출장소로 운영 중이었으며, 설문조사는 당시 새만금군산경제자유구역청의 직원을 대상으로 했다. 현재의 새만금개발청은 이후 조직 형태가 바뀌었기 때문에, 혼동을 피하기 위해 이 책에서는 새만금군산경제자유구역이라는 설문 당시의 명칭을 사용하고자 한다.

3) 불성실한 설문지를 제외하기 전 구역별 회수 설문은 인천 30부, 부산 · 진해 31부, 광양만권 30부, 새만금 · 군산 33부, 대구 · 경북 32부, 황해 10부 등 총 166부다.

또한 분석 결과로부터 함의나 정책적 시사점을 얻기 위해 각 경제자유구역청 직원들과 인터뷰를 실시했다. 인터뷰는 지역 경제자유구역청에 요청해 간담회 형식으로 이뤄졌으며, 참석자는 충북, 광양만권, 부산·진해를 제외한 인천, 새만금·군산, 대구·경북, 황해, 동해안권 등 5개 경제자유구역청의 직원이었다. 인터뷰는 2013년 8월 6일 실시됐으며, AHP 분석 결과를 배부·설명하고 참석자 간에 충분한 토론이 이뤄졌다.

그림 6-1-1 분석모형(AHP 구조도)

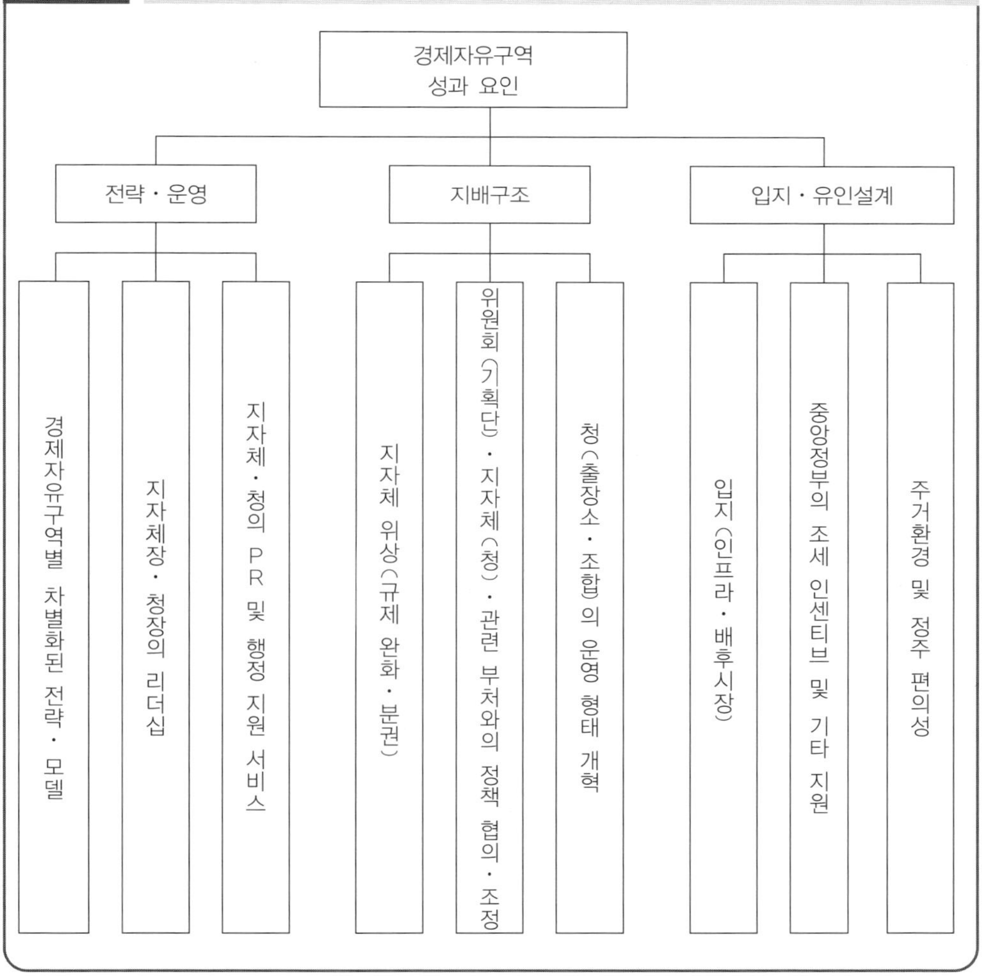

제2절 실증분석 및 결과

1 상위 수준

경제자유구역 성과 요인을 우선순위를 도출하기 위한 상위 수준 간의 쌍대비교를 통해 도출된 분석 결과는 <표 6-1-1>과 같다.

표 6-1-1 상위 수준 중요도 분석 결과

설문 대상 \ 상위 수준		전략 · 운영	지배구조	입지 · 유인설계	CR
전체	중요도 (우선순위)	.2946 (2)	.1448 (3)	.5606 (1)	.0258
인천	중요도 (우선순위)	.3753 (2)	.2481 (3)	.3766 (1)	.0256
부산 · 진해	중요도 (우선순위)	.2578 (2)	.1191 (3)	.6031 (1)	.0100
광양만권	중요도 (우선순위)	.1997 (2)	.0944 (3)	.7059 (1)	.0126
황해	중요도 (우선순위)	.4566 (1)	.1326 (3)	.4108 (2)	.0167
대구 · 경북	중요도 (우선순위)	.2439 (2)	.1230 (3)	.6331 (1)	.0433
새만금 · 군산	중요도 (우선순위)	.3418 (2)	.1617 (3)	.4965 (1)	.0016

상위 수준에 대한 중요도 분석 결과 전체 피설문자들은 입지 · 유인설계를 가장 중요한 요인으로 평가했다. 다음으로 전략 · 운영이 중요도 0.2946으로 나타났고, 지배구조의 중요도는 0.1448로 가장 낮게 나타났다. 가장 중요하다고 평가된 입지 · 유인설계는 2순위인 전략 · 운영에 비해 약 1.90배 더 중요하게 나타났고, 3순위인 지배구조 요인보다는 3.87배 더 중요한 것으로 나타났다.

각 경제자유구역별로는 황해 경제자유구역을 제외하고는 모두 입지 · 유인설계, 전략 · 운영, 지배구조 순으로 우선순위가 나타났다. 황해경제자유구역은 다른 구역과는 달리 입지 · 유인설계보다 전략 · 운영을 1순위로 꼽았다. 중요도는 전략 · 운영이 0.4566으로 2순위인 입지 · 유인설계보다 1.11배 근소하게 더 높게 나타났다.

1순위와 2순위 사이에 중요도 차이가 가장 크게 나타난 지역은 광양만권경제자유구역으로 1순위인 입지 · 유인설계의 중요도가 0.7059로 3순위인 지배구조에 비해서 7.47배 더 중요하게 평가됐다. 반면 중요도 차이가 가장 적게 나타난 지역은 인천경제자유구역이었다. 1순위인 입지 · 유인설계 요인이 2순위 전략 · 운영에 비해서는 1.003배로 거의 차이가 없게 나타났고, 3순위 지배구조에 비해서는 1.51배 차이가 났다.

2 하위 수준

1) 전략 · 운영

전략 · 운영 측면의 세부 요인으로 제시한 것은 경제자유구역별 차별화된 전략 · 모델, 지자체장 · 청장의 리더십, 지자체 · 청의 PR 및 행정 지원 서비스 등이다. 2차 수준 분석 결과는 다음의 <표 6-1-2>와 같다.

전체 피설문자들은 전략 · 운영의 하위 수준 성공 요인 중 경제자유구역별 차별화된 전략 · 모델을 가장 중요한 요인으로 꼽았다. 2순위는 지자체장 · 청장의 리더십으로 중요도가 0.2629였으며, 3순위는 지자체 · 청의 PR 및 행정 지원 서비스로 나타났다. 2순위와 3순위의 중요도는 차이는 위의 표에서 보듯이 매우 근소했다.

구역별 우선순위를 살펴보면, 인천은 다른 지역과 달리 지자체장 · 청장의 리더십을 더 중요하게 평가했다. 대구 · 경북경제자유구역도 지자체장 · 청장의 리더십을 중요도 0.3187로 다른 지역에 비해 상대적으로 높게 평가했다. 반면 광양

표 6-1-2 전략 · 운영의 하위 수준 중요도 분석 결과

설문 대상 \ 상위 수준		경제자유구역별 차별화된 전략 · 모델	지자체장 · 청장의 리더십	지자체 · 청의 PR 및 행정 지원 서비스	CR
전체	중요도 (우선순위)	.4812 (1)	.2629 (2)	.2560 (3)	.0035
인천	중요도 (우선순위)	.3674 (2)	.3764 (1)	.2562 (3)	.0009
부산 · 진해	중요도 (우선순위)	.5633 (1)	.2404 (2)	.1963 (3)	.0039
광양만권	중요도 (우선순위)	.5039 (1)	.1505 (3)	.3456 (2)	.0144
황해	중요도 (우선순위)	.4691 (1)	.2058 (3)	.3251 (2)	.0005
대구 · 경북	중요도 (우선순위)	.4559 (1)	.3187 (2)	.2254 (3)	.0129
새만금 · 군산	중요도 (우선순위)	.4907 (1)	.2779 (2)	.2314 (3)	.0001

만권경제자유구역은 지자체장 · 청장의 리더십의 중요도를 0.1505로 상대적으로 낮게 평가했다.

2) 지배구조

지배구조 측면의 세부 요인으로 제시한 것은 지자체 위상(규제 완화 · 분권), 위원회(기획단) · 지자체(청) · 관련 부처와의 정책 협의 · 조정, 청(출장소 · 조합)의 운영 형태 개혁 등이다. 2차 수준 분석 결과는 다음의 <표 6-1-3>과 같다.

지배구조의 하위 수준 세 가지를 쌍대 비교한 결과에서, 전체 설문조사자는 위원회(기획단) · 지자체(청) · 관련 부처와의 정책 협의 · 조정이 중요도 0.4002로 가장 중요한 요인으로 꼽았다. 2순위는 지자체 위상(규제 완화 · 분권)으로 중요도 0.3388이었으며, 청(출장소 · 조합)의 운영 형태 개혁은 중요도 0.2610으로 상대적으로 덜 중요하게 평가됐다.

표 6-1-3 지배구조의 하위 수준 중요도 분석 결과

설문 대상 \ 상위 수준		지자체 위상 (규제 완화 · 분권)	위원회(기획단) · 지자체(청) · 관련 부처와의 정책 협의 · 조정	청(출장소 · 조합)의 운영 형태 개혁	CR
전체	중요도 (우선순위)	.3388 (2)	.4002 (1)	.2610 (3)	.0032
인천	중요도 (우선순위)	.3527 (2)	.3964 (1)	.2509 (3)	.0075
부산 · 진해	중요도 (우선순위)	.2927 (3)	.3789 (1)	.3284 (2)	.0067
광양만권	중요도 (우선순위)	.3947 (1)	.3669 (2)	.2384 (3)	.0568
황해	중요도 (우선순위)	.3660 (2)	.4174 (1)	.2166 (3)	.0007
대구 · 경북	중요도 (우선순위)	.3022 (2)	.4199 (1)	.2779 (3)	.0022
새만금 · 군산	중요도 (우선순위)	.3419 (2)	.4213 (1)	.2368 (3)	.0005

지역별로 살펴보면, 다른 지역들은 모두 위원회(기획단) · 지자체(청) · 관련 부처와의 정책 협의 · 조정을 1순위로 평가했으나, 광양만권 경제자유구역은 지자체 위상(규제 완화 · 분권)을 중요도 0.3947로 가장 중요하다고 평가했다. 지배구조의 하위 수준에서는 극단적인 차이를 보인 요인은 없었고, 대체로 1순위와 3순위 사이에 2배 이내의 차이가 있는 것으로 나타났다.

3) 입지 · 유인설계

입지 · 유인설계 측면의 세부 요인으로 제시한 것은 입지(인프라 · 배후시장), 중앙정부의 조세 인센티브 및 기타 지원, 주거환경 및 정주 편의성 등이다. 2차 수준의 분석 결과는 다음의 <표 6-1-4>와 같다.

표 6-1-4 입지 · 유인설계의 하위 수준 중요도 분석 결과

설문 대상 \ 상위 수준		입지(인프라·배후시장)	중앙정부의 조세 인센티브 및 기타 지원	주거환경 및 정주 편의성	CR
전체	중요도 (우선순위)	.5712 (1)	.2485 (2)	.1803 (3)	.0271
인천	중요도 (우선순위)	.5358 (1)	.2264 (3)	.2378 (2)	.0619
부산 · 진해	중요도 (우선순위)	.6191 (1)	.2269 (2)	.1540 (3)	.0003
광양만권	중요도 (우선순위)	.5567 (1)	.2441 (2)	.1992 (3)	.0945
황해	중요도 (우선순위)	.5754 (1)	.2515 (2)	.1731 (3)	.0168
대구 · 경북	중요도 (우선순위)	.5831 (1)	.2287 (2)	.1882 (3)	.0141
새만금 · 군산	중요도 (우선순위)	.5466 (1)	.3129 (2)	.1405 (3)	.0207

입지 · 유인설계 측면의 세부 요인들 가운데 전체 설문조사자들이 가장 중요하다고 평가한 요인은 입지(인프라 · 배후시장)로 나타났다. 3순위인 주거환경 및 정주 편의성에 비해 3.16배 더 높은 중요도를 보였으며, 2순위인 중앙정부의 조세 인센티브 및 기타 지원보다는 2.29배 더 중요하게 나타났다.

각 지역별 우선순위에서도 입지(인프라 · 배후시장) 요인은 모두 1순위를 차지했고, 중요도도 0.5 이상으로 높게 나타났다. 특히 부산 · 진해경제자유구역은 입지(인프라 · 배후시장) 요인이 주거환경 및 정주 편의성 요인에 비해 약 4.02배 더 중요해 가장 큰 편차를 보였다.

인천경제자유구역은 다른 지역과 달리 중앙정부의 조세 인센티브 및 기타 지원을 2순위로 평가하지 않고, 주거환경 및 정주 편의성을 2순위로 평가했다.

4) 종합 중요도

지금까지 논의된 각 수준별 성공 요인들의 분석 결과를 종합하고, 상위 요인

의 가중치를 부여한 설문대상자 전체의 중요도 및 우선순위는 <표 6-1-5>와 같다.

표 6-1-5 전체 설문조사자의 종합 중요도 및 우선순위

구분		하위 수준		전체 수준	
		중요도 (우선순위)	CR	중요도	우선 순위
전략·운영 (.2946)	경제자유구역별 차별화된 전략·모델	.4812 (1)	.0035	.1418	2
	지자체장·청장의 리더십	.2629 (2)		.0774	5
	지자체·청의 PR 및 행정 지원 서비스	.2560 (3)		.0754	6
지배구조 (.1448)	지자체 위상(규제 완화·분권)	.3388 (2)	.0032	.0490	8
	위원회(기획단)·지자체(청)·관련 부처와의 정책 협의·조정	.4002 (1)		.0579	7
	청(출장소·조합)의 운영 형태 개혁	.2610 (3)		.0378	9
입지·유인 설계 (.5606)	입지(인프라·배후시장)	.5712 (1)	.0271	.3202	1
	중앙정부의 조세 인센티브 및 기타 지원	.2485 (2)		.1393	3
	주거환경 및 정주 편의성	.1803 (3)		.1011	4

상·하위 수준 요인들의 중요도를 고려한 종합 중요도에서는 입지(인프라·배후시장) 요인이 중요도 0.3202로 가장 높게 나타났다. 2순위인 경제자유구역별 차별화된 전략·모델에 비해서는 2.25배 더 높았고, 가장 낮은 우선순위를 보인 청(출장소·조합)의 운영 형태 개혁과 비교해서는 8.47배나 더 높게 나타났다. 경제자유구역청 직원들은 경제자유구역이 성공하기 위해서는 도로·항만 등 인프라와 넓은 배후시장을 가장 중요한 것으로 인식하고 있었다.

그러나 인프라 건설에는 막대한 예산이 소요되기 때문에 사실상 중앙정부의

지원 없이 지자체가 스스로 이 문제를 개선하기 어렵다는 점에서, 경제자유구역의 성공을 위해서는 중앙정부의 지속적 관심이 중요하다고 볼 수 있다. 배후시장과 같은 입지 요인은 수도권을 거대한 배후 시장으로 가지고 있는 인천경제자유구역을 제외하면 정책적 노력으로 개선하기에는 한계가 있다.

다음으로 높게 나타난 성과 요인은 경제자유구역별 차별화된 전략·모델로서 중요도 0.1418로 나타났다. 현재 경제자유구역의 발전 전략·모델에 대한 구상은 지자체 차원에서 이뤄지고 있다. 중앙의 위원회와 기획단이 있지만, 전략이나 차별화된 모델을 제시하는 역할은 거의 없는 것으로 볼 수 있다. 한국 경제자유구역의 경우 중앙에서 각 경제자유구역의 성장 전략 모델을 구상하고 지휘·감독하는 체계라기보다는, 각 지자체(청)에서 독자적으로 개발·성장시키는 전략을 구사하고 있기 때문에, 지자체나 경제자유구역청별로 좀 더 적실성 있는 차별화된 전략 수립이 필요하다고 볼 수 있다.

3순위로 높게 나타난 성과 요인은 중앙정부의 조세 인센티브 및 기타 지원이다. 경제자유구역에 투자하는 외국 기업에는 국내 다른 지역과 달리 조세 감면, 보조금 등의 지원이 이뤄지고 있다. 피설문자들은 이러한 지원이 성과 창출에 크게 기여하는 것으로 평가하고 있다.

가장 낮은 우선순위를 보인 성과 요인은 청(출장소·조합)의 운영 형태 개혁으로 나타났다. 그동안 경제자유구역청의 운영 형태 개선에 대한 연구(서울대학교 행정대학원, 2004; 경북대학교, 2009; 한국개발연구원, 2010)에서는 대체로 현재의 경제자유구역청 지배구조가 충분한 역량을 발휘하기 어려운 구조라는 지적이 지배적이었으나, 의외로 경제자유구역청 직원들은 운영 형태 개혁에 대해 상대적으로 낮은 관심을 보였다.

위원회(기획단)·지자체(청)·관련 부처와의 정책 협의·조정의 중요도도 낮게 평가됐다. 간담회 참석자들은 위원회와 기획단이 중앙에서 해결해 줘야 할 제도 개선이나 부처 간 협의에서 주도적인 위상이나 역할이 필요하지만, 현실은 기획단이 각 지자체로부터 수집된 정보를 통합하는 수준의 역할에 머물러 있다는 지적이 많았다. 이는 위원회나 기획단이 개별 부처(산업통상자원부)에 설치돼 위상이 그리 높지 않으며, 이 때문에 부처 간 조정에도 한계가 있기 때문인 것으로 생각된다.

다음의 <표 6-1-6>은 경제자유구역별로 종합 중요도 및 우선순위를 분석한 것이다. 6개 경제자유구역 모두 입지(인프라 · 배후시장) 요인을 가장 중요한 1순위로 꼽았다. 입지 요인을 가장 중요하게 평가한 이유는 기업들이 입지 요건이 불충분할 경우에는 제아무리 파격적인 인센티브를 제공한다고 하더라도 유인 효과가 나타나지 않는다는 이유에서다. 인터뷰에서도 대구 · 경북경제자유구역청 직원은 바다를 끼고 있지 않은 입지 조건 때문에, 상대적으로 기업 유치에 핸디캡을 가지고 있다고 지적하면서 핸디캡 극복을 위한 전략 수립과 직원 교육에 더욱 노력하고 있다고 강조한 바 있다.

다음으로 인천경제자유구역과 황해경제자유구역을 제외한 경제자유구역 직원들은 중앙정부의 조세 인센티브 및 기타 지원을 2~3순위로 중요하다고 평가했다. 인천의 경우 이 항목을 8순위로 매우 낮게 평가했는데, 이는 인천경제자유

표 6-1-6 경제자유구역별 종합 중요도 및 우선순위

구분		인천		부산 · 진해		광양만권		황해		대구 · 경북		새만금 · 군산	
		중요도	우선순위	중요도	우선순위	중요도	우선순위	중요도	우선순위	중요도	우선순위	중요도	우선순위
전략 · 운영	경제자유구역별 차별화된 전략 · 모델	.1379	3	.1452	2	.1006	4	.2142	2	.1112	4	.1677	2
	지자체장 · 청장의 리더십	.1413	2	.0619	5	.0301	8	.0939	5	.0777	5	.0949	4
	지자체 · 청의 PR 및 행정 지원 서비스	.0962	5	.0506	6	.0690	5	.1485	3	.0550	6	.0791	5
지배 구조	지자체 위상 (규제 완화 · 분권)	.0874	7	.0348	9	.0372	6	.0485	8	.0372	8	.0552	8
	위원회(기획단) · 지자체(청) · 관련 부처와의 정책 협의 · 조정	.0983	4	.0451	7	.0346	7	.0553	7	.0516	7	.0681	7
	청(출장소 · 조합)의 운영 형태 개혁	.0622	9	.0391	8	.0225	9	.0287	9	.0342	9	.0383	9
입지 · 유인 설계	입지(인프라 · 배후시장)	.2018	1	.3857	1	.3929	1	.2363	1	.3691	1	.2713	1
	중앙정부의 조세 인센티브 및 기타 지원	.0852	8	.1413	3	.1723	2	.1033	4	.1448	2	.1553	3
	주거환경 및 정주 편의성	.0895	6	.0959	4	.1406	3	.0711	6	.1191	3	.0698	6

구역이 중앙정부의 재원 분담 비율이 현저히 낮기 때문인 것으로 보인다. 인천 외에 황해경제자유구역이 중앙정부 지원 항목을 4순위로 비교적 낮게 평가한 것도 다른 경제자유구역에 비해 중앙정부의 재원 분담 비율이 낮은 수준이기 때문으로 판단된다.

반면, 중앙정부의 지원이 중요한 성과 요인이라고 평가한 경제자유구역 직원들은 간담회에서 중앙정부의 규제 완화 정도가 성과에 많은 영향을 미친다고 강조한 바 있다. 특히 교육 · 의료산업과 같은 유형의 클러스터 조성에서는 해당 산업이 중앙의 규제를 많이 받는 산업이어서, 중앙정부의 규제 완화가 필수적이라는 의견이었다. 또한 입지 경쟁력이 낮은 지역의 경우 외국 투자자들에게 국내 대기업들과의 산업 연계를 유인(誘因)으로 제시해야 하는데, 경제자유구역의 각종 인센티브는 국내 기업에는 제공되지 않기 때문에 제약이 많으며 이에 대해서는 중앙정부의 지원 개선이 필요하다.

인천경제자유구역은 다른 지역보다 지자체장 · 청장의 리더십을 2순위로 높게 평가했다. 반면 광양만권경제자유구역은 지자체장 · 청장의 리더십을 8순위로 낮게 평가했다. 인천경제자유구역청 직원은 전임 시장과 현 시장을 예로 들면서 지자체장의 관심에 따라서 경제자유구역의 투자 유치 성과가 달라질 수 있다고 지적했다. 교육 분야 담당자인 그에 따르면, 전임 시장의 경우 미국의 교육기관 유치에 관심을 가졌고, 현 시장은 러시아, 유럽 등의 국가들에 대해서 더 관심을 쏟고 있다고 한다. 그 성과로 인천은 사업 초기 미국의 JCB공동생물과학연구소, 유타신의료기술개발연구소 등을 유치한 바 있으며, 최근에는 러시아, 벨기에, 홍콩, 스웨덴 등 다양한 국가들의 교육 · 연구기관을 유치하고 있다. 반면 광양만권의 경우에는 이미 집적된 국내 기업들과 연계하려는 투자자들이 많기 때문에 청장의 리더십에 크게 의존적이지 않다는 지적이다.

경제자유구역별 차별화된 전략 · 모델 요인은 세 개 구역에서 2순위, 2개 구역에서 3순위로 꼽는 등 비교적 중요한 요인으로 나타났다. 인터뷰 참석자들의 공통된 의견은 탁상론에 입각한 차별화 전략은 실질적인 효과가 없다는 지적이다. 2013년 7월 산업통상자원부에서는 경제자유구역의 기본 계획(안)을 낸 바 있다. 그 안에는 그동안 간과돼 온 각 경제자유구역별 차별화 전략 및 중점 유치 분야가 상세하게 기술돼 있다. 그러나 인터뷰에 참석한 실무자들은 중앙에서 중점 유치 산업을 정하고, 해당 산업에 특혜를 주는 것이 오히려 투자 유치에 장애가 될 수 있다는 의견이다. 해당 지역에 투자할 의지를 가진 기업들이 유치 분야가 다르다는 이유로 혜택에서 배제되거나 입지하지 못하는 부작용도 발생할 수 있다는 것이다.

한편 경제자유구역에는 외국인 투자지역, 자유무역지역과 비교해 차별화된 전략·지원 체계가 필요하다는 지적도 설득력이 있는 것으로 보인다. 2015년 1분기 전국산업단지 현황 통계에 따르면, 자유무역지역은 7개, 단지형 외국인 투자지역은 19개, 개별형 외국인 투자지역은 54개에 이른다. 이 중 개별형 외국인 투자지역은 일정 규모 이상의 외국인 투자자만 있다면, 지자체장 신청과 외국인 투자위원회 심의를 거쳐 어떤 지역이든 지정할 수 있다. 외국인 투자지역은 부지 매입과 인프라 시설의 국비 지원이 가능하다. 사실상 한국에 투자를 희망하는 대형 외투기업은 세제·인센티브 면에서 반드시 경제자유구역을 택할 이유가 없는 것이다.

그 밖에 황해 경제자유구역은 다른 지역과 비교해 지자체·청의 PR 및 행정 지원 서비스를 높게 평가했고, 인천 경제자유구역은 위원회(기획단)·지자체(청)·관련 부처와의 정책 협의·조정을 높게 평가했다. 인천경제자유구역은 중앙정부의 조세 인센티브 및 기타 지원에 대해서도 다른 지역들에 비해 상대적으로 낮은 중요도를 부여했다. 인천의 경우 지자체에서 직접 공유수면을 매립한 토지와 수입으로 개발사업을 시행하고 있기 때문에 중앙정부의 지원에 상대적으로 덜 의존적인 것으로 해석된다.

당초 연구자가 기대한 것과는 달리 청(출장소·조합)의 운영 형태 개혁에 대한 조합과 출장소 경제자유구역청 사이의 인식 차이는 나타나지 않았다. 오히려 청의 운영 형태 개혁은 모든 경제자유구역이 8·9순위로 평가해, 다른 성과 요인에 비해 상대적으로 덜 중요한 것으로 나타났다. 인터뷰에서 조합 형태의 경제자유구역청 직원들에 따르면, 개청 초기에는 다소 혼선과 갈등이 있었다고 한다. 이후 사업이 5년~10년 정도 진행되다 보니, 이와 같은 비효율을 해소하기 위한 제도가 정착돼 생각보다 지배구조로 인한 비효율은 적어 보였다. 특히 예산을 수반하지 않는 사업이나 정책은 2개 지자체의 의회를 직접 거치지 않고, 조합회의[4]를 통해서 결정되기 때문에 어느 정도 비효율을 극복하고 있는 것으로 보인다.

이는 경제자유구역의 지배구조가 정착기를 지나 성숙기에 접어들면서 어느 정도 운영 효율화가 이뤄지고 있음을 의미한다.

한편 대구·경북경제자유구역청 직원은 오히려 조합 형태의 운영이 시너지 효과를 낼 때도 많다고 한다. 대구·경북의 경우 대구시 경계가 모두 경북이기 때문에 개발 및 투자 유치에 두 지자체의 협조를 구해야 하는 사항이 많다는 의견이다. 만일 조합 형태가 아니라 대구시의 출장소일 경우, 이해관계에 있는 지자체의 협조를 구하는 것이 더 어려울 수 있다는 지적이다.

제 3 절 시사점

분석 결과를 살펴보면 6개 청별로 공통점도 보이지만 성과 요인에 대한 인식의 차이도 발견됐다. 성과 요인 가운데는 정책·제도 변수도 존재했고, 협의·조정과 같은 행태 변수나 입지·인프라와 같은 물리적 변수도 존재했다. 정책이나 제도 변수에는 중앙정부의 역할로 가능한 요인도 있고 지방정부 역할이 더 필요한 경우도 있었다.

단기적인 정책 변수가 되기 어려운 인프라나 배후시장과 같은 입지 요인을 제외하면 조세 인센티브와 같은 중앙정부의 지원을 중요하게 여기는 결과가 나왔다. 차별화된 전략·모델이나 지자체 장·청장의 리더십 요인은 대체로 그 다음으로 중요한 요인으로 지적됐다. 중앙정부의 역할 못지않게 지자체나 청의 역할이 중요한 것으로 나타났다.

2013년 2개의 경제자유구역이 추가 지정되면서, 전국에 8개 경제자유구역이 생겨났다. 수백 개에 이르는 인도나 중국의 사례와 비교해서는 양호하지만, 경제자유구역이 남발되고 있다는 지적이 많다. 특히 성과가 저조한 경제자유구역에 대해서는 지정 해제에 대한 시각도 적지 않다. 실제로 최근에는 전국의 8개 구역

4) 조합회의의 위원은 각 지자체의 일부 시·도의원들이며, 구성원 수는 경제자유구역마다 상이하다. 예컨대 대구·경북경제자유구역은 17명으로 구성돼 있다.

가운데 동해안권과 충북을 제외한 모든 지역에서 지정 규모가 축소되는 조정이 있었다.

앞서 지정된 6개 경제자유구역의 경우, 오는 2020년 개발이 종료되지만 외국인 직접 투자(FDI) 실적 등 성과지표는 여전히 답보 수준이다. 경제자유구역이 앞으로 한국 경제를 견인할 원동력이 되기 위해서는, 이 책에서 검증한 요인들에 대한 정책적 고려가 필요한 시점이다.

한편 경제자유구역이 실효성을 가지기 위해서는 유사 제도인 외국인 투자지역, 자유무역지역과 비교해 차별화된 전략·지원 체계가 필요하다. 개별형 외국인 투자지역은 일정 규모 이상의 외국인 투자자만 있다면, 지자체장 신청과 외국인 투자위원회 심의를 거쳐 어떤 지역이든 지정할 수 있다. 그뿐만 아니라 외투지역은 부지 매입과 인프라 시설의 국비 지원이 가능하다. 사실상 한국에 투자를 희망하는 대형 외투기업이 세제·인센티브 면에서 반드시 경제자유구역을 택할 이유가 없는 것이다. 이처럼 경제자유구역(FEZ) 제도의 형해화(形骸化)를 우려하는 목소리도 존재한다.

연구 결과의 한계도 존재한다. 설문 대상을 청 직원들로 한정했기 때문에, 중앙정부 공무원이나 투자기업 등 이해관계 집단의 의견이 반영되지 못한 한계가 있다. 향후 기획단 등 중앙공무원이나 투자기업 직원들을 대상으로 연구가 진행된다면 이 연구 결과의 한계를 보완할 수 있을 것이며, 집단 간 인식 비교를 통해 더욱 풍부한 함의를 도출하리라 생각한다.

"비슷한 것은 가짜다(求似者 非眞也)"라는 말이 있다. 연암 박지원이 그의 저서 『녹천관집서(綠天館集序)』에서 한 말이다. 한국형 경제자유구역이 성공하려면 외국 사례를 피상적으로 벤치마킹하거나 사이비 유사 제도를 많이 만드는 것보다 한국의 지역 현실에 부합하는 경제자유구역 전략이나 모델을 거버넌스적 방식을 통해 안출해 내야 할 것이다.

제 2 장

경제자유구역의 전망과 과제

개 관

제2장에서는 지금까지의 논의를 통해 앞으로 한국 경제자유구역이 나아가야 할 방향과 비전을 제시한다는 관점에서 당면 과제들을 언급했다. 경제자유구역은 한국형 경제특구 모델로서 그 출발은 많은 기대와 관심을 끌었지만, 사업 기간이 긴 탓인지 정치적 지지와 이슈에서 점차 멀어지고 있는 듯하다. 지금까지의 경제자유구역 성과도 분명 적다고 할 수 없지만 미래 성장 동력으로서 우리 경제를 이끌어 가는 데 견인차 역할을 하기 위해서는 해결해야 할 과제들도 산적하다. 한국 경제자유구역이 홍콩, 두바이가 그런 것처럼 세계 시장에서 주목받는 투자 유치지역으로 부상하기 위해 어떤 노력이 필요한지 살펴보고자 한다.

중국이 경제대국으로 성장하면서, 동북아 지역은 EU · NAFTA와 더불어 세계 3대 교역권의 하나로 비중이 확대되고 있다. 세계 인구의 27%, 세계 면적의 20%를 배후지로 점유하고 있으며, 앞으로 세계 경제의 중심지로서 역할을 하게 될 것이다. 한국은 동북아에서도 지정학적으로 일본과 중국 사이에 있기 때문에 양국을 연결하는 고리 역할을 통해 경제 성과를 기대할 수 있다. 반면 한편에서는 오히려 중국과 일본 사이에서 전략적으로 대응하지 못할 경우, 경쟁력에서 밀려 도태될 우려가 있다는 목소리도 많다. 따라서 국가적 혹은 지방정부 차원에서 시의적절한 정책적 대응의 필요성이 강하게 요구된다고 할 수 있다.

이러한 시대적 배경에 따라 한국에서 시도한 경제 성장 전략 중 하나가 경제자유구역이다. 경제자유구역(Free Economic Zone: FEZ)은 외국인 투자기업의 경영환경과 생활 여건을 개선하고, 규제 완화 등 기업의 자율성을 보장하기 위한 정책을 통해 투자 유인을 극대화하는 무대다. 한국뿐만 아니라 중국 · 싱가포르 · 인도 · 폴란드 등 세계 각국에서 경쟁적으로 경제특구를 설치 · 운영하고 있으며, 특구 내 외국인 투자 유치를 위한 국제 경쟁이 심화되고 있다. 그럼에도 실제로 성공적인 사례는 매우 드물다는 것이 일반적인 평가다.

2002년 "동북아 비즈니스 중심지"라는 청사진으로 시작된 한국 경제자유구역은 개발 15년이 지났으나 성과 부진이 지속적으로 거론되고 있는 실정이다. 현재 경제자유구역은 인천을 제외하고는 이렇다 할 성과를 내지 못하고 있으며, 인천 경제자유구역조차도 당초 취지와는 달리 고부가가치 첨단산업의 유치가 매우 부진하다는 평가를 받고 있다.

한국에서 경제자유구역 사업이 시작된 것은 제조업 중심의 성장 한계를 극복하고 동북아 국가 간 경쟁에서 우위를 점하기 위해 국가적인 동북아 비즈니스 중심지를 육성해야 한다는 시대적 과제로부터 출발했다. 첨단산업 및 지식기반 고부가가치 서비스 산업을 새로운 성장 동력으로 하는 미션을 가지고 "동북아 비즈니스 중심국가"를 실현하기 위한 전략으로서 추진된 것이다.

국가적 차원의 사업으로 출발했으나, 2002년 초 경제특구 추진 방안에 대한 초기 논의가 이뤄질 때, 중앙정부 산하에 담당 기관을 두려고 하자 지방자치단체의 반발로 인해 지방자치단체 산하의 조직으로 의견이 모아졌다. 이후 복수의 광역자치단체에 걸쳐 있는 경제자유구역은 지방자치단체조합의 형태로 경제자유구역청이 출범됐고 인천 등 단일 광역지방자치단체 관할의 경제자유구역청은 지방자치단체 산하의 출장소로 설치됐다.

그러나 경제자유구역 개발사업과 관련된 규제 문제, 각종 인·허가 문제 등 많은 권한이 지방에 이양되지 않았기 때문에 경제자유구역의 개발은 지지부진했다. 이에 더해 정권이 교체되면서 정치적 지지 부족, 중앙정부의 재정 지원 부족 등의 이유로 경제자유구역이 국가적 사업인지 지역적 도시개발 사업인지 불명확해지는 상황에 처하게 됐다. 그 밖에도 거버넌스 구조가 복잡하고, 사업에 연관된 기관들이 다수라는 점과 중앙정부－지방정부, 자치단체장－경제자유구역청장 등 사업을 추진하는 기관이 혼재된 점은 경제자유구역의 성과를 저해하는 요인이 되고 있다. 인천경제자유구역의 경우 국가 차원의 안목과 전략을 가지고 개발할 필요성이 큰데 지방정부가 추진하는 구조여서 지역 정치에 너무 많은 영향을 받는 것이 가장 큰 문제라는 지적도 있다. 지방자치단체장의 선거 득표 계산에 따라 사업이 좌우되고 시의회의 관여로 효율이 저하되는 등 힘의 누수가 심각하다는 것이다.

첫째, 경제자유구역의 성과 제고를 위해서 가장 중요한 것이 규제 완화다. 하지만 현재 한국 경제자유구역은 다른 지역과 별반 다르지 않은 강한 규제가 작동되고 있는 점이 가장 큰 문제다. 전 인천경제자유구역 청장은 인터뷰에서 재임 당시 약 400개의 규제 법률이 경제자유구역에도 동일하게 적용되고 있다고 토로한 적이 있다. 이 같은 규제는 곧 투자 유인의 한계로 작용되고, 따라서 투자 유인을 강화하기 위해서는 규제 개혁이 선행되지 않으면 경제자유구역의 성과 제고는 요원한 일이라는 것이다.

둘째, 투자 유치를 위해 세계 시장에 내놓아도 손색없는 정주 여건과 사업 부지가 필요하다. 경제자유구역은 투자 유치를 통해 개발하는 것이다. 투자 유치에 가장 중요한 것은 접근성과 인프라, 그리고 토지 가격이라 할 수 있다. 따라서 국제공항, 항만과의 근접성, 그리고 정주환경(학교, 쇼핑 인프라, 공원, 호텔, 문화시설 등) 및 상대적으로 저렴한 토지 가격을 홍보하는 데에 주력할 필요가 있다. 기업 유치를 위한 유인이 확실해야 하는 것이다. 이외에 이미 입주한 기업들에 대한 정보도 중요한 홍보 자원이 될 수 있다. 특정 기업이 유치되면 그 기업과 협력 또는 경쟁하기 위해 다른 기업이 또 다른 투자를 결정하는 상호 견인력이 있기 때문이다. 투자 유치에 한번 가속도가 붙으면 그 탄력성이 크게 작용하는 것도 이러한 이치다.

셋째, 중앙정부 및 중앙정치의 관심과 지원이 필요하다. 현재 경제자유구역은 광역지자체의 사업으로 운영되고 있다. 경제자유구역의 개발과 투자 유치가 저조한 것이 국가사업으로 추진되지 않기 때문이라는 지적이 있다. 사실 중앙정부가 사업 주체가 되면 지방정부보다는 비교적 광범위한 기업들을 대상으로 투자자를 찾을 수 있고 투자 의향자를 상대로 한 협상 카드도 다양하게 활용할 수 있어 성공 가능성이 더 커진다고 볼 수 있다. 또한 지방정치의 영향이나 중앙과의 조율·조정 등 절차가 감소되기 때문에 집행기관의 시간과 노력을 감소할 수 있는 측면이 있다. 하지만 이는 오히려 지방정부라서 안 된다는 편견에서 비롯된 것일 수도 있다. 오히려 경제자유구역위원회 및 기획단, 지방정부, 경제자유구역청 간의 유기적인 협조 체계와 거버넌스를 개선하고자 하는 노력이 좀 더 중요할 수 있다. 현재 경제자유구역의 개발에서 중앙정부는 감독과 규제의 역할에 치중하고 있고 일부 조정 및 지원 기능이 있으나 그 역할이 미미하다. 한마디로 투자자 물색, 유치, 개발계획의 수립 및 집행 등은 모두 경제자유구역청이 전적으로 책임을 지고 있으며, 중앙정부에서 지원하는 것이 그리 크지 않다는 것이다.

넷째, 경제자유구역청의 지배구조의 개선이 필요하다. 단일 광역자치단체의 경제자유구역은 지방자치법상 출장소로 분류되기 때문에 법적 지위와 현실적 위상 간에 상당한 간극이 존재한다. 실정법상 지방자치단체의 출장소는 원격지 행정을 위해 설치하는 조직에 해당한다. 과연 출장소 형태의 지배구조가 경제자유구역 운영의 최적 형태인지 의문이다. 일반적으로 출장소는 지방정부의 직제규정에 따라 설치와 폐지가 좌우되며 대외적으로 독립적인 의사 표현을 하는 데에도 제약이 따른다. 그러나 경제자유구역청은 경제자유구역특별법에 따라 설치되며, 원격지 행정과는 별개의 특별한 사업 집행을 위해 설치한 지방자치단체 산하 특별행정기관에 가깝다. 출장소 형태로 분류돼 있는 탓에 지방자치단체와 지방의회로부터 과도한 간섭을 받거나, 지방정치에 의해 사업이 좌우되는 한계도 보이고 있다. 이와 같은 지배구조로 인한 부작용은 2개 광역자치단체의 조합 형태로 운영되는 경제자유구역은 더욱 심하다. 특별회계 신설, 인사권 독립 등을 통해 경제자유구역의 재정 및 운영 자율성을 높여 주고, 지방자치단체가 가지고 있는 권한을 경제자유구역청에 대폭 위임할 필요가 있다.

다섯째, 중앙과 지방의 적절한 기능 배분과 중앙의 적극적인 역할이 필요하다. 경제자유구역의 성과가 향상되기 위해서는 경제자유구역청이 좀 더 주도적으로 사업을 추진해 나갈 수 있도록 행·재정적인 배려가 필요하다. 이러한 관점에서 위원회와 기획단은 중앙의 이해관계를 조율하고, 그 결과를 권한 이양의 형태로 경제자유구역청에 도움을 주는 역할이 중요할 것으로 생각된다. 또한 위원회와 기획단의 조정 기능을 개선하기 위해서는 현행 각부 차관급 회의를 격상시킬 필요가 있다. 대안으로 위원회를 총리실 산하 장관급 회의로 설치하고, 기획단을 주요 이해관계 부처의 파견 인력으로 구성되는 총리실 산하기관으로 구성하는 방안이 검토될 수 있다.

지금까지 경제특구에 관한 주요 이론들과 외국 사례, 한국 경제자유구역의 현주소 및 향후 과제들을 살펴봤다. 한국 경제자유구역은 출범 당시 외자 유치의 중요한 정책 수단으로 국민적 기대를 모으고 출발했지만, 여전히 초라한 성적이라는 인식이 지배적이다. 한국의 경제자유구역이 직접적인 모델로 삼았던 가까운 중국만 하더라도 경제특구가 중국 경제 발전의 원동력이 된 사실에 비춰 보면 아직도 한국 경제자유구역이 가야 할 길은 먼 것처럼 느껴진다. 경제자유구역이 우리 경제에 기여하기 위해서는 한국 현실에 적합하도록 경제자유구역 지배구조의 리모델링이 필요하다. 그러한 의미에서 이 책에서 다룬 지배구조와 성과 요인들은 앞으로 한국 경제자유구역의 성과를 제고하고 발전 방향을 모색하는 데 보탬이 될 것으로 기대한다.

우리나라 경제자유구역에 투자하는 외국인들은 대체로 우리나라의 선진 기술, 고급 인력, 그리고 중국 시장의 교두보라는 관점에서 한국을 선택한다. 그러나 인센티브, 토지 비용, 규제 등의 측면에서 중국, 홍콩, 싱가포르 등의 국가와 비교해 매력이 떨어지는 것이 사실이다. 혹평하는 사람들은 현재 우리나라의 경제자유구역 정책이 사실상 실패한 정책이라고 말한다. 미래 성장을 위한 플랫폼으로 발전시킨다는 당초의 취지는 퇴색하고, 정부 정책의 관심권에서도 크게 벗어나 있는 상황이기 때문이다. 가장 발전했다는 인천송도국제도시의 경우도 현재 외형적으로 발전된 모습을 보이고 있는 듯하지만, 객관적으로 바라보면 동북아 비즈니스 거점도시로 발전하기보다는 조금 괜찮은 신도시 정도로 자리매김할 가능성이 커 보인다. 이런 상황을 타개하기 위해서는 송도국제도시의 미래에 대한 정확한 비전과 철학, 그리고 실천 전략이 뒷받침돼야 할 것이다.

2013년 경제자유구역이 추가 지정되면서, 전국에 8개 경제자유구역이 생겨났다. 수백 개에 이르는 인도나 중국의 사례와 비교해서는 양호하지만, 경제자유구역이 남발되고 있다는 지적이 많다. 특히 성과가 저조한 경제자유구역에 대해서는 지정 해제에 대한 시각도 적지 않다. 경제자유구역이 성과를 내기 위해서는 경제자유구역을 발전시켜 나가겠다는 의지와 열정, 몰입, 행정의 기술 및 적극성의 토대 위에서 접근성, 인프라, 규제, 지배구조 등이 더욱 개선돼야 한다. 앞서 지정된 6개 경제자유구역의 경우, 오는 2020년 개발이 종료되지만 FDI 실적 등 성과지표는 여전히 기대치에 못 미치는 수준이다. 경제자유구역이 앞으로 한국 경제를 견인할 원동력이 되기 위해서는, 이 책에서 다루고 있는 지배구조 문제와 성과 요인들을 개선해 나가는 노력과 미래를 위해 투자하는 혜안이 필요해 보인다.

참고 문헌

국내 문헌

15대 대통령직인수위원회(1998). 「제15대 대통령직 인수위원회 백서」.

경북대학교(2009). 「경제자유구역 추진체계 선진화 방안」. 지식경제부 용역보고서.

경제자유구역기획단(2004). 「경제자유구역청의 효율적 운영 방안에 관한 연구: 외국인 투자에 대한 One-Stop 서비스를 중심으로」. 연구보고서.

경제자유구역위원회(2013). 2013년 2월 5일 보도 자료.

국가경쟁력강화위원회(2008). 「경제자유구역 활성화 방안」.

국제신문(2014). 2014년 12월 15일 보도 자료.

국회예산정책서(2016). 「외국인 투자유치 지원제도 평가」.

권오혁(2006). 한국과 중국의 경제특구 제도 비교: 한국의 경제자유구역과 중국의 경제기술개발구를 중심으로. 「지방정부연구」. 10(4): 283-301.

권자경(2010). 거래비용 관점에서 지방자치단체 간 파트너십의 결정 요인과 성과. 「한국지방자치학회보」. 22(4): 57-82.

김경석(2000). 나진 · 선봉 무역지대 개발과 인프라 확충. 「통일문제연구」. 12(2): 75-93.

______(2008). 「남북 물류협력의 효율적 추진체계 구축 방안」.

김광수(1990). 1990년대 북한의 경제정책. 「국방논집」. 11: 103-124.

김근식(2006). 남북정상회담과 6 · 15 공동선언. 「북한연구학회보」. 10(2): 39-56.

김기석(2000). 위임자-대리인 모델과 관료-정치가 관계 연구: 일본 정치경제에 대한 함의를 중심으로. 「한국정치학회보」. 34(4): 239-257.
김길수(2008). 광역행정 實效化를 위한 특별지방자치단체의 도입에 관한 연구. 「한국자치행정학보」. 22(2): 425-446.
김보현 · 이동근(2011). 경제자유구역 정책이 외국인 투자 결정에 미치는 영향에 관한 연구. 「지방행정연구」. 25(1): 241-276.
김안제(1992). 「일본의 특별지방자치단체」. 한국지방행정연구원 연구보고서.
김영구 · 김학민 · 김성종(1996). 「산업단지의 분양 결정요인 분석을 통한 효율적인 입지 선정 및 사업전략에 관한 연구」. 한국토지공사 연구보고서.
김윤형(2002). 「FDI 유치 성공 사례: 아일랜드, 네덜란드」. 국제문제조사연구소 연구보고서.
김윤희(2008). 「상하이-놀라운 번영을 이끄는 중국의 심장」. ㈜살림출판사.
김은순(2014). 「특수경제지대의 발생발전과 류형」. 과학백과사전출판사.
김은영(2010). 중국 경제특구정책의 성공 요인 분석 연구 : 선전, 푸둥 경제특구 사례분석을 중심으로. 경희대학교 경영대학원 석사학위 논문.
김익식 · 방송철(1993). 「특별지방자치단체 설치 · 운영의 활성화 방안」. 한국지방행정연구원 연구보고서.
김일성종합대학출판사(1995). 「라진 · 선봉 자유경제무역지대 투자환경 : 투자, 무역, 봉사, 특혜제도」.
김종칠(2010). 우리나라 경제자유구역의 운영효율성 증대를 통한 국제물류 거점화 성공 요인에 관한 연구. 「國際商學」. 25(4): 189-211.
김현아(2006). 대한무역진흥공사 동향 보고. 「싱가포르, 인도에 SEZ 구상」.
노중선(2000). 「남북한대화백서.」 한울.
대외경제정책연구원(2011). 한국 경제의 경쟁력 강화를 위한 경제자유구역의 과제. 「오늘의 세계경제」. 11(2): 1-8.
동아일보사(2010). 「미래의 성장기지: 경제자유구역」.
문태훈 · 김종래(2000). 부분선점제도 도입을 통한 환경행정의 권한배분 조정. 「한국행정학보」. 34(3): 389-408.
박문옥(1965). 「신고행정학」. 박영사.
박용석(2014). 북한 경제특구의 개발 동향 및 시사점. 「건설이슈포커스」. 2: 4-41.
박인성 · 리칭 · 정회남(2008). 「중국의 거점도시 및 개발축 형성 동향」. 국토연구원 연구보고서.
박추환(2007). 싱가포르의 해외투자 유치를 위한 정책 현황과 시사점. 「영상저널」. 15: 81-100.
박화수(2008). 「대구경북 지식경제자유구역의 성공을 위한 과제와 전략」. 연구보고서.
방희석 · 노윤진 · 임종섭(2010). 우리나라 경제자유구역의 활성화 요소와 성과 인식에 관한 연구. 「國際商學」. 25(3): 303-323.

배종렬(2013). 북한의 특수경제지대 추가 지정과 남북경제협력: 13개 지방급 경제개발구 지정을 중심으로. 「수은북한경제」. 겨울호: 1－18.
법률출판사(2013). 「조선민주주의인민공화국 경제개발구법」. 법률출판사.
산업통상자원부(2013). 「제1차 경제자유구역 기본계획(안)」.
산업통상자원부 · 외교부(2017). 「2016 외국의 통상환경」.
삼성경제연구소(2002). 「경제특구의 성공적 추진 방안」.
_____(2004). 「국민소득 2만 불로 가는 길」.
상해통계연감(2009). 「상해통계연감」.
서문성(2008). 우리나라 경제자유구역 현황과 운영전략에 관한 연구. 「해양물류연구」. 제56권 단일호: 61－83.
서울대학교 행정대학원(2004). 「경제자유구역 관리체계의 효율화 방안에 관한 연구」. 재정경제부 용역보고서.
서진영(2008). 「21세기 중국정치」. 폴리테이아.
서태호(2008). 특구제도에 관한 공법적 고찰. 경희대학교 박사학위 논문.
손상락 · 이시화(2003). 지방 발전을 위한 지역특화발전특구의 발전 방안: 한 · 일 비교를 중심으로. 「국토연구」. 38: 3－23.
송진행(2015). 북한 경제특구의 자율적 위상에 관한 연구. 서울대학교 석사학위 논문.
순천향대학교(1996). 「산업단지의 분양 결정 요인 분석을 통한 효율적인 입지 선정 및 사업전략에 관한 연구」.
신춘수(2009). 지방자치단체조합의 거버넌스 구축에 관한 연구: 부산, 경남지역의 사례를 중심으로. 경성대학교 대학원 석사학위 논문.
안영진 옮김(2009). 「공업입지론」. 나남.
양영철 · 이기우(2011). 스페인의 차등적 분권정책 도입과 운영에 관한 연구. 「한국지방자치학회보」. 23(4): 257－281.
오용석(1995). 세계 경제특구의 유형 및 전략과 남북한 경제 통합에의 적용. 「비교경제연구」. 한국비교경제학회.
오준근(2003). 경제자유구역의 법적 문제. 「토지공법학회 학술대회 발표논문집」. 37－57.
유 욱(2013). 북한 경제개발구법 제정 배경과 의미. 「통일경제」. 78: 68－82.
유현정 · 정일영(2016). 북한의 경제특구 개발전략의 한계와 대안의 모색. 「북한학보」. 41(1): 5－37.
윤정길(2000). 「관리와 PR」. 대영문화사.
이규태 · 배지연 · 허율(2010). 「인도 지역사회와 경제특구에 대한 연구: 경제적 · 사회적 · 환경적 지속가능성을 중심으로」. 대외경제정책연구원 연구보고서.
이규환 · 이종수(2004). 특정시 지위 차등화와 행정특례모형 연구: 행정문화 특성을 중심으로. 「지방행정연구」. 18(4): 75－101.

이보현 · 이동근(2011). 경제자유구역 정책이 외국인 투자 결정에 미치는 영향에 관한 연구. 「지방행정연구」. 25(1): 241-276.
이상호(2001). 경영학계의 주요 리더십이론 및 국내 연구 동향. 「인사관리연구」. 24(2): 3-21.
이수행(2009). 「경제자유구역의 글로벌 거점화 전략 연구: 황해경제자유구역을 중심으로」. 경기개발연구원 연구보고서.
이승종(1996). 「중앙과 지방과의 관계: 평가와 앞으로의 과제」. 서울시정개발연구원 연구보고서.
이왕휘(2006). 기업지배구조의 정치경제학: 주주모델에 대한 이론적 비판. 「한국정치학회보」. 40(3): 263-290.
이종수 · 윤영진 외(2008). 「새행정학」. 대영문화사.
이준구(1996). 「미시경제학」. 법문사.
이창길(2010). 경제자유구역의 현황 및 문제점과 활성화를 위한 방안: 인천경제자유구역의 활성화 방안을 중심으로. 「정부와 정책」. 3(2): 45-78.
______(2011). 「인천경제자유구역의 현황 및 문제점과 활성화를 위한 방안」. 인천발전연구원 연구보고서.
인천경제자유구역청(2010).「IFEZ 1단계 성과 및 2단계 발전전략」.
______(2012). IFEZ 주요 현황. 내부 자료.
임강택 · 이강우(2017). 「개성공단 운영 실태와 발전 방안: 개성공단 운영 11년(2005~2015)의 교훈」. 연구보고서.
임성훈(2002). 「주요국의 자유무역지역의 운영 실태와 고려 사항」. mimeo.
______(2008). 동북아경제 중심을 위한 경제자유구역 외자 유치 전략: 인천경제자유구역 사례를 중심으로. 「동북아경제연구」. 18(2): 1-32.
임호열(2015). 북한의 경제개발구 추진 현황과 향후 과제. 「KIRP 오늘의 세계경제」. 15(11): 1-13.
장명봉(2015). 「2015 북한법평집」. 북한법연구회.
재정경제부(2002). 「동북아 비즈니스 중심국가 실현 방안」.
전경련(2004). 「경제자유구역청 운영의 개선 과제」.
전성준(2011). 우리나라 경제자유구역의 외국인 직접투자 유치 방안에 관한 연구. 건국대학교 석사학위 논문.
전유정(2008). 차등분권제의 정착과 확대를 위한 정책 방향. 경북대학교 석사학위 논문.
정수련(2008). 외국인 직접투자 유치의 개선 방안에 관한 연구: 경제자유구역을 중심으로. 인하대 행정대학원 석사학위 논문.
정용덕(1999). 「합리적 선택과 신제도주의」. 대영문화사.
정태옥(2013). 경제자유구역 성과의 영향 요인에 관한 연구: 인천경제자유구역(IFEZ) 공무원 및 투자기업 직원들의 인식조사를 중심으로. 가톨릭대학교 대학원 박사학위 논문.
정태옥 · 채원호(2015). 경제자유구역 성과의 영향 요인에 관한 연구: 인천경제자유구역(IFEZ) 공무원 및 투자기업 직원들의 인식 조사를 중심으로. 「한국거버넌스학회보」. 22(3): 379－406.
정형곤 · 나승권(2008). 「외자유치 촉진을 위한 경제자유구역제도 개선 과제」. 대외경제정책연구원 연구보고서.
조강주(2012). 경제자유구역청 성과의 영향 요인에 관한 연구: IFEZ의 지배구조를 중심으로. 가톨릭대학교 대학원 석사학위 논문.
조강주 · 채원호(2015). 경제자유구역 지배구조의 성과 요인에 관한 연구: 인천경제자유구역(IFEZ)의 지배구조를 중심으로. 「한국지방자치학회보」. 27(4): 23－52.
지식경제부(2008). 제25차 경제자유구역위원회 개최 보도 자료.
______(2009). 「외국인투자 매력도 조사」.
______(2010). 「2009년 외국인 투자기업 경영실태 조사」.
차이신(2009). 중국 경제특구의 성과와 개발전략에 관한 연구. 청주대학교 석사학위 논문.
채원호 · 오영균(2003). 한국의 지정시 제도 도입에 관한 연구: 일본의 특례 도시제도가 주는 교훈. 서울행정학회 학술대회 발표논문집. 59－76.
채원호 · 조강주(2015). 한국 경제자유구역의 성과 요인에 관한 연구: 6개 경제자유구역을 중심으로. 「한국자치행정학보」. 29(3): 455－481.
______(2015). 한국 경제자유구역의 지배구조에 대한 인식 연구: 인천경제자유구역(IFEZ)을 중심으로. 「정부와 정책」. 8(1): 163－188.
최영출(1990). 한국특별지방자치제도에 관한 연구. 경희대학교 박사학위 논문.
최창호(1990). 「지방자치제도론」. 삼영사.
태경섭(2011). 무게 중심을 이용한 상업입지모형 연구. 한성대학교 박사학위 논문.
통일부(2017). 「통일백서」.
통일준비위원회(2016). 남북한 정세 변화에 따른 다자간 경제협력 패러다임 전환 연구」.
하혜수(2004). 차등적 지방분권제도의 한국적 도입 가능성에 관한 연구. 「한국행정학보」. 38(6): 153－178.
하혜수 · 최영출(2002). 차등적 분권제도에 대한 비교연구: 영 · 미 · 일 · 북유럽을 중심으로. 「한국행정학보」. 36(2): 109－127.
한국개발연구원(2010). 「경제자유구역 활성화 방안에 관한 연구」. 연구보고서.
한국경제신문. 1997년 5월 15일자 보도 자료.
한국무역협회(2015). 「중국 자유무역구시험구 현황 및 발전 방향」.
한국산업기술진흥원(2011). 「2011년도 경제자유구역 성과평가 결과 종합」. 연구보고서.
한국산업단지공단(2015). 「2015년 1분기 전국산업단지 현황 통계」.
______(2016). 「2016년 4분기 산업단지 현황 조사」.

한국은행(2007). 「중국 기업 관련 세제개혁의 내용과 기대 효과」.
______(2009). 「개혁 · 개방 이후 중국의 경제적 위상 변화와 향후 전망」.
______(2010). 「중국 · 인도 경제의 비교와 향후 관계 전망」.
한국행정학회(2005). 「경제자유구역청의 특별지방자치단체화 방안」. 재정경제부 용역보고서.
현대경제연구소(2003). 「동북아 경제 허브를 위한 성공적 경제특구 추진 전략」.
형시영(2006). 대도시행정의 차등적 분권화와 행정특례에 관한 연구: 일본의 차등분권과 정령지정도시의 발전 사례를 중심으로. 「한국지방자치학회보」. 18(1): 187-207.
홍준현(2001). 중앙사무의 지방이양에 있어서 차등이양제도 도입 방향. 「한국지방자치학회보」. 13(3): 5-24.
KOTRA(2002). 「푸동 개황」.
______(2010). 「1분기 경제 동향 및 전망」.

국외 문헌

Advisory Commission on Intergovernmental Relations(ACIR)(1973). *Regional Decision Making: New Strategies for Substate Districts*. Washington D.C.: Government Printing Office.
Anderson, E. & Gatignon, H. (1986). Modes of Foreign Market Entry: A Transaction Cost Analysis and Propositions. *Journal of International Business Studies*, vol. Second Quarter, pp. 209-231.
Bass, B. M. & Yammarino, F. Y. (1990). Long Term Forecasting of Transformational Leadership and Its Effects among Naval Officers. *Group and Organizational Sudies*. 15: 382-395.
Bass, Bernard M. (1985). *Leadership and Performance Beyond Expectations*. New York: The Free Press.
Blair, Margaret M. (1995). *Ownership and Control: Rethinking Corporate Governmance for the Twenty First Century*. Washington D. C.: Brookings Institution.
Burns, J. M. (1978). *Leadership*. New York: Harper & Row.
Coase, Ronald H. (1937). The Nature of the Firm. *Economica*. 4: 386-405.
______(1960). The Problem of Social Coast. *Journal of Law and Economics*. 3: 1-44.
______(1984). The New Institutional Economics. *Journal of Institutional and Theoretical Economics*. 140: 229-231.
Cutlip, S. M. & Center, A. H(1958). *Effective Public Relations*. 5th ed. New Jersey: Englewood Cliffs.

Dansereau, F., Cashman, B., & Graen, G. (1973). Instrumentality theory and equity theory as complementary approaches in predicting the relationship of leadership and turnover among managers. *Organizational Behavior and Human Performance.* 10(2): 184－200.

Donaldson, T. & Preston, L. E.(1995). The Stakeholder Theory of the Corporation: Concepts, Evidence, and Implications. *Academy of Management Review.* 20(1): 65－91.

Draft, R. (2003). *Leadership: Theory and Practice.* Orlando, Florida: Harcourt College Publishers.

Driver, C. & Thompson, G. (2002). Corporate Governance and Democracy: The Stakeholder Debate Revisited. *Journal of Management and Governance.* 6(2): 111－130.

Dunning, J. H. (1998). Location and the Multinational Enterprise: A Neglected Factor? *Journal of International Business Studies.* vol. 29, no. 1.

Fiedler, F. E. (1967). *A Theory of Leadership Effectiveness.* New York: McGraw Hill Custom Publishing.

Fukuyama, Francis (2005). *State－Building: Governance and world order in the 21st century.* 안진환 옮김. 「강한 국가의 조건」. 황금가지.

Gillan, Stuart L. (2006). Recent Developments in Corporate Governance: An Overview. *Journal of Corporate Finance.* 12(3): 381－402.

Gitajn, Arthur (1984). *Creating and Financing Public Enterprises.* Washington, D.C.: Government Finance Research Center.

Guagliano, Claudia & Riela, Stefano (2005). *Do Special Economic Ares Matter in Attraction FDI?* Evidence from Poland, Hungary and Czech Republic.

Harlow, R. F. (1942). *Public Relations in War and Peace.* New York: Harper & Row. Publisher.

Humes, S. & Martin, Eileen (1969). *The Structure of Local Government: A Comparative Study of 81 Countries.* The Hague: IULA.

IDA IRELAND(2002). *Ireland, Knowledge is in our nature.*

______(2002). *Annual Report.*

Jensen, M. & Meckling, W. (1976). Theory of the Firm: Managerial Behavior, Agency Costs, And Ownership Structure. *The Journal of Financial Economics.* 3: 33－60.

Kerr, S. & Jermier, J. M. (1978). Substitutes for Leadership: Their Meaning and Measurement. *Organizational Behavior and Human Performance.* 22(3): 375－403.

Marston, John (1963). *The Nature of Public Relations.* New York: McGraw－Hill.

North, Douglass C. (1990a). *Institutions, Institutional Change and Economic Performance.* Cambridge: Cambridge University Press.

______(1990b). Institutions and Their Consequences for Economic Performance. In Karen Schweers Cook & Margaret Levi(eds.). *The Limits of Rationality*. Chicago: University of Chicago Press.

Office for National Satistics (2001). *Britain 2001*. London: The Stationery Office.

Phillips, Robert R., Freeman, Edward, & Wicks, Andrew C. (2003). What Stakeholder Theory is Not. *Business Ethics Quarterly*. 13(4): 479-502.

Prahalad, C. K. (1994). Corporate Governance or Corporate Value Added?: Rethinking the Primacy of Shareholder Value. *Journal of Applied Corporate Finance*. 6(4): 40-50.

Preston, Nathaniel S. (1960). The Use and Control of Public Authorities in American State and Local Government. Princeton Univ. Doctoral Dissertation.

Rose, Rawrence E. (1990). Nordic Free-Commune Experiments: Increased Local Autonomy or Continued Central Control. In Desmond S. King & Jon Pierre(ed). *Challenges to Local Government*. London: SAGE Publications.

Rose, S. A. (1973). The Economic Theory of Agency: The Principal's Problem. The *American Economic Review*. 63(2): 134-139.

Saaty, T. L. (1995). Transport Planning with Multiple Criteria: the Analytic Hierarchy Process Applications and Progress Review. *Journal of Advanced Transportation*. 29(1): 81-126.

Saaty, T. L., Vargas, L. G., & Barzilay, A. (1982). High-Level Decisions: A Lesson from the Iran Hostage Rescue Operation. *Decision Sciences*. 13: 185-206.

Stetzer, Donald F. (1975). *Special Districts in Cook County: Toward Geography of Local Government*. Chicago Ⅲ: University of Chicago Press.

Stoney, Christopher & Winstanley, Diana (2001). Stakeholding: Confusion or Utopia? Mapping the Conceptual Terrain. *Journal of Management Studies*. 38(5): 603-629.

Posri(2010). 「인도 경제특구 본격 시행 4년, 성과는?」. *Chindia Journal*.

Tsebelis, George (1990). *Nested Games: Rational Choice in Comparative Politics*. Berkeley, CA: University of California Press.

Turnbull, S. (1997). Corporate Governance: Its Scope, Concerns and Theories. *Corporate Governance: An International Review*. 5(4): 180-205.

UNCTAD (2009). *World Investment Report*. United Nations.

Vroom, H. V. & Yetton, P. W. (1973). *Leadership and Decision-Making*. University of Pittsburgh Press.

Waterman, R. W. & Meier, K. J. (1998). Principal-Agent Models: An Expansion?. *Journal of Public Administration Research and Theory*. 8(2). 173-202.

Williamson, O. E. (1975). *Markets and Hierarchies: Analysis and Antitrust Implication*. New

York: The Free Press.

______(1981). The Economic of Organization: Origins, Evolution, Attributes. *Journal of Economic Literature*. 19: 1537-1568.

______(2000). The New Institutional Economics: Taking Stock, Looking Ahead. *Journal of Economic Literature*. 38: 595-613.

Wright, T. & Evans, H. S. (1964). *Public Relations and the Line Manager*. American Management Association.

Zimmerman, Joseph F. (1993). Preemption in the U. S. Federal System. *Publius: The Journal of Federalism*. 23(Fall): 1-13.

경제자유구역기획단 홈페이지(http://www.fez.go.kr)

광양만권경제자유구역청 홈페이지(http://www.gfez.go.kr).

대구경북경제자유구역청 홈페이지(http://www.yesfez.go.kr).

대한무역투자진흥공사 홈페이지(www.kotra.or.kr)

동해안권경제자유구역청 홈페이지(http://www.efez.go.kr).

부산진해경제자유구역청 홈페이지(http://www.bjfez.go.kr).

새만금개발청 홈페이지(http://www.saemangeum.go.kr).

인도상공부 홈페이지(www.sezindia.nic.in)

인천경제자유구역청 홈페이지(http://www.ifez.go.kr).

충북경제자유구역청 홈페이지(http://www.cbfez.go.kr).

황해경제자유구역청 홈페이지(http://www.yesfez.go.kr).

지식경제부/외국인투자정보(www.mke.go.kr)

UNCTAD 홈페이지(www.unctad.org)

일본 특례시 검색(http://ko.wikipedia.org/wiki)

찾아보기

ㄱ

개별형 외국인 투자지역 59, 63, 285
개성공단 136
개성공단남북공동위원회 142
거래비용이론 165
거버넌스 102, 112, 117, 135, 141, 146, 151, 157, 276
거점도시 95
거점 연계 집중 개발형 22
거점 이격 분산 개발형 22
경제개발구 143
경제개발구법 146
경제개발위원회 112
경제개방특구 16, 96
경제기술개발구 25, 96, 103
경제발전청(EDB) 109, 112, 150
경제발전청법 109
경제자유구역(FEZ) 15, 16, 21, 29, 37, 43, 56, 69, 150, 158, 187, 192, 199, 225, 287
경제자유구역의 지정 및 운영에 관한 법률(경제자유구역법법) 19, 32, 46, 177, 190, 244
경제자유구역기획단 161
경제자유구역위원회 158, 201
경제자유구역의 지정 및 운영에 관한 특별법 19, 44, 174
경제자유구역청 49, 104, 177, 181, 199, 244
경제특구 16, 22, 25, 125, 132, 149
경제특구관리위원회 105
경제활동자유법 121
계층화 분석기법(AHP) 272
고전적 입지이론 227
공업원구 18
과학기술개발구 144
관세 59, 99
광둥(廣東) 자유무역시험구 100
광양만권경제자유구역 39, 79
구조개혁특구 25, 189
구조방정식 모형 254, 264, 267
국가산업단지 66
규제개혁특구 185
규제 완화 16, 32, 151, 169, 193, 244, 260
금강산관광사업 136, 142
기술개발구 관리위원회 104
기업도시 66
기회주의 167, 169, 171

ㄴ

남북경제협력공동위원회 137
남북관계발전법 142
남북교류협력법 142
남북교류협력에 관한 법률 141
남북조절위원회 141
남북협력기금법 141
내륙개방도시 96, 151

ㄷ

다국적기업 35, 107, 119, 170
다중회귀분석 207, 209, 211, 260
단지형 외국인 투자지역 59, 61
대구·경북경제자유구역 39, 83
대외경제위원회 135
도시헌장 188
동북아 비즈니스 중심국가 15, 21, 31, 33, 169, 175, 287
동해안권경제자유구역 40, 86
딜레마 166

ㄹ

라진·선봉 자유경제무역지대 131
리더십 150, 167, 201, 235, 242, 254, 260
리더십이론 234

ㅁ

모범자치단체 25, 183, 188
무역 중심형 경제특구 23
무임승차 166

ㅂ

베이징(北京) 95
보세구 56, 97, 100, 144
보세구역 18
보조금 51, 54, 119, 280
복합형 특구 23
부산·진해경제자유구역 39, 77
북한 130
분권 182, 193, 204, 244, 252
비용과 수용의 통합이론 227
BT 15, 21, 25, 74, 195, 245
빈하이(濱海) 신구 22, 95

ㅅ

산업단지 20, 46, 49, 60, 106
산업입지이론 226, 233
산터우(汕頭) 25, 93, 225
산터우 경제특구 94
상하이(上海) 22, 95
상하이 자유무역시험구 100
상하이·푸둥(浦東) 신구 22, 25
새만금·군산경제자유구역 39, 85
새만금개발청 38, 40, 85, 158
새만금경제자유구역 38
생산 중심형 경제특구 23
샤먼(厦門) 25, 93, 225
샤먼 경제특구 94
선전(深圳) 22, 25, 93, 225
선전 경제특구 94
성장 거점 25, 97
세종시 66
수출가공지역 18, 22
수출공업가공구 144
수출자유지역 18
수출진흥지역 125
신고전적 통합이론 230
싱가포르 22, 24, 30, 36, 107, 150, 287

ㅇ

IT 15, 21, 25, 74, 124, 195, 245
아일랜드 115, 241
앵커(anchor)기업 120, 153
역외금융센터 23, 126
연구개발특구 66
연구모형 251
5·24 조치 138
외국인기업 전용단지 57
외국인 직접 투자(FDI) 49, 57, 69, 114
외국인 투자 16, 19, 34, 44, 47

외국인투자옴부즈만 47
외국인투자위원회 47, 57
외국인 투자지역 57
외국인투자지원센터 47, 58, 190
외국인투자촉진법 19, 44, 47, 57, 190
외자도입촉진법 57
외자유치촉진지역 16, 18
6·15 남북공동선언 141
이사회 정치 179
이해관계자 157, 172, 181, 197, 204
이해관계자 모형 178, 249
Industry 21 108
인도 16, 124, 150, 287
인도경제특구법 시행령 125
인센티브 15, 49, 58, 98, 110, 113, 116, 121, 150, 152, 260
인지이론 180
인천경제자유구역 29, 39, 74, 241
인프라 16, 18, 32, 99, 233, 241, 249
일괄계획형 경제특구 22
입지·유인설계 272, 277
입지·인프라 241, 252, 254

ㅈ

자유무역시험구 99, 102
자유무역지대 16, 22, 97, 144
자유무역지역 56, 65, 125
자유변강구 144
자유자치단체 25, 184
자유항 144
자치단체조합 161, 166, 170, 287
자치헌장 187
전략·운영 272, 275
전략적 경제계획 108
점진진화형 경제특구 22
정보 비대칭성 172
정주 편의성 247, 252, 260
제한된 합리성 169
조세 감면 16, 20, 33, 47, 50, 51, 59, 249
종합 중요도 278
종합형 특수경제지대 144
주거환경 20, 25, 32, 35, 247, 260
주인-대리인이론 171
주하이(珠海) 93, 225
주하이 경제특구 94
중개구 144
중관촌(中關村) 95
중국 16, 18, 70, 93, 150, 241, 287, 290
지방공사 163
지방분권 187
지배구조 276
집권 182

ㅊ

차등적 분권이론 182
첨단기술개발구 98
최고가치제도 184
최대비용이론 227
최대수요이론 227, 229
최소비용이론 227
충북경제자유구역 29, 40, 87
7·7선언 141

ㅋ

카토비체(Katowice) 22
KOTRA 58
클러스터 42, 122, 128, 150

ㅌ

톈진(天津) 22, 95
톈진 자유무역시험구 100
통일준비위원회 142

투자진흥지역 16
특례시 185, 189
특별경제구역(SEZ) 16
특별경제구역법 125
특별구역 21
특별지방자치단체 163
특별지방행정기관 163

ㅍ

폴란드 24, 120, 150, 241, 287
푸둥(浦東) 경제특구 95, 198
푸젠(福建) 자유무역시험구 100
PR이론 237

ㅎ

합영법 131
행정 지원 서비스 245, 260
행태적 입지이론 231
홍콩 22, 30, 36, 70, 94
황해경제자유구역 29, 39, 81

저자 소개

■ **채원호**

연세대 행정학과, 한국방송통신대 중어중문학과 졸업
서울대 대학원 행정학 석사 및 박사
동경대 대학원(국제사회과학전공) 석사 및 박사 수료
가톨릭대 법정경학부 교수
경실련 상임집행위원회 부위원장
한국도시행정학회 부회장
한국행정학회 지방행정연구회 회장
국정과제평가전문위원

서울행정학회장(전)
한국지방정부학회 부회장(전)
경실련 정책위원장(전)
중국 다롄(大連)민족대 겸직 교수(전)

[저서 및 역서]

「산성비」(공역). 서울: 대영문화사(1992).
(원저: J. R. Regens & R. W. Rycroft, *The Acid Rain Controversy*, University of Pittsburgh Press, 1988).
「거버넌스의 이해」(공저). 서울: 대영문화사(2002).
「지역혁신과 지역발전」(공저). 영남대학교출판부(2003).
「일본의 지방분권」(역서). 서울: 한국지방자치단체국제화재단(2004).
(원저: 久保田治郎.(1999).「地方分権と改正地方自治法」) 2004.01.31
「지방분권과 국가 발전」(공저). 정부혁신지방분권위원회(2005).
「새행정학」(공저). 서울: 대영문화사(2008).
「한국 지방자치의 이해」(공저). 서울: 박영사(2008)
「일본 행정론」(공저). 서울: 애플트리태일즈(2009).
「새한국정부론」(공저). 서울: 대영문화사(2014). 외

蔡源互・陳櫻花(2017). 從福島核電站事故看政府失敗.
海峽兩岸應急管理學會.「應急管理學報」. 2(4) 외 논문 다수

■ **조강주**

가톨릭대 행정학 학사, 석사 및 박사
가톨릭대 강사
가톨릭대 정부혁신생산성연구소 선임연구원
선문대 정부간관계연구소 전임연구원(전)

[논문]

인턴형 해외 일자리사업 성과의 영향 요인: 농촌진흥청 국제 농업인재 양성사업을 중심으로(공저). 「정책분석평가학회보」. 27(3) (2017).

정책도구의 다양성: 공공서비스 집행거버넌스 구조 비교(공저). 「한국정책과학학회보」. 20(1) (2016).

경제자유구역 지배구조의 성과 요인에 관한 연구: 인천경제자유구역(IFEZ)의 지배구조를 중심으로(공저). 「한국지방자치학회보」. 27(4) (2015).

한국 경제자유구역의 성과 요인에 관한 연구: 6개 경제자유구역을 중심으로(공저). 「한국자치행정학보」. 29(3) (2014).

부패행위 사후통제를 위한 부패수익 환수제도 개선 방안(공저). 「한국행정연구」. 23(4) (2014).

정부 상훈제도 개선을 위한 표준 포상 규모 산정 방식 도입 방안(공저). 「행정논총」. 52(3) (2014).

지자체 간 협력사업 성과의 영향 요인에 관한 연구(공저). 「한국사회와 행정연구」. 23(3) (2012) 외 다수

경제자유구역
성과와 전략

펴낸날 제1판 제1쇄 2017년 12월 15일
지은이 채원호 · 조강주
펴낸이 임춘환
펴낸곳 도서출판 대영문화사
주소 서울특별시 용산구 청파로 61길 5(청파동 1가) 제일빌딩 2층
등록 1975년 12월 26일 제3-16호
전화 (02)716-3883, (02)714-3062
팩스 (02)703-3839
홈페이지 http://www.dymbook.co.kr

ⓒ 채원호 · 조강주, 2017
ISBN 978-89-7644-701-2
값 18,000원

* 잘못된 책은 바꿔 드립니다.
* 이 책의 내용은 저작권법의 보호를 받습니다.